大雅叢刊

過失犯論

廖正豪 著／三民書局印行

國立中央圖書館出版品預行編目資料

過失犯論／廖正豪著．--初版．--臺北
市：三民，民83
　　　面；　　公分．--（大雅叢刊）
參考書目：面
ISBN 957-14-1988-5 （精裝）
ISBN 957-14-1989-3 （平裝）

1.過失
585.144　　　　　　　　　　82004960

ⓒ 過　失　犯　論

著　作　人　廖正豪
發　行　人　劉振強
產著作財
權　人　　　三民書局股份有限公司
發　行　所　三民書局股份有限公司
　　　　地址／臺北市復興北路三八六號
　　　　郵撥／〇〇〇九九九八一五號
印　刷　所　三民書局股份有限公司
門　市　部　復北店／臺北市復興北路三八六號
　　　　　　重南店／臺北市重慶南路一段六十一號
初　版　中華民國八十二年九月
編　號　S 58300
基本定價　陸元肆角肆分
行政院新聞局登記證局版臺業字第〇〇〇號

有著作權·不准侵害

三民書局

ISBN 957-14-1989-3 （平裝）

自　序

　　犯罪之歷史與人類之歷史同其久遠，故曰有人類斯有犯罪，然則人類爲遏阻或排除此種反社會性之行爲，莫不竭盡所能，就理論之探討與建立、立法之明確規範、司法之合理運作，以及妥善執行矯治等各方面着手，以期保障合法權益，創造安寧進步之社會。

　　犯罪就其類型言之，可分故意犯與過失犯二大範圍，往昔對於故意犯之理論，較爲重視，歷經百餘年之創造發揚，故意犯理論體系早已建立，雖不免於時有修正發展，但此一情形，並未絲毫減損其重要性。而屬於另一犯罪範疇之過失犯，則未受同等重視，以致過失犯罪理論長期寄生於故意犯罪理論之中，德儒恩吉斯(Engisch)甚至譏評過失犯理論爲刑法理論之「私生子」，良有以也。

　　及至近年，工商企業發達，人際關係密切，個人之舉止行爲，常致侵害他人法益，尤以高速交通工具之運用、醫療之實施、企業之經營發展、大型公害層出不窮，常造成全面性之侵害，此復以過失犯罪居其多數，而細繹其內容，則以往附隨於以故意犯爲中心之過失犯理論，實已不足肆應，故應改弦更張，尋求新的過失犯罪理論，據以合理規範過失犯罪。

　　有鑑於此，本文乃自過失犯之發展的觀察，以究明過失犯之歷史及現今各國對於過失犯之規定，並以目前通行之犯罪論體系爲基礎，論述過失犯之性質及其成立要件，復舉近年來發生較多、侵害較大之交通過失、醫療過失、公害過失、企業過失及新近發展之監督過失等爲例，予以分析比較，並依上述研究，提出建立過失犯罪新理論體系之構想，以期徹底解決過失犯之問題；惟以新理論之建立，尙非一蹴可幾，乃僅就目前之研究心得，提出若干見解，以供立法及實務之參

考。

　　筆者從事公職多年，公務繁忙，撰寫本文，多在公餘之暇，往往漏夜執管，倍感艱辛；惟個人常以讀書寫作爲人生之最大樂事，故從不覺其苦，更盼日後時時不忘研究及撰述，以期在學術上略盡棉薄之力。

　　本文之成，荷承業師　韓公忠謨悉心指導，溽暑之中，詳加核閱，師恩浩瀚，篆心若銘。內子林麗貞女士外而從公內而治家，使筆者得以專心撰述，益感其辛勞與鼓勵。朱編輯梅麗、汪秘書明玲及辦公室諸同仁之大力協助，本文始得順利完成，至爲感謝；而尤爲筆者所感恩不盡者，厥爲生我育我之雙親，筆者敬以本文爲二老七秩晉五華誕之獻壽，以爲祝！

廖正豪謹誌

民國八十二年二月一日

於行政院

過失犯論

目　　錄

第一章　緒　　論

第一節　研究動機

　　自工業革命以來，各類自動化機器推陳出新，致使人類生活型態，由保守單純之農業社會，轉變爲講求速效之工商社會。科技之文明，固能裨益吾人之物質享受，然各種工具之研究、發展、實驗及運用等，則有其相當之危險性存在。僅以交通運輸爲例，海、陸、空交通肇事比率之逐年增高，已是舉世不爭之事實❶。他如醫療事故、產業事故與環保公害事件等，亦隨工商業之發達而層出不窮。類此事故之發生，每以過失所致者最爲常見❷。故對過失犯之本質及其成立之要件，乃

---

❶ 日本於平成三年（一九九一年）發生交通事故達六六二、三八八件，死亡一一、一〇五人，每十萬人口中因交通事故死亡九‧〇人，每一萬輛機動車輛中死亡一‧四人，傷害八一〇、二四五人；每十萬人口中因交通事故傷害六五五‧五人，每一萬輛機動車輛中傷害一〇一‧五人（見日本平成五年，犯罪白書，第四四頁）。我國根據臺灣地區民國八十一年一至十二月機動車輛交通事故之統計分析：臺灣地區機動車輛數共達一三、八七〇、〇七七輛，較上年增加一、二九五、一三四輛（增加率九‧三四％），發生交通事故三、四八九次，死亡二、七一七人，傷害二、九二九人；每萬輛車肇事率二‧五二次，死亡一‧九六人，傷害二‧一一人；其中自用小客車（三四‧九四％）營業大貨車（一三‧二一％）重型機踏車（一五‧三九％）三項所占比率最高，肇事原因則以駕駛過失所致者，佔總肇事次數之九八‧二五％。（各國近年之比較，請參照附錄）

❷ 近年來，國內外產業公害層出不窮，影響層面至爲深遠，例如日本有所謂四大公害訴訟，均爲產生巨大傷亡之案例，且由於此等案件之審理裁判，使大衆對產業公害更爲注視，產業本身亦知所改善，對人類生活環境之正面意義，甚爲重大，尤其其對刑法中行爲、因果關係、違法及過失等之概念，均予重新詮釋，影響刑法理論之處，更應予以重視。

日本所謂四大公害訴訟如下：

㈠「熊本水俣病」事件：水俣病事件爲日本首宗公害訴訟事件，爲在熊本之新日本氮氣水俣工廠製造乙醛（Acetaldehyde）過程中副生鹽化有機水銀，濃縮於水俣灣內之魚貝體內，食用之居民將呈現視野狹窄、重聽、言語障礙、運動失調、顫抖等腦神經疾病等，屬於有機水銀中毒之症狀，一九五一年經發現，一九六九年提起第一次訴訟，原告有一一三人，一九七三年三月二十日判決原告勝訴，賠償總額爲九億三七三〇萬圓；一九七三年提起第三次訴訟，原告一一五人，亦爲原告勝訴；迄一九八八年十二月止，被認定爲該病患者達二二一一人，不予確認者九六〇五人，據稱至一九八八年九月止，該公司已賠償或補償達三七八億圓。

㈡「新潟水俣病」事件：一九六五年五月在新潟縣河賀野川下游沿岸次第發現有機水銀之中毒者，經追查發現係爲上游之昭和電工鹿瀨工廠之廢水所致，一九六七年六月起，患者七十七人對工廠起訴，一九七一年九月二十七日新潟地院判決原告勝訴，獲賠償二億七千萬圓；迄一九八八年十二月底，法院確認爲被害者爲六九〇人，不予確認者爲一三〇〇人。

㈢「痛痛病」事件：富川縣神通川流域自一九一〇年以來，逐漸發生原因不明之奇病，患者主要爲婦女，症狀則爲腰痛、背痛、四肢痛、關節痛、恥骨痛，並逐漸擴及全身，最後骨頭裂痕或全身骨折。至一九六〇年經查明係爲神通川上游之三井金屬鑛業公司神岡鑛業所所排出之——鎘（Kadmiun）所造成，一九六八年由患者及遺屬三十一人提起第一次訴訟，一九七一年六月三十日富山地方法院判決公司應賠償五七〇〇萬圓；一九七四年八月九日名古屋高等法院對兩造之上訴改判賠償額爲一億四八二〇萬圓，其後共有七次起訴，賠償金額共二一億六千萬圓，並進行工程費達一二四億五千萬元之污染土地復原之工程。

㈣「四日市空氣污染公害」事件：一九六〇年四日市之石油化學企業集團完
工，當地居民長期遭受排出煤煙中亞硫酸氣體之害，尤其下風處所之漁村
居民三、〇〇〇人中，有百分之三已罹氣喘病症。一九六七年患者九人對
該集團起訴，一九七二年七月二十四日津地方法院四日市分院爲原告勝訴
之判決；另對患者共一四〇人補償五億六、九〇〇萬圓，並開始對其他死
者爲二〇〇萬圓至一千萬圓之慰撫金，及對生存之患者爲八十萬至一百萬
圓之慰藉金及按月一萬圓至八萬九千元不等之年金給付。此外，至一九八
九年年底止，日本全國經指定之空氣污染地區，經認定係因污染而遭受侵
害之人數達十萬二、六五〇人之多。

我國近年以來，亦發生多起產業公害，造成人命、身體、健康及財產等之鉅
大損傷，其最嚴重者，當推民國六十七年五月起至六十八年四月止之米糠油
事件，即俗稱多氯聯苯事件，該一事件將彰化油脂股份有限公司負責人陳〇
〇、該公司經理黃〇〇及豐香油行負責人劉〇〇等列爲被告，經臺灣彰化地
方法院以中華民國六十八年度偵字第三二六一、〇二二九號偵查終結，提起
公訴。第一審認爲陳〇〇、黃〇〇爲共同傷害他人身體，而致重傷，各處有
期徒刑十年，劉〇〇亦處有期徒刑十年。案經最高法院六次發回更審，由臺
灣高等法院臺中分院於七十七年度重上更㈥字第〇四號判決，以黃〇〇從事
業務之人，因業務上過失致人於死，處有期徒刑四年六月，減爲有期徒刑二
年三月，劉〇〇無罪，臺灣高等法院檢察官及被告均不服此項判決，而提起
上訴，旋經最高法院以七十八年度臺上字第二八七四號判決駁回上訴，確立
黃〇〇之罪刑，而陳〇〇則因死亡經判決不受理。本案纏訟至久，終告終結。
此外，民國七十九年四月十二日十二時，臺中縣外埔鄉鈜光實業股份有限公
司發生丙烷（即工業用瓦斯）爆炸案，造成四十人死亡及二十九人輕重傷害
之慘劇，社會各界爲之哀痛。該案經臺灣臺中地方法院檢察署檢察官以七十
九年偵字第四四五八、八五七八、八七一八、八七一九號提起公訴，並由臺
灣臺中地方法院於民國八十年二月四日以八十年訴字第一八三三號刑事判決
論處該公司負責人林〇〇因過失致人於死，處有期徒刑壹年，減爲有期徒刑
六月，如易科罰金，以參拾元折算壹日，緩刑四年，該案現仍上訴中。

至過失犯之處罰等課題，確有詳加究明之必要；另對過失犯體系亦應為全盤之研究，以期減少過失犯之發生，並保障被害人之權益，實屬刻不容緩之急務。

近代過失犯罪之為眾所矚目，固肇始於其「量之激增」，更緣自「質之突變」。詳言之，在曩昔農業社會，因科技不興、生活簡單，偶有過失行為致生損害，其事實因果與加害人之追究，往往單純而明確，或可依日常經驗予以事先規避，亦可就發生之結果論究責任。然時至今日，因生產技術之日新月異，社會分工之日趨精密，不僅過失行為之侵害程度加重，其內容亦顯見多樣，甚至已由個人行為漸進為複雜之組織行為。值此社會劇變之時代，吾人既一方面要求工商進步，獎勵發明創造，以改善人類生活，他方面又亟思防範各種事故所致之損害，甚且欲對引發危害者，給與相當之制裁，以衡平社會正義，此二理想之間，實有難解之癥結，遂使學者對於過失之本質就不同之觀點立論，而產生鉅大之紛爭。而其最為激烈者，厥為傳統過失犯理論與新過失犯理論之爭，二說立論不同，以致影響過失犯之本質及其成立，似有先予說明之必要。

傳統過失犯理論，以結果無價值（Erfolgsunwert）為其立論基礎。認行為人於行為時欠缺意識集中之心理狀態，由於此種欠缺意識集中之心理狀態，進而未預見結果，終致發生法益之侵害，故應負過失之責任而受處罰，此係以行為人行為時之心理狀態為標準，視行為發生具體之危害，為其侵害性及違法性之憑藉。根據此一理論，過失犯在構成要件該當性及違法性之範疇，與故意犯並無異致；而在責任範疇，亦與故意犯同屬責任要素之一，只以故意係行為人明知並有意使構成犯罪之事實發生，或容認犯罪構成事實之發生（我國刑法第十三條），而應受較大之非難；在過失之情形，則為應注意並能注意而不注意，或預見犯罪構成事實之發生，但確信其不發生（我國刑法第十

四條）之心理狀態，行爲人所表現反規範程度不似故意犯之直接，是以僅就其與國家存立、社會安全及人類生命、身體有較密切關聯之犯罪型態設有例外之處罰規定❸，足見此時刑法上關於過失之理論，通常從屬於故意❹。

　　傳統過失犯理論對過失之認定，單以行爲人有無預見之可能性爲斷，如行爲人不能預見時，縱發生犯罪之結果，亦不問是否已盡防止結果發生之義務，其行爲不成立犯罪。反之，如行爲人可能預見，則縱已盡防止結果發生之義務，而仍不免於結果之發生，亦應成立犯罪而受科處。此種只重視行爲人行爲時之注意義務（Sorgfaltspflicht），並以預見可能性爲其基礎之傳統過失理論，於實際運作時，將導致利用交通工具或其他科技產物之個人，或工、商業之經營者，時而倖免責任；時而動輒得咎之矛盾情事❺，遂有部分學者乃就過失犯之本質

❸　我國現行法規中規定「過失」者，共有二百三十九條條文，其中規定有「業務過失」者二十九條。此二百三十九條條文分見於民刑事及行政法規定中，而在刑法所規定者，除總則篇之第十二條、第十四條、第七十五條及第七十八條以外；在分則中規定爲犯罪類型者，有第一百零八條第二項、第一百十條、第一百二十七條第二項、第一百六十三條第二項、第一百七十六條、第一百七十八條第二項、第一百七十九條第三項、第四項、第一百八十條第三項、第一百八十一條第二項、第一百九十條第三項、第二百七十六條、第二百八十四條等十二條文，但另如第一百七十三條第二項、第一百七十四條第三項、第一百七十五條第三項等所規定之「失火」亦屬過失犯犯罪之類型。

❹　參照韓忠謨　過失犯之構成的問題　載於刑事法雜誌第三十二卷第一期　第三頁。石堂功卓　新過失犯の課題　載於中京法學第十一卷第二期（一九七六）　第二七頁。

❺　參照土本武司　過失犯理論の動向と實務㈠載於警察研究第五十四卷第四期（昭和五十八年）　第一五頁。拙著　過失共同正犯論　載於刑事法雜誌第二十卷第五期　第四二頁。

另行尋求解釋，以便適切運用。

　　學者針對上述傳統過失犯理論之缺失予以檢討，乃創新過失犯之理論，主張過失犯並非僅爲責任之問題，更以「疏忽行爲」爲其成立之依據，亦即以行爲人行爲當時所置之情況，就行爲人之立場而言，有無踐行預防結果發生之必要措施爲斷。行爲人如確已爲避免結果發生之措施，雖難免發生該結果，其行爲仍係無責任。反之，倘未爲避免結果發生之措施，終致發生結果時，即有「疏忽」而爲有責任或違法。故新過失犯理論係以「是否已盡避免結果發生之義務」爲成立犯罪與否之決定基準，如未能盡避免結果發生之義務時，其行爲即應受過失責任之非難。此種「違反避免結果義務」遂爲違法性之重要因素，即除重視結果無價值外，並重視行爲無價值（Handlungsunwert）。學者以「避免結果發生義務」爲過失犯理論之中心，結合社會相當性原則（Soziale Adäquanz）及信賴原則（Grundsatz des Vertrauens schutzes）之理論，將過失犯導入違法性之中，兼採結果無價值與行爲無價值，與傳統過失犯理論之僅採結果無價值者顯有出入。職是之故，新過失犯理論乃主張行爲人僅對於結果發生之預見可能性存在，尚不足以成立過失犯，必以行爲人未盡防止結果發生之義務，始可成立過失犯❻。此一理論之發揚，無非在於避免傳統過失犯理論專注於單以預見可能性爲其判斷過失責任之基準，致使行爲人動輒成立過失犯罪之弊端。此一改變，對於工商之發展及人類生活之改善，應有積

---

❻ 新過失犯理論之避免結果發生義務，可分以下三項：㈠遠離危險之義務：例如行爲者不得在有人出入之場所佈置危險物品，以免發生危害；㈡對於危害現實化應爲適切之防止措施：例如汽車駕駛人於他人未按規定超車時，自己必須爲確保自己或己車乘客安全之措施，而勿與他車追逐或超越；㈢情報收集義務：應對於足致危險之一切情報負責收集，用以爲避免前舉㈠、㈡之義務措施之根據。

極之助益。又以其將過失犯自純粹責任（Schuld）之主觀因素，導入客觀的避免結果發生義務之點而言，更使過失犯之本質爲之丕變❼。

　　基於上述，新舊過失犯理論，有其形式上及實質上之差異。在形式上，其表現於犯罪論體系上之地位不同，舊過失犯理論以過失爲責任之要素，並以過失與故意同屬責任之要素，但新過失犯理論或以過失爲專屬於違法之要素，或認其同屬責任與違法之要素；在實質上，則於認定其成立過失之基礎上——即注意之內容上有所差異，舊過失犯理論以預見結果之義務爲注意義務之內容；新過失犯則或單以避免結果發生義務或以避免結果發生義務與預見結果義務同屬注意之內容。

　　反對新過失理論之學者，其批判之主要見解有三。其一：新過失犯理論主張行爲人之注意義務在於「遠離危險」，則有使行爲人負擔先行行爲之義務，將致過失犯與不作爲犯之範疇混淆；其二：新過失犯理論紊亂犯罪論之體系，使過失犯呈現各種不同型態，難以尋求一定之標準；其三：新過失犯理論自結果之發生探求行爲人行爲時已否盡其防止結果發生之義務，有違責任主義，故與罪刑法定主義不符❽。

---

❼ 德國在本世紀初期，即有學者賴特布魯（Radbruch）主張過失犯之不注意（即違反注意義務）係屬違法要素，此當屬新過失犯理論之先驅，見氏著（Radbruch, *Über den Schuldbegriff*, 1910, S.193)，其後葉克那（Exner, *Das Wesen der Fahrlässigkeit,* 1910, S.193）及恩吉斯（Engisch, *Untersuchung über Vorsatz und Fahrlässigkeit im Strafrecht*, 1930, SS.274, 344ff.)亦是認之。日本學者在戰前主張新過失犯理論者有宮本英脩、佐伯千仞、不破武夫等之啓發，戰後則有藤木英雄及板倉宏均爲提倡新過失犯理論之健將，其中尤以藤木先生之主張最力，氏並力主過失犯應以行爲無價值爲其成立之基礎，並有甚多名著予以闡述。惜乎藤木先生已於一九七七年七月以四十五歲之壯年仙逝，實爲刑法學界之莫大損失。

❽ 德國學界之新過失犯理論則係植基於葉克那（Exner）及恩吉斯（Engisch）

諸此論點，亦非毫無理由，故吾人仍應對過失犯更予深入探討，以求建立完整、合理之過失犯理論，適切解決目前急遽增多之過失犯問題。

第二節　研究目的

上述新、舊過失犯理論之爭議，致使過失犯在犯罪論之體系地位動搖，即過失犯究係責任之問題或係違法之問題，抑為二者兼具之問題？又過失犯之成立標準，應以行為人之預見可能為成立過失之中心，或應自避免結果發生義務中求其成立之依據？究以何者為是，實務及立法宜為如何之配合，均應詳加探究。本文爰以現行刑法總則之編排及其理論為基本架構，將全文分十二章，第一章為緒論；第二章說明歐陸、英美、日本及我國過失犯之發展；第三章深入探討過失犯之新、舊理論；第四章分析過失犯在犯罪論體系中之地位；第五章敘述過失犯之成立要件；第六章分析過失犯之種類；第七章討論過失犯與未遂犯、過失犯與正犯及共犯、過失犯與累犯等之犯罪類型間之關係；第八章敘述過失犯與裁判上一罪；第九章討論過失犯與緩刑及假釋；第十章敘述過失犯與保安處分；第十一章就現在發生較多且較有爭論之各種過失，如交通過失、醫療過失、公害過失、企業過失及監督過失等分別予以說明，並根據上述從歷史發展、現行規定及各種學說實務之發展而建立過失犯罪之新體系，並提出理論及實務上之建議，將本部分列為第十二章結論之中，以期建立新的過失犯罪之理論體系，達成合理制裁過失犯罪，減少過失犯罪之目的。

對於過失犯構造論之研究，嗣後則因魏爾采（Welzel）主張之目的行為論之影響，而使新過失犯之犯罪論體系得以開展。參照藤木英雄　過失犯──新舊過失論爭（昭和五十年）　第一二五頁。井上祐司　行為無價值と過失犯理論（昭和四十八年）　第三五頁。

第三節　研究方法

　　過失犯罪之本質及其成立，在歷史上有其不同之發展，而欲究明今日過失犯之性質或其態樣，亦非自過失犯之發展中觀察，實無法竟其功，是以過失犯之歷史發展之考察，乃爲吾人究明過失犯之本質以及瞭解現今過失犯之意義所不可缺之條件，故過失犯之歷史的研究，不宜偏廢，本文乃在第一章緒論之後，即深入就歐陸、英美、日本及我國等世界上主要法系之國家有關過失犯之發展予以分析，自此發展分析各國對於過失犯之本質與成立，甚至於其犯罪類型等之異同，進而瞭解今日各國對過失犯規定之情形。

　　經由上述歷史的研究法對於過失犯之縱的發展有所認識，同時瞭解各國刑法對過失犯之規定，並以過失犯理論在近年所發生之新舊過失犯理論之爭爲基礎，比較各國立法或新舊過失犯理論之優劣，並就過失犯之基本問題，如體系地位、成立要件、種類，及其在刑法總則中所面臨之若干問題，就理論及實定法之狀況，分別予以分析比較，以期擇優汰劣，達成適切規範過失犯罪之目的。

　　本文復就當今發生件數最多，爭議亦較烈，對於他人權益影響亦較鉅大之數種犯罪，如交通過失、醫療過失、公害過失、企業過失及監督過失等，就其過去及現在之發展，引用若干最近之實例，詳予說明，以期在歷史的分析及比較的研究過失犯有關問題之後，上述重大過失犯罪案例之探討，而得本於實際上之需要，重新構建過失犯理論體系，並經由類似社會學的或實證的研究之方法，提出意見供理論上及實務上之參考。

第二章　過失犯之發展

犯罪之歷史與人類之歷史同其久遠，惟在亙古時代，民智未開，對於各種事象，多自現實客觀之結果考察，較少顧及行為人內心之意思，故多採結果責任或絕對責任，其於認定犯罪及施予制裁，固稱簡便，惟對於犯人之惡性則多忽略，故難達成刑罰之效果；迨於近世刑事理論發達，對於犯罪人內心之意思特加注意，但其著重之點似又有所不同，且以中外古今法制發展之差異，對過失犯之內涵及其成立標準與處罰之方式，亦不一致，為瞭解今日過失犯理論之基礎及各國立法之狀況及其由來，並對之進一步探討分析，爰舉世界主要國家如歐陸、英美、日本及我國法制有關過失犯之演進，予以簡析之。

第一節　歐　陸

歐陸地區法學之發展，歷史極其久遠，有關法學理論之探討以及立法、實務之發揚，均備極燦爛，並獨幟一格，因此，形成為大陸法系，與英美法系分庭抗禮，成為世界上最主要二大法系之一，而歐陸法學，不問在學理上或立法上，長久以來，均對過失犯至為重視。其發展影響及於後世，至為深遠。本節乃將歐陸過失犯之發展區分為數個階段分別予以說明：

第一款　古代日耳曼

本期間係指在法制史上所稱之古日耳曼時代、古代日耳曼或加羅

羅馬時代等，即至西元四七六年西羅馬帝國滅亡時爲止之時間❶。

在此期間之中，本質上係屬血緣共同體、氏族制之社會型態，尚無依刑法以確認犯罪及其處罰之觀念，一切以共同勞動以及生產所有及分配等，主宰社會之正義及其活動，並以當時之家族或氏族（Sippe）爲主，一氏族之人爲他氏族之人所侵害，即構成二氏族間之敵對關係，此一氏族人對他氏族之現行犯得予復讎，但如非現行犯則須經由氏族組織間之復讎（Fehde），而由兩氏族予以解決之。是以在此時期，僅屬氏族規律之時代，並大抵視結果之發生以定其犯罪及處罰，仍爲典型之結果主義時代，惟例外對於無故意之行爲（Ungefährwerk）則認爲惡意不存在，例如因伐木傾倒壓死人、狩獵時之殺人、醫療不成功致人於死等等，如能證明加害人並無加害之意思，則可免於復讎，此一概念，實已具特別規定過失犯處罰之雛形。

此一時代對於責任亦即反規範行爲之主觀要件已予考量，故已有「無故意之行爲」（Ungefährwerk）之概念在，而就各個反規範之行爲之加害意思，亦即發生結果之行爲，確定其意欲之有無，以決定其責任，但此時實尚無法區別過失及偶然之不同。惟對於不認識結果之行爲，則免於復讎，而僅科以爲回復原狀目的之贖金刑，此種處理，實已注意其犯意之情況，且認因其不認識結果，故應非屬破壞和平之罪，但對具備意圖或故意之行爲（Willenswerk）則認其爲認識結果之行爲，而爲較重之處罰，是以學者有認當時並非完全屬於結果刑法之時代者❷。

---

❶ 參照田中周友　世界法史概說（昭和三十年）　第一九九頁；莊子邦雄　げルマン古代刑法の性格　載於法律時報第二十八卷第三期　第三三頁以下；莊子邦雄　近代刑法の原初型態　載於刑法雜誌第五卷第二期　第四三頁以下。

❷ 參照眞鍋毅　現代刑事責任論序說（一九八三年十一月）　第一九頁。

第二款　羅馬法

羅馬法約可分成三個階段，其第一階段爲古代，即西元前第八世紀至西元前第三世紀，此時係以都市爲中心之農耕社會時代，其初期與古代日耳曼之情況並無不同，但其發展則快於日耳曼，且其於西元前第二世紀即已確認責任等於故意（dolus）之原則，並於西元前五世紀時制定公布十二木表法（the Law of the Twelve Tables），此時最主要之處罰對象爲故意殺人及放火之罪，至對於過失，則乏明顯之規定❸。

羅馬法之第二階段爲古典法時代，約在西元前第三世紀至西元第三世紀之間，此期經由一連串之立法，敕令等之制定、公布、修正，遂確立故意（dolus）之原則，蓋以此時對外版圖擴張，對內爲階級尖銳對立，身分之重新組成，民間社會形骸化，政治統一及統治權之確立，遂使法律規定得以強力一體適用，國家刑罰權之觀念逐漸建立，此時將一般之故意犯罪認爲係屬對於國家或個人敵對之意志之行爲，但出於無熟慮之行爲，則認並非徵表道德之惡，似係基於倫理學而對故意、過失有其不同之認定及處理❹。

羅馬法之第三階段爲西元第三世紀至第六世紀，此一時期爲完全確立統治型態，亦屬絕對專制之時代，經濟衰退，政治不安，至第四世紀並以基督敎爲國敎，大幅影響法律及政治制度，並擴大處罰之範圍。遂產生由私訴（Privatklage, actio）及通常程序（crimina legitima od ordemaria）結合而成之特別程序（crimina extra or-

---

❸ 參照田中周友　前揭書　第一一二頁；Stein, *A Textbook of Roman Law*, 3d. Ed., 1971, 9, 3.

❹ 參照古林祐二　古代ギリシア刑法における過失責任論と刑法思潮　載於福岡大學法學論叢第六卷第一、二期合訂本　第一頁以下。

dinaria）之制度，涵蓋構成要件記述不明確、類推適用之採行以及法官自由裁量權之擴大等特點。此時對於過失、偶然或未必故意亦均納入處罰，且與早期之以結果主義爲主之思想，至爲接近❺。

第三款　日耳曼部落法

日耳曼經大遷徙之各部落接受羅馬法文化以及基督敎文化之薰陶，逐漸建立自己之部落國家，此一期間爲歷史上所稱之中世紀初期日耳曼或佛蘭克時代，時間約在西元四七六年至八八七年之間❻。本期間一改以往之土地總有制之作法，採用土地所有制，因此影響身分之複雜化、世襲化及官僚化，而成爲家土制（Vassalitat）及恩給制（Benefizialwesen），即逐漸形成新的封建制；對於無故意(Ungefä-hrwerk)之典型的行爲已明定禁止復讎而採用贖罪金❼，此時業已發生甚多之案例，並均對各案例分別其爲故意(Willenswerk)與非故意（Ungefährwerk）而異其處罰，但亦間有對非屬事故之非故意行爲爲較重之處罰，亦有對故意之行爲緩和其處罰之程序者。其具體之法令規定，茲舉例如下：

一、西歐德法（Lex Visigothorum）：制定於西元六五四年左右。曾規定甚多之致死罪，如遺棄致死、暴行致死、鬥毆致死、傷害致死等結果加重犯；另對其飼養之動物因不注意而對他人致死傷等之犯罪處罰，雖未明顯區分過失犯、結果加重犯及不作爲犯等，但對此等犯罪已不適用殺人罪死刑之規定，而認爲因其思慮不周或因無意欲之行爲，故予減輕處罰。並對突發之偶然行爲不予處罰，此顯係深受羅馬

---

❺　參照眞鍋毅　前揭書　第二六頁。

❻　參照田中周友　前揭書　第二〇〇頁。

❼　參照莊子邦雄　封建社會における刑法　載於瀧川幸辰還曆紀念論文集　第一七三頁以下。

法之影響❽。

二、布鹿古德法（Lex Burgundiorum）：制定於西元五〇一年，本法規定自由人故意殺人處死刑，但如因興奮或意志不集中而殺人者，則減輕其刑。其對過失之犯罪規定並不明確。

三、羅大利王法（Lex Konig Rotharis）：制定於西元六四三年，本法規定失火之犯罪，並規定此種犯罪得以贖罪金處罰之。

四、沙利卡法（Lex Salica）：約制定於西元五〇八年至五一一年之間。本法規定如設備不良而致家畜毀損或疏於管束動物致生侵害等，可成立過失毀損罪或過失傷害罪等是。

綜上規定，於此期間已逐漸區分故意與過失之行爲，並認爲過失之處罰，應以符合個別的構成要件之規定者，始克爲之。德國學者平丁克（Binding）甚至分析其爲「如爲全無意欲（Nichtgewolltes）之行爲，則全屬於無故意（Ungefährwerk）之範疇，並以預見可能性及災害迴避可能性，作爲追究其原因者責任（Haftung）之依據」❾。前述之規定是否可認已具備上述要件，固尚有待探討，惟當時之法令已對過失犯有若干之規定，且明確規定禁止復讎，並將之與故意爲明確之劃分，業已逐漸建立故意處予實刑，過失處以贖金刑之不同體系，對於日後過失犯之發展，貢獻甚大。

第四款　中世紀德國法

本時期爲西元八八七年至一四九五年，此一時間已有甚多立法及對法律爲詳細討論之法書（Rechtsbücher），此等法書尤其對於過失犯之討論，更見深入。在 *Sachenspiegel* 一書中首先提出行爲人與行

---

❽ 田中周友　前揭書　第二二二頁。

❾ K. V. Binding, *Die Normen, Bd. IV*,1919, SS.34, 35ff.

爲人心理間關聯之點爲 Schuld，雖然此一用語，與今日之責任（Schuld）之意義並不盡同，但其已注意及於行爲人之內心，而可明確區分以前認爲例外之 Ungefährwerk 與爲原則之 Willenswerk 之兩種概念；亦即可區分有無預謀之意思；在無預謀之犯罪，尚可認定有若干可以避免之結果，但因不注意之行爲以致發生結果，並具因果關係時，則可科處人命金之處罰，但如全屬偶然之事，則可免其人命金。對故意與過失已有明白之區別。綜合言之，此一時期過失犯雖尚未建立獨自之責任概念，但已明白顯示過失之實質內容，在實務上，亦已發生區別故意過失之效力，爲日後過失犯之發展奠立良好之基礎。

第五款　中世紀義大利法

本時期包括西元一一〇〇年至一二五〇年間所謂註釋學派（Glossatoren）及西元一二五〇年至一四〇〇年間之後註釋學派（Postglossatoren）之期間。此一期間對於以往之法令、制度、社會、政治等問題，均作充分之研究解決，係法學昌盛之時代，在註釋學派時代，對責任部分，則可謂完全忠實於羅馬法原規定而予以解釋，首先，其區別 Dolus 與 Casus，而其基本之不同，則認係在有無具備惹起違法結果之意志之點。但已漸自私法中引進 Culpa 之概念。對於故意（Dolus）原則上均應予以處罰，而對過失（Casus），則以符合一定之要件，始予處罰；至後註釋學派時代，則尤認爲違法性認識並非故意之要素，而主張僅有違法可能性之表徵及危險性之認識即爲已足，並發展出推定的故意（Dolus Prassumtus）及建立有認識之過失之觀念，且對不注意之事故（Casus Impronisus）與偶然之事故（Casus Fortuitus）予以區分，並主張前者爲可罰的行爲，後者爲不可罰之行爲，故此一時期已建立無視於必要之注意的過失應予非難之理論。故有謂後註釋學派係過失學派之創始者❿，實不爲過。

第六款　近世德國法

十四世紀以後，德國承受原羅馬法之精神，逐漸制定各種相關之法律，在刑事法方面，如一五〇七年公布刑事裁判法（Constitutio Criminalis Bambergensis）；一四九五年創設帝國大審院（Reichskammergericht）並公布帝國大審院法，一五三二年公布最早之刑法典，即刑事裁判法（Constitutio Criminalis Carolina），此一刑事裁判法施行至一八七〇年公布刑法時爲止，刑事裁判法在此期間，遂爲全德國始終適用之唯一刑法法典。此一時期對於過失有更進一步之闡述，認爲無意圖之行爲不予處罰之情況有二：其一爲對於精神失常之無責任能力人，其二爲對於正常人但欠缺結果發生可能性之表徵者。惟對於不認識結果之情形，又分可罰與不可罰二種，其認爲可罰者，無非自行爲人之注意義務與迴避義務予以考量，故已闡明過失犯處罰之本質。在上開刑法典中，分別規定各種過失之情形，如第一百四十六條規定單純之過失、第一百三十四條規定醫師致患者於死之處罰、第一百三十六條規定管有動物之人疏於管理致人死傷之處罰、第一百八十條規定監獄官吏過失致受刑人脫逃之處罰等，均係處罰過失犯之規定，其後德國刑法幾皆維持上開之規定，並予漸次擴張。此時並已確立故意與過失爲二種之責任形式，甚至有創立過失爲獨立之責任形式之趨勢，至少已經確立過失係爲預見可能性及注意義務違反之本質，殊堪吾人注意❶。

---

❿ Schaffstein, *Die allgemeine Lehren von Verbrechen im ihrer Entwicklung durch die Wissenschaft der gemeinen Strafrechts*,1930, S.136f.

❶ Schaffstein, a.a.O., S.154.Beiling, a.a.O., S.189ff.

第七款　現代德國法

十九世紀初期之德國法，承繼一五三二年公布施行並已規定過失犯之加羅五世刑事裁判法（Constitutio Criminalis Carolina）更予發揚光大。在十八世紀以前，德國法雖已逐漸建立刑法之理論，惟仍認爲過失僅屬準犯罪（Quasidelikt），但至十九世紀初期，始逐漸建立過失犯之獨立成立要件，即認行爲人應有抽象的注意義務，並須有具體的義務違反之行爲，始能成立；另亦有主張處罰過失犯，除其可能係爲故意之危險犯之轉化外，尚有基於保安或教育刑之目的之考量，故逐漸擴大過失犯之範圍者，其中尤以刑法學之父費爾巴哈（Feuerbach）主張基於一定法侵害目的之欲求所爲之意思決定爲故意，但「違反意志，而單以自然原因而致產生違法結果之實行行爲或不作爲，基於此之欲求之違法意志決定」爲過失，依此意見則過失有二重之違法，其一爲惹起結果；其二爲違反禁止結果發生之行爲。後者可爲區別過失與偶然之基準。並將過失區分爲直接過失與間接過失，亦即與現在所謂之有認識之過失與無認識之過失二者同。此時已確定結果不預見係爲一般注意義務之違反，而據以說明過失犯之本質，實頗具意義❿。

十九世紀後，學說對於過失之解釋，主張不一，有謂係爲「意志之懈怠」（Hefter）；有謂係「一般義務違反之不注意」（Jarcke）；有謂係「未熟慮之怠慢行爲」（Krug）；有謂係「義務適合的意志之恣意的欠缺」（Martin）；有謂係「意志力之欠缺」（Mittermaier）；有謂係「消極之惡的意志」（Henke）；有謂係「法所要求之遵守義務有意不遵守」（Bierling）等等，不一而足，並各本於其各自之主張及思想

❿ 參照眞鍋毅　前揭書　第六九頁；松宮孝明　ドイツにおける過失犯論の變遷と「許された危險論」の役割㈠　載於京都大學法學論叢第十五卷第二期（一九八四年）　第三〇頁。

體系開展有關過失犯之理論，是以自十九世紀起，德國有關過失犯理論，已甚發達，其後復經郝希拿（Halschner）、平丁克（Binding）諸大家之闡述發揚，更使過失犯理論基礎益形堅實。大體言之，十九世紀之過失犯理論，係本於當時心理學發展階段下之意志概念，並將過失犯之因果關係論置於行為論中予以討論，而逐漸開展當時之過失犯理論。至二十世紀，尤其第二次世界大戰後德國對責任原則之研究，不遺餘力，乃又引起對過失犯問題之重視，並予探討❸。

　　德國一八七一年施行之刑法，其總則編未就故意或過失之定義有所規定，但其總則編第四章刑之阻卻或加重減輕事由，則於第五十九條第二項明定錯誤不予處罰，如係過失之情形之適用規定，即為「如過失行為亦須處罰，前項規定，以行為人之欠缺認識非由過失所致者為限，始適用之。」此外，德國一八七一年刑法總則復特別規定故意犯罪者，始得沒收，其第四十條第一項規定「一、因故意之重罪或輕罪所得之物，供犯故意之重罪或輕罪所用或供犯罪使用之物，以屬於正犯或共犯者為限，得予沒收。」另於分則中將各種過失犯罪分散規定於各條，各該條文分別規定故意犯某某之罪或過失犯某某之罪等。至一九一九年刑法修正草案第十四條，始明定過失之意義，其條文為：「因情況上及個人人格之關係，應注意並能注意而未注意，致未預見其結果可能發生，處罰行為之成立事實；或認有其可能而信以為不致發生者，以過失論」。一九三〇年刑法草案第十六條第一項：「非出於故意或過失之行為，不罰之」，同條第二項：「犯罪，除法律有特別規定者外，須出於故意之行為」，同條第三項：「過失行為，以法律有處罰規定者為限，始屬有罪」，同法第十九條：「過失行為，謂情況上及其個人關係上，負有注意義務，且有此注意能力，而未預見可實現犯罪事

❸　參照眞鍋毅　前揭書　第七四頁至第八九頁。

實之罪行，或認爲有實現犯罪事實之可能性，而以爲不致發生者」。

德國一九五九年刑法草案第十八條，將過失作以下三點規定：㈠無認識過失與有認識過失：即以無認識過失行爲，爲情節上及個人關係上負有注意義務，且有注意能力，因怠於注意，致未能認識而實現法定構成要件者；並以有認識之過失爲雖想像其可能實現，而予以容認者，將過失區分爲上述二者。㈡阻卻違法事由之錯誤：謂具非難可能錯誤之結果，僅以具有使行爲正當化或免責之事由，而不能以其爲故意行爲加以處罰者，亦應以過失處罰之。㈢重大過失：輕率而爲行爲者，其行爲爲出於重大過失。

一九六二年德國刑法草案第十八條將過失區分亦分爲三種型態：㈠無認識過失：行爲人依其所處之情況及本身之緣故，應負注意義務，且能盡其注意，因疏於注意，致其行爲引起法定構成事實者，爲過失。㈡有認識過失：行爲人認識其行爲有發生法定構成事實之可能而違反義務，且可受非難的確信其不發生，以致實施其行爲者，亦爲過失。㈢輕率之重大過失。

德國一九八七年施行之現行刑法第十五條規定：「故意之行爲始有可罰性，但法律明定處罰過失行爲者，不在此限」(Strafbar ist nur vorsätzliches Handeln, wenn nicht das Gesetz fahrlässiges Handeln ausdrücklich mit Strafe bedroht.)，即明示犯罪之處罰，除有明文外，以故意爲限；惟其經多次草案所列之過失之定義，則爲定案公布施行之現行刑法所不採，即仍將過失之概念，留待學說及實務之發揚❶。

德國現行刑法除於第十五條就故意過失爲原則性之規定外，其第十六條復規定關於事實情況之錯誤，爲「行爲人於行爲之際，對於犯

---

❶ 參照楊建華　刑法總則之比較與檢討（民國六十七年）　第二八頁。

罪之法定構成事實所屬情況欠缺認識者，不成立故意行爲，但於過失行爲之可罰性不受影響。」「行爲人於行爲之際誤認有可成立較輕法規所定犯罪構成事實之情況者，惟依較輕法規處罰其故意行爲。」且於第二十六條及第二十七條第一項明定「故意教唆他人使之故意實行違法行爲者，爲教唆犯；其處罰與正犯同。」「對他人故意實行之違法行爲故意予以幫助者，爲幫助犯。」即規定教唆犯或幫助犯或被教唆或幫助之正犯，均應以故意爲限，過失不能成立教唆犯或幫助犯。第四十八條復規定累犯，以故意犯罪爲基礎；在其第六十五條及第六十六條之收容於社會矯治機構及交付保安處置之保安處分，均明定須有故意之犯行，始得宣告。第七十四條第一項仍沿一八七一年刑法第四十條第一項之舊制，規定「基於故意而爲犯罪行爲者，由犯罪所生之物，或用爲犯罪或用爲犯罪之預備，或決定供用之物，得沒收之」。

　　德國現行刑法分則編共分二十九章，條文爲自第八十條至第三百五十八條，其規定過失之犯罪類型者，有第九十七條第二項之過失洩漏國家機密罪、第二百二十二條之過失殺人罪、第二百三十條之過失傷害罪、第二百八十三條第四項第五項之過失破產罪、第二百八十三條 b 第二項之過失違反簿冊記載義務罪、第三百零九條之失火罪、第三百十條 a 第二項之過失引起火災之危險罪、第三百十條 b 第二項之過失引起核能爆炸罪、第三百十一條第四項第五項之過失爆炸爆裂物罪、第三百十四條之過失決水罪、第三百十五條第四項之過失交通危險罪、第三百十五條 a 第三項之過失酗酒或重大義務違背致交通危險罪、第三百十五條 b 第四項第五項之過失致公路交通危險罪、第三百十五條之酒醉或精神或身體失常或重大違規疏忽造成道路交通危險罪、第三百十六條第二項之過失酒後駕車罪、第三百十七條之過失擾亂電信事業罪、第三百二十六條之過失公共危險罪、第三百三十條第三項第四項之過失建築危險罪、第三百四十五條第二項之公務員過失

對無罪者執行刑罰或處分罪、第三百五十三條第一項第二款之公務員等過失洩漏職務上秘密罪。其規定之過失犯罪類型可謂至爲詳盡，惟大體言之，除部分係爲維護個人之生命法益之規定外，多係以維護公共安全爲主。

此外，歐陸各國對於過失之意義及其處罰之原則，有明定之者，亦有略未規定者，其情形如下：

一、法國：法國一八一○年公布施行一九七五年修正之刑法，就過失之概念未設明文規定，僅於第三一九條規定：「因不熟練（maladress）、輕率（imprudence）、不注意（inattention）、疏忽（neglience）及不遵守規則（inobservation des reglmeuts）之結果，致人於死……」，第三百二十條規定：「因欠缺熟練或注意之結果，致使傷害、毆打或疾病者，並使之完全失去工作能力在三個月以上者，……」即僅說明過失之心理狀態有不熟練、輕率、不注意、疏忽而已。而其處罰之原則，原亦採取「無過失則無刑罰」（nulla poena si neculpa），但對於違警罪，則認非以故意過失爲必要，蓋因違警之過失並非屬於通常可以證明之範圍，故認縱證明過失不存在，仍不能免除違警罪之責任❶⑤。

二、瑞士：瑞士一九三七年公布，一九四二年施行，一九七一年修正之刑法第十八條第一項規定：「除法律明文規定外，非故意犯重罪或輕罪者，不罰。」第三項規定：「行爲人違反注意義務，對可歸責之犯罪行爲結果，未加考慮或未顧慮者，爲過失犯輕罪或重罪。依行爲人之環境及身分關係，有注意義務而不注意時，爲違反注意義務。」

三、奧地利：奧地利一九七四年一月二十三日公布施行之刑法第

---

❶⑤ 參照 G. Stefani; G. Levasseur; B. Bouloc 合著　澤登俊雄、澤登佳人、新倉修譯　フランス刑事法（刑法總論）（昭和五十六年七月）　第一七九頁。

一編總則中第六條第一項規定：「行爲人依其情況應注意，且按其精神及其身體狀態能注意，而怠於注意，致發生其所不知之法定構成事實者，爲過失。」第二項：「認識該事實可能實現，而未希望其發生者，以過失論。」第七條規定：「法律無規定時，以故意犯罪之行爲爲限，罰之。」

四、義大利：義大利一九三〇年十月十九日公布施行，一九六八年修正之刑法第一編總則中第四十二條第二項明定：「除法律明文規定無故意或過失之犯罪行爲應處罰者外，行爲人欠缺故意所爲之犯罪行爲，不罰。」第四十三條第三項規定：「行爲人對於可能預見之結果發生，並非有意而由於疏忽、不注意、無經驗或不知法規命令或指令而發生者，爲過失。」

五、西班牙：西班牙一九四四年七月十九日公布，一九七一年十一月十五日第三次修正之現行刑法，僅於第一編總則──「犯罪及過失罪；犯罪人之責任及其刑」第一條第一項規定：「依自由意志及疏忽之行爲而爲法律所處罰者，謂之犯罪及過失罪。」此外，並未就過失除疏忽之心理狀態以外之情形，爲更明確之規定。

第二節　英　美

世界諸大法系，歷經歷史之演進以及實務及理論之發揚，迨於近世，碩果僅存者爲大陸法系與英美法系二者，大陸法系係以歐陸爲其代表，進而影響亞洲國家，已見前述；英美法系則與海洋國家有其密切之關係，其根本當在於往昔有日不落國之大英帝國之文治武功，故迄今仍能在英國及美、澳洲國家，甚至於東南亞之星、馬各國仍有其軌跡可尋，雖以近世若干學者認爲英美法系與大陸法系之間已漸撤藩離，且以事實上大陸法系已更注重判例及學說對於實務之影響，抑且

相當程度採行習慣法，英美法系亦已逐漸採行造法運動，而制定甚多
成文法，更以若干國際公約、條約之簽訂，以及區域經濟合作及單一
國之制度，愈使國家與國家之間隔日益模糊，故有學者主張世界法之
理論，以期制定通行於各國之共通法律❶。此種理想，當有實現之一
日，惟其間仍待吾人努力之處尚多，於此不贅。惟無論將來之發展如
何，英美法系之發展過程，以及其仍爲今日世界兩大法系之一，其過
失犯之演進情形，實深具意義。

舊盎格魯撒克遜之社會，因承繼條頓族（Teutonic）之特質而爲
一家族結構之社會（family community）。在此社會之中，「復讎」之
觀念深植人心，侵害行爲一旦發生，法律便居於被害者立場藉賠償被
害人或其親屬之損失之方式以消弭流血紛爭，行爲人所負責任之輕重，
與其主觀心態及行爲之態樣並無關聯。此種見解直至十二世紀尙爲當
時刑法之主流，亦即「每個人均應對其行爲負責」之原則（The rule
was that a man acts at his peril.）。

前述規定雖常見於盎格魯撒克遜法律之中，然因受教會影響，對
於犯罪者之可責性（culpability）亦逐漸加以重視，亦即先對犯罪行
爲人之心理狀態加以審視，認爲個人出於自由意志而故意侵害他人時，
其處罰自應重於非故意而爲者。然此時之法律亦僅言及如何爲較寬大
之處置，至於完全免責之情形則未曾論及❷。

在早期普通法（common law）中，故意殺人與過失殺人並無任
何區別，縱爲過失殺人（homicide by misadventure）亦構成犯罪，

---

❶ 參照田中耕太郎　世界法の理論第一卷至第三卷（昭和九年初版，昭和四十
一年第六版　有斐閣）；森下忠　國際刑法の新動向（一九七九年初版成文
堂）。與本文關係最密切者，尤以其中第四章道路交通犯罪の處罰と關するヨ
ーロッパ條約，一文最具參考價值，參見該書第一六九頁至第一九二頁。

❷ Gillis Erenius, *Criminal Negligence and Individuality*, 1976, p. 29.

而不論其殺人行為之本質如何。此實亦係在英國早期係採嚴格責任
（strict liability）之結果有以致之。此時，除故意與過失之間，無甚
大差別外，即重大過失與普通過失，亦無分界，均應負擔刑責，直至
刑罰中採用道德標準（moral standard）後，始逐漸重視行為之惡性，
並以之為刑事責任基礎，乃漸採行道義責任論，故認行為人如無犯意
（mens rea），遂影響及其犯罪是否成立，在一六六四年時之判例，雖
無犯意，仍應負故殺罪責（manslaughter）；但約百年之後，弗斯特
（Foster）則對於相同案情之被告認因其不具犯意而宣告無罪❸，其
後乃逐漸建立刑事責任之原則。

在 Bracton 之著作中，曾嘗試將不同型態之殺人行為加以區別：
以行為是否出於合法（lawfulness）或非法（unlawfulness）為判斷
標準，倘行為人之行為合法即免責，但若未盡相當之注意（due
deligence）則應加諸責任。Bracton 氏特別重視犯罪行為與犯罪人之
精神要素間之關聯，此概念對日後刑法之演進有極為深遠之影響。

此時普通法（common law）中過失犯之概念已漸具雛型。其中
最基本之原則為無犯意（mens rea）即無刑責（criminal responsibil-
ity）。例如在謀殺案件中必須探究行為人是否有謀殺之犯意（malice
afore-thought），亦即犯罪之成立必須有犯意（mens rea）。是以某
被告執行合法行為中，因無惡意（evil intent）而導致他人之死亡，則
該被告並不構成謀殺或殺人罪，僅負擔罰金（forfeiture）之責任❹。

在普通法中雖無明顯「過失」之界說，但此時期可從甚多之實例
研究與學者報告中得知，刑事責任之基礎已脫離專注於被告心理所持
態度，而將關鍵轉移至被告是否已經盡其避免危險發生之注意義務

❸　Turner,*Mental Element in Crimes at Common Law,* edited in the
　　Modern Approach to Criminal Law （London）1945, pp.195-205.

❹　Gillis Erenius, Ibid., p.42.

（acted with proper caution to prevent danger），或採取適當之避免危險發生的手段（using proper caution to prevent caution）❺。

至於對過失另行認定「重大」（gross）之程度者，則係始於十九世紀時期。Halsbury 氏所著之英國法（*Laws of England*）一書中，對過失之概念已有明確並延用迄今之定義，即謂：「當法律課某人以義務；或個人負有保障生命之義務，因重大過失未予履行或因重大過失致他人於死者，應負殺人罪責」❻。

英國學者 Turner 則將心意狀態區分為故意（intention）、鹵莽（recklessness）、過失（negligence）三者，並認應負刑責者應屬鹵莽而言，美國學者 Perkins 則將心意狀態區分為故意（intention）、任意（wilfulness）、縱恣（wantonness）、鹵莽（recklessness）、過失（negligence），並以任意與縱恣視為故意，過失則包括鹵莽在內❼。是以 Turner 與 Perkins 對於故意與過失之說明，即有若干之歧異。Turner 謂：故意，係表示行為人之心意狀態，即行為人非但對發生之結果有其預見，抑且希望其發生；至於鹵莽，則為重大過失，即表示行為人心意狀態，或為作為或不作為，但如屬不作為則須有法律上之作為義務，或行為人能預見結果可能發生，但不希望其發生，故其情形可能係行為人未注意其是否發生，或行為人希望其不發生。此二者之相同點為行為人均不欲其發生。但後者則行為人對於結果之發生有其認識，惟仍執意為之，致結果終於發生，故與前一情形有所不同❽。而 Perkins 則謂：行為人對於結果之發生雖無希望（desire）之意思，

❺　Gillis Erenius, Ibid., p.43.

❻　Gillis Erenius, Ibid., p.44.

❼　Perkins, *Criminal Law,* 2nd. ed., 1969, pp. 760, 761, pp.780-783.

❽　Turner, Ibid., p.200,207.

但如行爲人爲某特定之結果而爲行爲，則不問其結果是否可能發生，均爲故意。此外，雖不包括於該行爲人目的範圍內之結果，只要行爲人對其必然發生有所認識，亦屬故意，是其將縱恣（wantonness）亦包含於故意之內。故認縱恣之不法行爲（wanton misconduct）與過失，不僅在程度上有別，在性質上亦有異，並屬於不同之心意狀態。氏並認鹵莽（recklessness）應包括知之要素在內，而除應將知與已知作不同處理，認爲後者之情節應重於前者，亦即將過失區分爲「有認識之過失」（advertent negligence）與「無認識之過失」（inadvertent negligence）二者，並將有認識之過失與鹵莽等量齊觀❾。

英美學者對於行爲人之知的要素，至爲重視，甚至以之爲是否構成刑事責任或爲刑責輕重之依據，惟實務上則有認爲無論行爲人知或不知均不影響其刑責之見解。此外，實務上亦有將學者所認屬於故意範圍之縱恣（wantonnese）認爲係屬重大過失之犯罪者❿。故實務見解與學者之主張未盡相同。

英美法系採行嚴格責任理論，故行爲人負擔刑事責任之際，常須同時負擔民事責任，惟近年以來，除有關社會福利公共安全之犯罪外，

---

❾　Perkins, Ibid., pp.745-747.

❿　Perkins, Ibid., pp.760, 761.People V. Brucats CO. ct., 32 N.Y. S.2d 689,691, see Hall and Müller, *Cases and Readings on Criminal Law and Procedure,* 2d. ed., p.228，本案認爲「所謂刑事過失（criminal negligence）與可歸責之過失（culpable negligence）係屬同義，此一過失包括鹵莽及縱恣在內。」而在 Cannon V. State, 91 Fla .214 107, so.360, 363, See Hall and Müller, Ibid., p.228 案例中，則謂重大惡性之性格表現其鹵莽不顧他人之生命或安全，致發生危險結果，或因全然欠缺注意故應推定其有意漠視結果之發生，或顯現其縱恣或重大疏忽而不顧及公共安全及福利……」。

亦已逐漸採行道義責任理論，故對過失在刑事責任與民事責任之判斷上，明白揭示其相異之處，例如在 State V. Baublits 案中，即曾明白說明「所謂應負責之過失（cupable negligence）乃係相當於重大疏忽或鹵莽，而與對人命通常所應注意之義務不同，僅有普通過失亦有可能危及他人之生命或身體安全，但此一過失之程度尚不足以構成刑事責任。」此外，在 State V. Hintg 一案中，亦謂「所謂刑事過失（criminal negligence）非僅指欠缺通常應有之注意，或指一般謹慎之人在一般狀態下所能盡之注意程度而已，而應係指重大過失而言，例如鹵莽不顧結果之發生或鹵莽不顧他人之權利等是。」**⓫**。

英美法於建立重大過失之概念後，對於重大過失多適用於殺人罪，尤以認為有重大過失之殺人均應科以故殺罪，此係英美法一向重視個人生命之理念，有以致之。惟因故意罪係屬重罪，而近代利用交通工具所致之死傷，常與重大過失之情形相符，如均論以故殺之重罪，顯見情理之不平，是以陪審團對此情形，多不願為有罪之認定，如此，則又過於寬縱，是以美國若干州乃針對此一兩難之問題，以立法予以解決，有在法律中明定交通事故致人於死者，其刑責應輕於重罪，或直接明定其應屬於輕罪者，例如密西根州一九二一年首先制定過失殺人法（negligence homicide statute）明定「凡以無限制之速度、疏忽、鹵莽或過失之態度駕車，因而致人於死者，即屬過失殺人。」用以排除故殺罪之適用；此外，更明定「在駕駛車輛時所犯之故殺罪（manslaughter），似應包括過失殺人罪（the crime of negligence homicide）。但指控被告於駕駛車輛所犯之故殺罪，如陪審團發現其未具備故殺罪之要件時，陪審團得自由裁量而為過失殺人之認定。」即提

⓫ State V. Baublits. 324 Mo. 1199, 27 S.W. 2d 16. see Hall and Müller, Ibid., p.227. note I.; State V. Hiatg, 61. Ideho. 411, 102 p. 2d, 639, see Hall and Müller, Ibid., p.227. note I.

供陪審團得為輕於故意殺人罪（involuntary manslaughter）之處罰認定。但如行為人之行為，已相當於刑事過失（criminal negligence），則仍不免於故殺罪之責任，如其行為相當於普通過失者，則依特別法之過失罪論科，同時美國甚多州已經分別制定「機動車輛致人於死之法律」（motor vehicle homicide statutes）規定部分交通事故致死罪之刑責較故殺罪為低。同時在實務上多方闡揚，例如在 State V. Hancock（248. N. C. 432,435,103 S. E 2D 491,494（1958））一案中，即敘明「有關故意或非故意違反安全法規（Safety Statute），其適用法律之原則如下：違反安全法規所造成之傷亡，如其違反係為任意、鹵莽或故意時，即屬可歸責之過失（culpable negligence）；但如僅因非任意（unintentional）或非盡適當注意（inadvertent）而違反時，則當不構成可歸責之過失，是以此種違反行為，應係有依其危險之性質，可能產生結果之鹵莽，且甚危險之性質。依合理判斷為得預見者，始與漠視結果之發生或危害他人之安全者相當。」**⓬**。

　　如前所述，英美法早期並無重大過失與普通過失之區別。直至普通法以降，認為刑事責任係基於行為人之惡性，無犯意之人即不應科以刑罰，且原則上僅重大過失始負責任，又因其探判例法，故就各單獨案例提出被告應有「注意義務」或「防止危險發生」之義務的理論根據。

　　美國一九六二年模範刑法典（Model Penal Code）第二‧○二條第一項已對犯罪行為之處罰為原則性之規定，即謂：「責任條件之一般的要件：⑴責任條件之必要性。除第二‧○五條別有規定外，無論何人關於犯罪之一切基礎要件，依各該法律之規定如無蓄意、故意、輕率、過失之行為時不構成犯罪。」對於普通法不處罰一般過失行為之原

⓬　Perkins, Ibid., pp.79-82; Hall and Müller, Ibid., pp.230-231, note 3.4.

則已加以改變，另於第二‧○二條責任條件之一般的要件對過失有詳細之分類與解析，茲錄述其第二項第Ｃ款、第Ｄ款之規定如下：

　　c 輕率地（recklessly）

　　　關於犯罪之基礎要件已存在或將由行為者自己之行為而生一事，有不被容許之高度危險性，行為者猶對之有意識地予以忽視而為其行為者，就犯罪基礎要件言之，該行為者所為，即為輕率的行為。惟自行為之性質、目的以及行為者所知之狀況予以考慮，以對之加以忽視顯已逸出在同一狀況下守法的一般市民應遵守之行為基準相違背之性質及程度為限。

　　d 過失地（negligently）

　　　關於犯罪之基礎要件已存在或將由行為人自己之行為而產生一事，本有不被允許之高度之危險性，行為人應認識其危險性而猶未予認識而為行為時，關於犯罪之基礎要件，應認為由行為人之過失的行為為之。惟自行為之性質、目的以及行為者所知之狀況予以考慮，以對之未能認識顯已逸出同一狀況下有理性之人應遵守之注意基準之危險性質及程度為限。

　　　此外，該法對於何種情形應負如何之責任，亦於同條（即二‧○二條）第三項至第十項詳列規定，足為適用之依據，茲錄載如後⓭：

⓭ 模範刑法典第二‧○二條第三項至第十項之原文如下：

　　(3) Culpability Required Unless Otherwise Provided. When the culpability sufficient to establish a material element of an offense is not prescribed by law, such element is established if a person acts purposely, knowingly or recklessly with respect thereto.

　　(4) Prescribed Culpability Requirement Applies to All Material Elements. When the law defining an offense prescribes the kind of

culpability that is sufficient for the commission of an offense, without distinguishing among the material elements thereof, such provision shall apply to all the material elements of the offense, unless a contrary purpose plainly appears.

(5) Substitutes for Negligence, Recklessness and Knowledge. When the law provides that negligence suffices to establish an element of an offense, such element also is established if a person acts purposely, knowingly or recklessly. When recklessness suffices to establish an element, such element also is established if a person acts purposely or knowingly. When acting knowingly suffices to establish an element, such element also is established if a person acts purposely.

(6) Requirement of Purpose Satisfied if Purpose Is Conditional. When a particular purpose is an element of an offense, the element is established although such purpose is conditional, unless the condition negatives the harm or evil sought to be prevented　by the law defining the offense.

(7) Requirement of Knowledge Satisfied by Knowledge of High Probability. When knowledge of the existence of a particular fact is an element of an offense, such knowledge is established if a person is aware of a high probability of its existence, unless he actually believes that it does not exist.

(8) Requirement of Wilfulness Satisfied by Acting Knowingly. A requirement that an offense be committed wilfully is satisfied if a person acts knowingly with respect to the material elements of the offense, unless a purpose to impose further requirements appears.

(9) Culpability as to Illegality of Conduct. Neither knowledge nor recklessness or negligence as to whether conduct constitutes an offense or as to the existence, meaning or application of the law determin-

㈢無特別規定時所必需之責任條件。（culpability required unless otherwise provided）

作爲犯罪基礎要件之責任條件，法律如無特別規定時，就其要件行爲者如有蓄意、故意、輕率之行爲時，即已充足該基礎要件。

㈣作爲法定責任條件之對象之基礎要件。（prescribed culpability requirement applies to all meterial element）

規定犯罪定義之法律，定有成立該犯罪所必要之責任條件之種類，而未定明該責任條件究在犯罪基礎要件中之那一部分所必需時，除能明白認定有相反意旨外，對所有之基礎要件必須具備責任條件。

㈤代替過失、輕率或故意之責任條件。（substitutes for negligence, recklessness and knowledge）

法律規定過失即足成立犯罪時，對於有蓄意、故意、輕率之行爲亦成立犯罪。如規定輕率即足成立犯罪，有蓄意、故意之行爲亦成立犯罪。如規定故意即足成立犯罪時，有蓄意之行爲，亦成立犯罪。

㈥附條件之意圖。（requirement of purposes satisfied if purpose is conditional）

---

ing the elements of an offense is an element of such offense, unless the definition of the offense or the code so provides.

⑽ Culpability as Determinant of Grade of Offense. When the grade or degree of an offense depends on whether the offense is committed purposely, knowingly, recklessly or negligently, its grade or degree shall be the lowest for which the determinative kind of culpability is established with respect to any material element of the offense.

犯罪之成立以特定之意圖爲必要之罪，縱其意圖爲附條件之意圖，亦不妨礙其犯罪之成立，但所附條件如屬於在排除定該罪之法律所欲防止之危害者不在此限。

㈦高度之概然性之認識。(requirement of knowledge satisfied by knowledge of high probability)

認識特定事實之存在爲成立犯罪所必要時，對該事實之存在之高度概然性有認識時，即對該事實已有認識，但行爲者實際上相信其不存在時，不在此限。

㈧有意識地與故意。(requirement of wilfulness satisfied by acting knowingly)

以有意識地犯罪爲成立犯罪所必要時，行爲者對於犯罪的基礎要件，故意地爲其行爲時，即爲有意識地爲其行爲。但有明白的規定必須有更高度之責任條件者不在此限。

㈨有關行爲違法性之責任條件。(culpability as to illegality of conduct)

關於行爲是否構成犯罪或關於規定犯罪成立要件之法律之存在、意義及其適用行爲人認知其情況，或因輕率或過失而不認知，皆非犯罪之成立要件，但規定犯罪之法律或本法有特別規定者不在此限。

㈩作爲犯罪等級決定要素之責任條件。(culpability as determinant of grade of offense)

犯罪是否因蓄意、故意、輕率或過失而有等級之區別時，依存在於各犯罪基礎要件之責件條件中最輕者決定其犯罪之等級。

美國在一九六二年模範刑法典公布前後，各州即已分別制定刑事法律，以爲審判執行之依據。模範刑法典公布後，各州之制定法類多以其爲範本，採行其所規定之原則及規定，而使各州之立法更形週延。模範刑法典之影響，可謂旣深且遠。

第三節 日 本

日本爲東亞島國，地小人多，夷考歷史，雖亦甚久，但其前期進步至緩，歷經多數王朝、封建，向無多大建樹，旣乏武功，尤無臻治，明治以前，泰皆接受中華文化，故其典章制度、文物史實，每與中華文化相近，即其法律亦係繼受中國唐律規定而沿用，數百年以降，殊少更易，惟自明治維新之後，門戶洞開，西學入侵，日人乃漸覺醒，發奮圖強，風氣丕變，改革制度、釐定法規，頗能擷取歐美長處，是以人文薈萃，文物興隆，蔚爲大觀，乃於不足百年之頃，以一島國而長執東亞文化及物質之牛耳，此實該國學術之興盛有以致也，即如該國有關規律人民犯罪之刑法法規，於沿用吾國唐律之後，竟能一舉改採法國法系之立法(明治十三年舊刑法——西元一八七一年)，而後採德國法系之立法(明治四十一年現行刑法——西元一九○八年)，其後歷經八次小幅修正，茲竟表現爲更進步之最新改正刑法草案，而於昭和四十九年——一九七四年公諸於世，凡此，具見該國之法制，莫不在於求新、求進步，而於不旋踵之間，公布多次草案，亦可證明該國於求新、求進步之外，尤更求其慎重。是以日本法制之發展，亦堪吾人借鏡。

日本刑法之發展與其他國家並無顯著之不同，即均自復讎時代而威嚇時代，而博愛時代，最後爲科學時代，私的復讎時代終因公的刑罰制度建立而結束。日本早期採行宗族之族長裁判制度，此時之犯罪不分輕重，其「頭目」或「族長」得決定以「刑罰」或「賠償」做爲制裁之手段，故此時已脫離「神的懲處」或「私人復讎」之階段，但對故意過失則尚乏明顯之分際。

日本於推古王朝前後，開始建立刑事法律制度，其主要之原因，

爲直接接受我國漢魏文化之影響，推古天皇時期及其後聖德太子之大
化革新，派遣留學生來我國留學，故其後之法令典章制度，均師法隋
唐，在法律方面，如大寶律令採行唐律之規定，對故意與過失已有明
確之觀念，對過失犯之處罰，如規定「諸過失殺傷人者，各依其法，
以贖論。」係以贖論，與唐律之規定相同，此一規定亦即該當於現今之
罰金刑。

　　及至源賴朝之鎌倉時代以至江戶時代共七百年間，日本均在武家
政治之階段，缺乏完整之典章制度，此一時期仍多延用以前繼受我國
之法令，尚無創新。江戶時代，乃就武家時代之法令、判例予以整理
編纂，制定爲御定書，都百餘條，以此百餘條爲中心而完成德川刑法，
該法對於故意與過失已有明顯之區分，認爲犯罪原則上係以「故意」
爲要件，亦即明白宣示係基於道義責任之立場，而過失則規定係爲「過
錯」之觀念，例如御定書第七十四條規定「傷害、驟然使人受傷，因
該傷害致使對方死亡，雖無過錯紛爭，斟酌傷者……判決中追放。但
考量之餘，若認有疏忽之處，應判處更重刑罰。」其所定之「過錯」應
屬一般之過失，而但書所定之「疏忽」則應屬重大過失，亦已包括今
日刑法學上之有認識之過失在內，故已漸具過失責任之觀念❶。

　　德川幕府之後以至明治以前，日本刑法律令並無大幅度變革，明
治初年，曾就舊有刑律予以整理。明治八年（一八七四年）公布「校
正律例稿」，規定「爲教導懲戒十六歲以下犯罪少年，令入學校施以嚴
格之軍事教育，此法於英國行之多年，並具使少年改過遷善之績效，
宜於五刑閏刑以外設立之。」係爲日本最初之刑法改正草案❷。然於其
時，日本尚無形式「刑法」法典之名，嚴格言之，上開改革僅對於舊

❶　參照小野清一郎　刑法の本質について、その他（昭和四十四年）　第三九
　　一頁。

❷　參照重松一義　日本刑罰史年表（昭和四十七年　雄山閣）　第一二四頁。

有律令之修正。該國近代刑法之制定，實應研究其國舊刑及現行刑法之發展，始克明瞭。

日本刑法有舊刑法及新刑法之分，舊刑法條文係由法國學者 Gustave Emile Boissonade (一八五二年──一九一〇年) 負責起草，成立「刑法草案審查局」，愼重審議，而後於明治十三年 (一八七一年) 七月十七日公布，十四年 (一八七二年) 七月八日施行，全文凡四百三十條，內容及形式均倣法國 (一八一〇年) 立法方式，第一編總則，分十章，第一章法例、第二章刑例、第三章加減例、第四章不論罪及減輕、第五章再犯再重、第六章加減順序、第七章數罪俱發、第八章數人共犯、第九章未遂犯罪、第十章親屬例。第二編有關公益之重罪輕罪，第一章對於皇室之罪、第二章關於國事之罪、第三章妨害靜謐之罪、第四章妨害信用之罪、第五章妨害健康之罪、第六章妨害風俗之罪、第七章毀棄屍體及挖掘墳墓之罪、第八章妨害商業及農工業之罪、第九章官吏瀆職之罪。第三編對於身體財產之重罪輕罪、第一章對於身體之罪、第二章對於財產之罪。第四編違警罪。本法捨棄舊律原有「不應爲」之規定，明定罪刑法定主義之原則 (第二條)，又規定不溯旣往之原則(第三條)，並將犯罪區分爲重罪、輕罪及違警罪三種。區分刑爲主刑與附加刑，重罪之主刑有死刑 (絞首)、徒刑 (有期、無期)、流刑 (有期、無期)、懲役 (重、輕)、禁獄 (重、輕)；輕罪之主刑爲禁錮 (重、輕) 及罰金；違警罪之主刑爲拘留及科料，並以剝奪公權、停止公權、禁治產、監視、罰金、沒收爲附加刑。對於過失犯，在第一編總則中，僅於第三十八條規定「無犯罪意思之行爲不罰，但法律有特別規定時，不在此限。」其第二、三、四編分設犯罪類型，體例一新，實係日本自大寶律以來之一大變革，揚棄原數百年來所繼受之中國法典形式，初倣爲歐陸刑法菁英之法國刑法之立法方式，但其內容仍多保留原有刑律之規定者，頗難一貫，故有「半封建的資本

主義之法規範的集中表現」之譏❸。

　　舊刑法公布施行初期，適值日本處於民權運動澎湃之初，集體爭
議，時有所見（例如所謂福島事件——明治十五年八月，名古屋事件
——明治十七年八月等），爲維護治安起見，日本政府乃相繼頒行「集
會條例」（明治十三年）、「新聞條例」（明治十六年）、「爆炸物取締罰
則」（明治十七年）、「違警即決例」（明治十八年）、「保安條例」（明治
二十年）、改正「出版條例」、改正「新聞條例」（明治二十年）、「治安
警察法」、「感化法」（明治三十三年），以資適用，然因特別法令滋彰，
且爲其倣傚之母法之法國刑法早已多經修正，由是日本學者於舊刑法
公布之後，即已倡議修正。

　　明治十七年日本司法部順應學術發展趨勢，設立「法律調查委員
會」，由官城浩藏主事刑法改正案之起草工作，至明治二十四年經向第
一帝國議會提出刑法改正案(第一次草案)，此一草案仍屬法國法系之
立法形態，實質無多變動。明治二十五年司法部又設「刑法改正審查
委員會」，起草改正草案，至明治二十八年草成草案，送交法院、律師
公會，徵詢意見，並公表於世，博采衆議，後於明治三十四年整理提
出改正案（第二次草案），又經「法典調查會」再度審議，於明治三十
五年提出草案(第三次草案)，經貴族院修正若干條文後，明治三十五
年十月日本政府將之提出國會(第四次草案)，因值國會解散，未獲審
議通過。明治三十九年，政府乃明令設置「法律調查委員會」，選定委
員三十五名，以第四次草案爲藍本，繼續審查修正，並爲必要之增刪，

❸　參照重松一義　前揭書　第一三二頁；夏目文雄　犯罪論の一般理論（昭和
　　四十四年　敬文堂）　第二九頁；小野清一郎　前揭書　第四〇九頁；法務
　　省刑事局改正刑法準備草案附同理由書(以下簡稱準備草案理由書)（昭和三
　　十六年十二月　大藏省印刷局）　第八四頁；吉川經夫　改訂刑法總論（一
　　九七四年　法律文化社）　第二四頁。

成為所謂「四十年草案（第五次草案）」，其次年（明治四十一年）提出國會，經兩院之修正，而於三月二十五日通過，四月二十五日實施，即為現行之日本刑法是也，現行刑法改採德國法系，其特色為主觀主義色彩濃厚，法官裁量之權擴大，從此日本刑法乃步入另一新紀元❹！

日本現行刑法分二編，第一編為總則，共十三章，第二編為罪，共四十章，分別規定各種犯罪類型；總則編僅於第三十八條第一項規定故意過失之原則為「無犯罪意思之行為不罰，但法律有特別規定者，不在此限。」實則本條條文中亦未明載過失之處罰，惟學者及實務之見解，均認但書係包涵過失在內。第二編罪，其中規定各種過失犯罪類型，如第一百十六條之失火罪、第一百十七條第二項之過失爆裂物罪、第一百十七條之二之業務上過失及重過失罪、第一百二十二條之過失浸害罪、第一百二十九條之過失往來危險罪、第一百零九條之過失傷害罪、第二百十條之過失致死罪、第二百十一條之業務上過失致死傷罪等是。

日本現行刑法公布施行（明治四十一年，西元一九〇八年）未久，適值該時日本處於新派（牧野英一）與舊派（大場茂馬）尖銳對立之時❺，刑事思想蓬勃，發皇為批判實定刑法之力量，議論紛紜，互相批評，倡議修正，日甚一日，終至具體表現成為條文，而有多次內容不同之刑法修正草案，謹於以下劃分時期，詳細說明之：

一、大正時期

大正八年，日本司法部設立「臨時法制審議會」，職司刑法改正事宜，其後二年（大正十年），基於「本國純樸風俗」及「忠孝與其他道

---

❹ 參照重松一義　前揭書　第一五八頁；吉川經夫　前揭書　第二五頁；夏目文雄　前揭書　第三二頁；小野清一郎　前揭書　第四一六頁。

❺ 參照重松一義　前揭書　第一六〇頁；夏目文雄　前揭書　第三四頁；吉川經夫　前揭書　第二六頁。

義」之理由，並參酌最新刑事思潮及立法新例，予以考慮，遂於大正
十五年，提出「刑法改正綱領」四十項，關於總則部分二十八項，分
則部分十二項。總則部分二十八項中二十二項係規定與「刑」有關者，
其餘六項分別規定分則各罪輕重之原則(第一項)、防衛行為及避難行
為 (第二十三項)、自救權 (第二十四項)、法律錯誤 (第二十五項)、
教唆罪 (第二十六項)、刑法關於時間之效力 (第四〇項)；有關刑之
二十二項規定之中，厥為規定「停止公權及喪失公權」(第三項)、「譴
責」(第四項)，「刑之附隨處分」(第六項、第七項)、「執行猶豫」(第
八項至第十項)、「宣告猶豫」(第十一項)、「刑之消滅」(第十二項)、
「懲役及禁錮」(第十三項)、「自由刑」(第十四項、第十五項)、「罰
金」(第十六項)、「常習犯」(第十七項)、「酌減」(第十八項)、「不定
期刑」(第十九項)、「假釋」(第二十項)、「保安處分」(第二十一項)、
「誓約」(第二十二項)、「死刑、無期刑」(第二十七項)。分則部分主
要基於公安之理由 (如第二十八項、二十九項為關於皇室之罪，第三
十一項、第三十二項為關於法令違反之罪)、及善良風俗之考慮(如第
三十項為關於猥褻、姦淫之罪、第三十三項為關於生命、身體、自由、
名譽及財產之罪、第三十四項為關於遺棄扶養之罪、第三十五項、第
三十六項為關於妨害名譽之罪)，其中如宣告猶豫、不定期刑、保安處
分等規定，思想進步，異於從前，故其揭櫫之原則終為其後數十年倡
議修正之指導圭臬，良有以也❻。

二、昭和時期

　　大正時期提出之「刑法改正綱領」，思想進步、內容充實，此後數
十年之修正工作，多受此一綱領之影響，其具體表現條文化者，則為

---

❻ 參照夏目文雄　前揭書　第三五頁；吉川經夫　刑事立法批判の論點 (一九
　　六七年)　第三頁。

昭和年代之歷次刑法修正草案：其一爲「刑法改正預備草案」；其二爲「改正刑法假案」；其三爲「改正刑法準備草案」；其四爲「改正刑法草案」，謹再分別說明如下：

㈠刑法改正預備草案

昭和二年日本政府組織「刑法改正原案起草委員會」，由該國司法部次長林賴三郎主持「刑法改正原案」之起草工作，同年六月發表「刑法改正預備草案」，本草案係就大正時期之「刑法改正綱領」四十項納入條文中分別規定。

㈡改正刑法假案

昭和二年之際，日本刑事學界及實務界組織「刑法及監獄法改正調查委員會」，並設「刑法改正起草委員會」，以牧野英一爲領導人，就前述「刑法改正綱領」及「刑法改正預備草案」爲中心，編定「改正刑法假案」，於昭和六年（一九三一年）發表總則部分，昭和十五年（一九四〇年）發表分則部分，凡四百六十二條。該改正刑法假案對於過失犯仍本於現行刑法之精神，其總則編僅於第九條規定「無犯罪意思之行爲不罰，但法令有特別規定者，不在此限。」其與現行刑法不同者，爲將現行刑法規定之「法律」修正爲「法令」。

日本政府又於昭和二十一年訂定「刑法一部改正之法律案綱領」，凡十三條，其重點爲：⑴擴張執行猶豫適用範圍；⑵實現消滅前科之制度；⑶刪除連續犯之規定；⑷刪除對於皇室之罪；⑸刪除因戰爭所設之妨害安寧秩序之罪；⑹刪除通姦罪；⑺妨害名譽之事實證明之新規定；⑻對於人身之罪及濫用職權之罪加重其刑。其大幅擴張執行猶豫之範圍，無非深受主觀主義之影響❼。

---

❼ 參照重松一義　前揭書　第二二二頁；吉川經夫　改訂刑法總論　第二七頁至第二八頁；夏目文雄　前揭書　第四四頁；平野龍一、平場安治合編　刑法改正──刑法改正案批判（昭和四十七年十月一日發行　日本評論社）第

(三)改正刑法準備草案

昭和三十一年，日本法務省設立「刑法改正準備會」，以戰前之「改正刑法假案」爲藍本，由小野淸一郎主持修正工作。昭和三十五年發表「改正刑法準備草案」（未定稿），全文三百七十五條，並經再行斟酌，遂於昭和三十六年（一九六〇年）附同理由發表確定之「改正刑法準備草案」。

改正刑法準備草案具有下列四點特色❽：

1.貫徹近代責任主義原則：例如法律錯誤、違法之意識、結果加重犯之責任（第二十條、第二十一條）及刑之量定標準（第四十七條）均予明文規定。

2.採用進步之刑事政策：例如新設不定期刑（第七章）、保安處分（第十六章）、判決之宣告猶豫（第十一章）等制度。

3.明確規定現行刑法解釋或判例曾有疑問者：例如不作爲犯（第十一條）、自己招致心神喪失（第十六條）、共謀共同正犯（第二十六條第二項）等是。

4.分別整理分則各罪：例如將特別刑法之部分納入刑法法典，加重對於生命、身體、自由、名譽、貞操等人格法益之罪刑，規定現

一六一頁。日本現行刑法自明治四十一年施行迄今，曾經八次之修正，爲大正十年法第七七號、昭和十六年法第六一號、昭和二十二年法第一二四號、昭和二十八年法第一九五號、昭和二十九年法第五七號、昭和三十三年法第一〇七號、昭和三十九年法第一二四號、昭和四十三年法第六一號，其中以昭和二十二年法第一二四號爲第二次世界大戰戰後之首次修正，幅度較大，此次修正即係根據「刑法一部改正之法律案綱領」。

❽　參照重松一義　前揭書　第二六五頁；夏目文雄　前揭書　第四九頁至第五〇頁；吉川經夫　刑事立法批判の論點　第八頁以下；ジュリスト第五七〇號（昭和四十九年──一九七四年九月刊行）　第三一頁。

行刑法放任不罰之數種犯罪，納入法典之中（第二百九十五條、第三百一十七條、第三百二十二條）等是。

改正刑法準備草案總則第十八條將現行刑法第三十八條之標題「故意、過失」修正爲「故意」二字，但其條文之內容則與現行刑法第三十八條第一項相同，即規定爲「無犯罪意思之行爲不罰，但法律有特別規定者，不在此限。」

㈣改正刑法草案

昭和三十八年五月十日，日本政府對於該國法制審議會提出諮問第二十號，其內容爲「刑法有無全面改正之必要？如有則請示其綱領。」爲此諮詢設置之「刑事法特別部會」聘請小野清一郎擔任會長，於昭和三十八年七月六日舉行第一次會議，由團藤重光、松植正等分任委員長。至昭和四十六年十一月二十九日舉行最後之第三十次會議，作成結論爲「㈠刑法有全面改正之必要。㈡改正綱領如所附改正刑法草案」，並經該法制審議會刑事法特別部會於昭和四十七年（一九七二年）發表之。改正刑法草案全文凡三百七十五條，計總則篇十七章一百二十條，分則篇四十一章二百五十五條。體例新穎、思想進步，實係日本刑法學界之結晶❾。

---

❾ 參照重松一義　前揭書　第二七七頁；夏目文雄　前揭書　第五一頁；平野龍一、平場安治　前揭書　第八頁。日本刑法學者對於該國刑法之全面改正，有持反對立場者，認爲改正草案㈠因襲改正假案，專重國家主義，無視憲法精神。㈡擴大處罰範圍，尤其對於集團犯罪及洩密罪之處罰，抑制正當權利之行使及表現之自由。㈢以構成要件尙不明確之犯罪類型規定於有持久性之刑法分則亦不妥當。㈣不定期刑及保安處分之制度，疑點仍多，尙待探討，尤有招致濫用之危險。㈤如有必要儘可小幅修正。堅持反對全面修正。如佐伯千仭及日本全國律師聯合會等，參見ジュリスト第四九八號（昭和四十七年──一九七二年二月刊行）　第一六頁至第二八頁，ジュリスト第五七〇

改正刑法草案第十九條對於故意仍沿現行刑法而規定爲「無犯罪意思之行爲，不罰，但法律有特別規定者，不在此限。」本條規定「犯罪意思」即指故意犯，至於法律有特別規定者，則係指過失犯及結果加重犯等而言。審議過程中有主張但書規定應改定爲「但依過失而處犯罪之情形，不在此限。」但爲確定案之所不採。良以本案關於結果加重犯之規定係採預見可能說，並非採取故意過失競合說，但書如僅規定過失犯，則無法包含結果加重犯在內；又以特別法中頗多兩罰規定，而特別法有關刑罰之規定依改正刑法草案第九條規定仍有總則之適用，故若本條但書規定過失情形，勢必招致爭議，難於運用，幾經斟

號　第一三頁、第三二頁、第六八頁，法律時報第四十六卷第六號　第五八頁、第七八頁。有持嚴厲批評之態度者，如平野龍一、平場安治、西原春夫、中山研一、森下忠、中義勝等是，參閱平野龍一、平場安治合編　刑法「刑法改正－刑法改正案批判」及「刑法改正の研究」（昭和四十八年出版　東京大學出版社）、ジュリスト第四九八號、第五七○號、法律時報第四十六卷第六號。至於採取全面改正之理由則爲㈠現行刑法施行已達五十餘年，其間社會情狀變遷，實有全面修正之必要。㈡改正草案非但用語平易、人民易於理解，又其係學術界及實務界之辛勤結晶，有甚高之評價。㈢改正草案已採擇憲法上明示之罪刑法定主義，並非無視憲法精神。㈣改正草案新增犯罪類型，無非保障國民生活之安全，並非不當侵害人權。㈤改正草案對分則各罪重新檢討，應重則重，應輕則輕，求其均衡，並減少死刑之規定。㈥不定期刑及保安處分有其一定之條件及目的，不致不當侵害人權。㈦反對論者對於改正草案之批判每多誤解。法制審議會審議結論，仍認應爲全面之修正。參照ジュリスト第五七○號　第六八頁。法律時報第四十六卷第六號　第一二頁。吉川經夫　刑事立法批判の論點　第五頁至第八頁。準備草案理由書　第八四頁。日本法制審議會接受刑事法特別部會改正刑法草案後繼續審議至昭和四十九年五月二十九日完成，審議結果刪除判決之宣告猶豫一章（第十章），故其總則篇已少一章共爲十六章一百一十六條，全文共三百七十一條。

酌，仍沿現行刑法之規定，較能涵蓋。

此外，改正刑法草案第二十二條對於結果加重犯已設專條，規定「因結果之發生致加重其刑之罪，如不能預見結果之發生時，不得以加重犯處斷之。」日本律師公會認爲本條採取預見可能說，恐對人權之保障有所不週，故建議本條後段之「如不能預見結果之發生時，不得以加重犯處斷之」之規定，應修正爲「其結果之發生應以有過失者爲限，始得依加重犯處斷之。」即認爲結果加重犯之處罰，應採故意過失競合說。

日本刑法改正草案第二編改稱爲「各則」，在其第一百十七條至第三百六十九條計分四十一章之各則中，對於過失犯罪之類型亦予重新整理，其規定之過失犯，計有第一百七十五條過失爆發、破裂、放流罪、第一百八十四條之失火罪、第一百八十九條之過失浸害罪、第一百九十八條之過失致汽車、船舶、航空機交通危險或破壞罪、第二百十一條之過失在飲食物混入毒物或毒物等之放流罪、第二百七十條之過失傷害罪、第二百七十一條之過失致死罪、第二百七十二條之業務上過失致死傷、重過失致死傷罪、第三百六十五條之過失破壞建築物罪等各罪。其對現有刑法及若干特別法之規定予以規整，而爲有系統之規定，大體言之，較具特色之處有二：一爲增列對於財產犯罪之過失毀損建築物罪（第三百六十五條），其二爲在現行刑法之過失犯罪，僅於第一百十七條之二對於失火罪及過失破裂物罪及第二百十一條之過失致死罪，於業務上過失之外，另設重大過失之罪，並將重大過失與業務過失爲同等之處罰，而刑法改正草案則於上述各有關過失之條文中，均將業務過失與重大過失併列爲過失犯罪之類型，並以業務過失與重大過失爲相等之處罰，是其加列各種重大過失之犯罪規定，殊堪吾人注意❿。

❿ 參照本文第六章第三節。

第四節　我　國

　　中華固有法系，源遠流長，而其形成與創立，則與儒、法二家關係密切。古代法家崇刑而以霸道出之，儒家尙禮而以王道任之。如此剛柔對立，刑禮分庭，互不爲謀❶，迨晉國趙盾正法罪，鄭國子產著刑書，魏國李悝著法經，商鞅受之以相秦，改法爲律，爲秦變法，乃開創二千餘年間之律統。儒家至此亦改弦更張，視法律爲道德之器具，乃有「出禮入刑」、「明刑弼敎」之說，認刑罰之目的並非「以殺止殺」而係「刑期無刑」。至此禮刑合一，迄唐代長孫無忌制定唐律疏乃集其大成，排除威嚇報復之思想，而以健全社會生活爲宗旨，換言之，唐律已重「刑敎」而非偏執「刑政」❷。

　　自古刑名、罪刑、肆赦各事，雖歷代異其稱謂、內容，然必以經官府制定而不遵行者，始視同於頑，而引諸此刑律以制之，另以「肆赦」濟此刑律之窮❸❹，易以今時之說法，即謂刑罰之設，專以故意犯爲對象，其爲過失犯者，則爲處罰之例外❺。例如尙書舜典：「眚災肆赦」、「怙終賊刑」，朱熹曰：「眚災肆赦，言不幸而觸罪者，則肆而赦之，此法外意也」。「眚」者，過失也，丘濬大學衍義補曰：「按此萬

---

❶　參照陳顧遠　中國法制史概要　第三五五頁。

❷　參照陳顧遠　前揭書　第三九四頁；並參照戴炎輝　中國法制史　第一七頁。

❸　參照陳顧遠　前揭書　第一六三頁；並參照戴炎輝　前揭書　第六六頁至第六九頁。

❹　參照楊鴻烈　中國法律發達史　第一二〇頁以下、第二二八頁、第二二九頁。

❺　參照仁井田陞　中國法制史研究（一九五九年）　第二〇三頁，氏認爲中國法自古以來即有對無犯意不予處罰之原則。

世言赦罪者之始，夫帝舜之世所謂赦者，蓋因其所犯之罪，或出於過誤，或出於不幸，非其本心固欲爲是事也，而適有如是之罪焉，非特不可以入常刑，則雖流宥金贖亦不可也。故直赦之，蓋就一人一事而言耳，非若後世爲一札，併凡天下之罪人，不問其過誤故犯一切除之也」❻。其意即謂過失犯，應就其個別犯罪情狀從寬處置甚或放赦之，不可與一般故意犯同等看待。

有關尚書「眚災肆赦」之規定，如進一步引伸言之，其所定之「眚」固爲過失，而「災」則應屬天災，即非人力所致者，亦即屬於偶然之事實，後者不予處罰，但亦有解爲「眚」爲過誤、「災」爲不幸者，並謂二者均屬犯罪而應予贖刑；各家之說明不一，例如尚書正義卷三，唐孔穎達：「春秋言肆眚者，皆謂緩縱過失之人，是肆爲緩也，眚爲過也，公羊傳云，害物曰災，是爲害也……用刑之要，過而有害，雖據狀合罪，而原心非故，如此者當緩赦之，小則恕之，大則宥之，上言流宥贖刑是也，怙恃姦詐，欺罔時人，以此自終，無心改悔，如此者當刑殺之……」，尚書精義卷三宋、黃倫（經苑）「眚災肆赦者，所以宥過也，怙終賊刑者，所以刑故也。」尚書說卷一宋、黃度（通志堂）：「眚災，司徒荒政緩刑也，天患民病，不幸而陷於辜，則緩而赦之，肆緩也，春秋肆大眚。」尚書詳解卷二宋、陳經（武英殿）：「眚災肆赦者，宥過無大也，怙終賊刑者，刑故無小也，無目曰眚，天災曰災，凡有災眚皆出諸于過，故肆赦，怙恃也，恃其終于爲害者，刑之可也。」本註釋主張眚與災均爲「過」，與其他各家之解釋不同；尚書詳解卷一宋、胡士行（通志堂）：「眚（自己誤犯）災（因人致罪）肆（未獲則寬縱之）赦（已獲則除釋之）怙（有所恃而爲惡）終（不悛）賊刑（殺刑之）。」尚書纂傳卷二元、王立大纂類（通志堂）：「漢孔氏曰，眚過

災害，肆緩賊殺也，過而有害，當緩赦之。怙姦自終當刑殺之。朱子
曰，眚謂過誤，災謂不幸。肆，縱也，赦，釋之也。怙謂有恃，終謂
再犯。」尚書句解卷一元、朱祖義（通志堂）「己所誤爲爲眚，因人致
罪爲災，縱緩自怠於爲事爲肆。三者情輕，舜赦之。」尚書辨解卷一明、
赫敬（九經解）：「過誤爲眚，不幸爲災，則縱肆舍赦之，并贖亦免。」
（欽定）書經傳說彙纂卷二清王頊齡等：「(集傳)眚災肆赦者。眚謂
過誤，災謂不幸，（程子曰：謂非人所致而至者。）若人有如此而入於
刑，則又不待流宥金贖而直赦之也。」「(集說)眚災肆赦者，言不幸而
觸罪者，則肆而赦之。怙終賊刑者，言有恃而不改者，則賊而刑之。
此二者，法外之意，猶今律令之名例也。」楊子書繹卷一，清楊文彩：
「眚謂過誤，如失手傷人，及誤受賊贓者。災謂不幸，如失火延燒倉
庫，糧船爲水石所漂破之類。」尚書集注述疏卷一清、簡朝亮「易訟九
二云：无眚。釋文引鄭易注云，眚過也。僖三十三年左傳云：不以一
眚掩大德。襄九年左傳云：肆眚，其義也。詩生民云：無菑無害。詩
閟菑作災。盤庚云：以自災于厥身。蔡傳云：災謂不幸，今不從者。
易云：无妄之災，或繫之牛，行人之得，邑人之災，此無辜而不幸也。
無辜釋之，不得言赦也。若夫不幸連坐，古無連坐法也。易復上六云
迷復凶，有災眚。釋文引鄭易注云：異自內生曰眚，害物曰災。災眚
與眚災，義不同。春秋莊公二十二年，肆大眚。蓋肆大眚，則謂之肆，
非常制也。」

　　歷代各家對於「眚災肆赦」之註釋可謂大同小異，即大多認「眚」
係指過失，「災」係指天災，故「眚」者或可處罰，或不予處罰，而「災」
者則原則上不應處罰；惟學者徐朝陽氏則認「尚書舜典『眚災肆赦』
一語，其所謂『災』者，含有正當防衛及救護緊急危難行爲二種觀念，
正當防衛及救護行爲，在刑法規定完全無責，古代亦然。」❼

❼ 參照徐朝陽　中國刑法溯源（民國五十五年）　第一二五頁至第一二六頁、第一二八頁至第一三二頁，氏主張「眚災肆赦」包括過失、正當防衛及救護緊急危難行爲三種觀念，予以考證並說明此一規定之效果，茲引述如下：

「眚災肆赦」一語實包含過失正當防衛及救護緊急危難行爲三種之觀念。考之如下：

「眚災肆赦」，一作「眚裁過赦，」（史記）災與裁字同，所異者肆與過二字，舜典謂：「眚災肆赦，怙終賊刑」，史記作：「眚裁過赦，怙終賊刑」，而過失與眚害，意義不同，因之全文之解釋，亦有歧異，舉之如下：

第一　眚災肆赦

　眚字非災害之義，爲普通過失之義；災字作不幸解，即肆赦因過失或不幸而犯罪者。肆，緩也，緩之者，即宥之義也。（孔安國、朱熹等）

第二　眚災過赦

　眚字固災害之義，眚災爲人之患害，有危害及於人之結果，其行爲出於過失者赦之。（鄭元尚書注）

歸納上述，不外：

　　㈠因不幸而犯罪者赦。（關於第一說）

　　㈡因過失及不幸而犯罪者赦。（同上）

　　㈢因過失而犯罪者赦。（第二說）

驟觀上舉三種之見解，似其間各大有差異。所謂赦之適用場合，頗不相同。雖然，細察當時之思想與用語，不幸云者，過失云者，其本質範圍，不能如近時法學上之明確，例如云因過失而犯罪者，又或因不幸而犯罪者，我國古代自不能如近世法學思想之精緻，嚴正之用語，後世諸家之解釋猶若是，況乎四千餘年前之古帝王哉？是以本文僅有二種，解釋更歧而三種。取捨採擇，頗感困難，要之認二者因過失又不幸而犯罪者赦之，當無大誤。

眚之意義，前節已言之，無再贅述之必要。災之意義，說文云：「天火」玉篇云：「害也」，公羊傳云：「害物曰災」，故災不外天災人禍，所謂不幸是也。遇不正之侵害，與避現在之危難，皆可謂之不幸。因不幸而至觸犯罪刑，亦當赦之。其範圍如何？條件如何？典籍無明白以示吾儕，未敢臆說，惟其包

（承前頁註）

含正當防衛，及救護緊急危難之行爲，應無疑義。日本岡田博士亦謂眚災肆赦兼有二意，但正當防衛，居其少數，救護行爲，居其多數。理或然歟？

關於肆赦，今日法學上用語之謂赦者，必有大赦特赦之意味，爲一定之恩典。茲之所謂，蓋非此意。然則犯罪不成立之意歟？抑減免刑罰之意歟？當時恐亦未有明確之思想。我國自中古以來，刑法之如今日所謂之犯罪不成立，及刑之全免二者，無盡區別其間。但古時思想之傾向，亦偏重於犯罪不成立之觀念，而一方以其行爲固爲犯罪，特以其起因基於緊急之狀態，或出於正當之防衛，不當科以常刑，須加減免之意。學者之論旨，亦然。

肆赦之範圍如何，吾人不得不加以研究。旣云赦可矣，何必曰肆赦。其刑全免或減輕乎？抑減輕與全免均得適用乎？諸說紛紜，莫衷一是。茲擧其說如下：

第一　絕對的全免說

是即完全不成立罪狀說。朱子以爲若人如此（指過失與不幸）而入於刑，則又奚待流宥金贖，直當赦之。不外此意。（書傳輯錄纂註）

第二　絕對的減輕說

是以肆赦爲減輕之意。因其情狀如何？爲減輕其刑罰之等級。如丘濬謂人有過失或不幸，以入於罪。（中略）入五刑者減流，當鞭扑者減贖。即其例也。（大學衍義補謹詳讞之議）

第三　關係的肆赦說

即因犯罪之情狀而定其宥赦與否；如罪之小者宥之，罪之大者不宥，之見解是也。關於眚災肆赦之本文。爲此說者，愚未之見，可爲此文注釋者爲皋陶之「宥過無大」一語，宋兪成爲之說云：過誤則宥小者，大者不宥，不宥大者所以使人警畏不敢懈怠（見螢雪叢說）。鄭樵之說亦同（見唐荆川稗編）。藝此語旣有如此之解。本文之謂眚災亦可據此推證，無俟深論。但其所謂宥，刑之全免歟？抑或減輕歟？則不得而知。故愚姑題爲關係的肆赦說，所以別全免及減輕二說也。以上三說，孰爲允當。愚寧採第一說，是無待躊躇容疑者也。第三說最謬，無俟深辯。宥過無大一語，雖大宥之，毫無問其罪之大小之意。實一般之定說，特兪氏故立異說，以標奇異耳？蓋(1)自文句

此外，尙書禹謨亦明載「宥過無大」，即謂過失犯罪無論如何重大，均得宥減，小罪固不待言，而周書康誥對之註釋謂：「及有大罪，非終，乃惟眚災適爾，旣道極厥辜，時乃不可殺。」

周禮秋官明定「三宥」：「一宥曰不識，二宥曰過失，三宥曰遺忘。」並謂「宥者，恕之而減也」，「過失，若舉辦欲斫伐，而軼中人者」。而周禮夏官司馬更有如同現行刑法第一百八十九條之過失燒燬建築物罪，謂：「凡國失火……門則有刑罰焉。」

漢律已進一步規定過失之減刑，及至魏律，則謂「過誤相殺，不得報讎」，建立公的刑法觀，禁止私自報讎。晉律對於故意過失有更爲詳細之規定，晉書卷三十刑法志（泰始）四年正月大赦天下，乃頒新律，其後明法椽張斐又注律表上之，其要曰：「……其知而犯之謂之故，意以爲然謂之失，……不意誤犯謂之過失，……」、「過誤傷人三歲刑」，即減輕過失傷害之刑事責任；復規定：「罰金及杖，過誤皆半。」過失之意義及其處罰，已更明確❽。

我國尙書、春秋、兩漢、魏晉等對於故意、過失、天災等，已分

上言之，宥過無大者，雖大亦宥之，故宥過實無大小之區別，無論何人，均無異議，以宥過無大，係不宥大過者，實屬牽強之談。(2)帝舜之刑法執主觀主義，專重意思之點無因行爲之大小，而區別過失犯宥否之理。(3)自眚災肆赦一語以觀，實絲毫不能發見有大小宥否其他區別之餘地。日儒蘆東山亦駁兪氏之說，見無刑錄。

第三說旣破，所存爲第二說與第一說之長短。二者之差，在刑之全免與減輕。自宥字以言，實全免與減輕二用。至赦字實有絕對全免之意味。無減輕意思之存在。而此本文，旣爲「眚災肆赦」並不謂爲「眚災肆宥」，即此本文之旨，實屬第一說爲絕對的全免，與新刑法規定相同，毫無疑義。

❽ 日本學者小野淸一郎於其所著中華民國刑法總則一書（昭和八年四月）第九一頁以下敍述漢律有關規定。

設詳盡之規定，其刑罰制度亦逐漸確立，是以日本學者仁井田陞認爲
我國法自古以來即對故意與過失明顯區別，並以過失爲獨立之法律概
念，並確立過失犯之不罰或減輕處罰之原則，與不問有無犯意而完全
依照結果予以處罰之結果責任主義完全不同，並舉易上所載「象曰、
雷雨作解、君子以赦過宥罪」等爲例，認爲我國古代刑法係屬「犯人
爲中心之刑法」❾。

　　歷代律例，至於有唐而集其大成，唐律對於犯罪之成立，已明定
應以故意或過失爲必要，是以在法文中明定「故殺」、「過失殺傷人」
或「故燒」、「失火」等，其有關故意與過失之區別，則明定於名例律
中，如十惡條，爲「六曰：大不敬…會和御藥，誤不如本方，及封題
誤，若造御膳，誤犯食禁，御幸舟船，誤不牢固……。」此外，鬪訟律
過失傷人條「諸過失殺傷人者，各依其狀，以贖論。」並註以「謂耳目
所不及，思慮所不到，共舉重物，力所不制，若乘高、履危足跌，及
因擊禽獸，以致殺傷之類，皆是。」雜律，醫合藥不如方條「諸醫爲人
合藥，及題疏、鍼刺，誤不如本方，殺人者，徒二年半。其故不如本
方，殺傷人者，亦如之。」山陵兆域內失火條「諸於山陵兆域內失火者，
徒二年，延燒林木者，流二千里。殺傷人者，減鬪殺傷一等，其在外
失火而延燒者，各減一等（餘條在外失火，準此）。」非時燒田野條「諸
失火，及非時燒田野者，笞五十。延燒人舍宅及財物者，杖八十。……」
官府倉庫失火條「諸於官封廨院，及倉庫失火者徒二年。在宮內，加
二等。（廟社內亦同）……延燒廟及宮闕者，絞。社，減一等。」對於
過失之犯罪，已在名例律以外之相關規定中予以明定，與近代之立法
形式相同。且依名例律及獄官令之規定，過失殺傷人者，贖銅一百二
十斤，交付予被害人之家屬；另唐律亦規定「故買」之犯罪，如賊盜

❾　參照仁井田陞　中國法制史研究（一九五九年）　第二〇六頁。

律之「盜贓故買」及名例律之「贓婢故買」等是。此在原所規定故意
過失之外，似另有其意義，此種規定，在日本及我國刑法贓物罪中仍
然沿用之。

唐律之燦然大備，已屬進步之法律，其後歷代及東亞各國如日本、
高麗、安南，莫不深受其影響。例如刑統賦解卷下「按名例云、二人
已上謂謀、三人已上爲衆、造意者爲首、隨從者減一等、賊盜律云、
謀殺人者徒三年、殺人爲首者斬、從而加功者絞、不加功者徒五年、
其故殺條內、無從坐之罪、若故殺有首從者、並依謀殺之例科罪、七
殺一曰謀殺、謂潛形謀計、二曰鬥殺、謂相爭鬥、三曰故殺、謂挾讎
而殺、或因鬥毆刃於要害處殺者同、或因鬥毆各散聲不相接、而再來
毆亦同故殺、四曰誤殺、謂因擊甲而誤中於乙、減鬥殺傷一等、五曰
戲殺、謂以共戲減鬥殺傷二等、六曰劫殺、諸劫囚者徒五年、傷人及
劫死囚者絞、殺人者斬、七曰過失殺收贖、謂耳目所不聞、思慮所不
到、或擊禽獸、以致殺人者、當以收贖也。」元典章卷四十二刑部過失
殺（車碾死人）「舊例、於城內街上及民衆中、無故走車馬者笞五十、
以故殺傷人者、減鬥殺傷一等、若有公私速要者示坐、以故殺傷人者、
以過失論減二等、前驚駭不可禁止、而殺傷者又減二等、若便（便字、
董氏本作使、今據元典章校補）依准因車馬驚駭殺人、減過失四等、
合徒二年半聽贖。」

及至明清，大體仍沿唐律，少有更易，如大明律刑律「人命」戲
殺誤殺過失傷人條：「凡因戲而殺傷人，及因鬥毆，而誤殺傷旁人者，
各以鬥殺傷論。其謀殺故殺人，而誤殺傍人者，以故殺論。若知津河
水深泥濘，而詐稱平淺，及橋樑渡船朽漏，不堪渡人，而詐稱牢固，
誑令人過渡，以致陷溺死傷者，亦以鬥傷論。若過失殺傷人者，各准
鬥殺傷罪，依律收贖給付其家。」庸醫殺傷人條「凡庸醫爲人用藥鍼刺，
誤不依本方，因而致死者，責令別醫辨驗藥穴道，如無故害之情者，

以過失殺人論……。」「雜犯」失火條「凡失火燒自己房屋者，笞四十。延燒官民房屋者，笞五十。因而致傷人命者，杖一百，罪坐失火之人。若延燒宗廟及宮闕者，絞。社，減一等。若於山陵北域內失火者，杖八十，徒二年。延燒林木者，杖一百，流二千里。若於官府公廨，及倉庫內失火者，亦杖八十，徒二年，……其守衛宮殿、及倉庫；若掌囚者，但見火起，皆不得離所守，違者杖一百。」「補亡」主守不覺失囚條「凡獄率不覺失囚者，減囚罪二等，獄囚自內反獄在逃，又減二等，聽給限一百日追捕，限內能自捕得，及他人捕得，若囚已死，及自首，皆免罪……。」大明律附例卷十九刑律人命章更闡述：「若耳目所不及、思慮所不到、而過失殺傷人者、是事出偶然、較之戲殺愈輕、各准鬥毆殺傷人法、傷者准鬥毆條內笞杖徒流定罪、死者以鬥毆殺人絞罪、各依律收贖銅錢、給付被傷之家、以為營葬醫藥、畜產之所、誤傷殺、或欲殺猛獸、而殺傷畜產者、不坐、但償其減價」。大清律之規定，如刑律人命、戲殺誤殺過失殺傷人條、失火條等與大明律之規定大抵相同，以清律對於過失之處罰均輕於故意，就過失殺傷罪之處罰而言，均規定「過失殺傷……各准鬥毆殺傷人之罪，……各依律收贖，給付被殺傷之家，以為營葬醫藥之資。」故其方式並無不同。

　　民國肇造，諸多法制未及建立，乃多沿用清末立法及法律草案，刑律亦然，遂有中華民國暫行新刑律以規定犯罪及其處罰，暫行新刑律乃沿舊制，並符合當時多數立法體例，在總則編對於故意過失未設明文，僅於第十三條第一項規定「非故意之行為不為罪但應論過失者不在此限。」並於第二項至第三項分別規定「不知法令不得謂非故意但因其情節得減本刑一等或二等。」「犯罪之事實與犯人所知有異者，依下列處斷：第一、所犯重於犯人所知或相等者從其所知；……。第二、所犯輕於犯人所知者，從其所犯。」其他則於分則中分別規定各犯罪類型，例如第一百十九條過失危害外國君主或大統領罪；第一百九十條

於構成犯罪之事實，明知並有意使其發生者，爲故意。」「行爲人對於構成犯罪之事實，預見其發生而其發生並不違背其本意者，以故意論。」第十四條規定過失之定義「行爲人雖非故意，但按其情節應注意，並能注意而不注意者，爲過失。」「行爲人對於構成犯罪之事實，預見其發生而其發生並不違背其本意者，以過失論。」現行刑法之規定與舊刑法並無不同，僅在用語上有若干之調整，如將「犯人」修正爲「行爲人」是。依第十二條之立法理由謂：「查暫行律第十三條理由謂本條係確立無犯意之原則，凡非出於故意，不得謂爲其人之行爲，即不得謂其人犯有罪惡，本條之設以此。又查同律同條補箋謂故意者，謂知犯罪事實，而又有犯罪行爲之決意，二者不備，不得爲故意。例如入山獵獸，以人爲獸，而誤擊殺之，此雖有犯罪行爲之決意，而究不知犯罪事實，若此者不得爲故意。又如獵者知前道有人，本持鎗不發，孰知誤觸其機而發之，遂犯殺人罪，若此者雖知犯罪事實，究無犯罪行爲之決意，仍不得爲故意。依分則明文所列，以過失犯論。」第十三條之立法理由爲「查第二次修正案理由謂原案於故意及過失之範圍，未嘗確定，解釋上一伸一縮，即易出入人罪，其關係非淺。且故意與過失，法家學說各有不同，若不確定其範圍，匪獨律文之解釋不能畫一，而犯人之處罰尤患失平。近年立法例，如意大利、俄國、暹羅等國刑法典及瑞士前後各草案，德國刑法準備草案與委員會刑法草案，皆於條文規定故意及過失之定義，故本案擬從之。關於故意之解釋，學說不一，其最要者有二派：一爲意欲主義。一爲認識主義。此二主義互相辯論，而以意欲主義爲最多數學者所主張，及外國立法例所採用。故本案從之，於本條第一項規定直接之故意，第二項規定間接之故意，此外皆不得以故意論。」第十四條之立法理由爲「查第二次修正案理由謂本案增入本條之理由，與前條同。第一項之規定，即學說上所謂不認識之過失，第二項之規定，即學說上所謂認識之過失。」至於分則所

規定之犯罪類型，則對民國十七年之規定有若干之斟酌損益，故現行刑法規定之過失犯罪，計有第一百零八條第二項之過失不履行軍需契約罪；第一百十條公務員過失洩漏交付國防機密罪；第一百二十七條第二項過失行刑罪；第一百三十二條第二項公務員過失洩漏國防以外秘密罪；第一百六十三條第二項公務員過失致人脫逃罪；第一百七十三條第二項、第一百七十四條第三項及第一百七十五條之失火罪；第一百七十六條之準放火罪或失火罪；第一百七十八條第二項、第一百七十九條第三項及第一百八十條第三項之過失決水罪；第一百八十一條之過失決堤毀閘罪；第一百八十三條第二項之過失傾覆或破壞交通工具罪；第一百八十四條第三項、第四項之過失妨害舟車航空機行駛安全罪；第一百八十九條第三項、第四項過失損壞工礦場所安全設備罪；第一百九十條第三項之過失妨害公眾飲水罪；第二百七十六條之過失致死罪；第二百八十四條之過失傷害罪等犯罪類型。

　　民國六十三年，政府宣布進行刑法之全面修正，揭櫫之五大修正原則為：㈠刑法基本理論之抉擇㈡當前國家政策之配合㈢當前社會需要之因應㈣我國固有倫理道德之兼顧㈤有關特別刑法之兼併；並組成刑法研究修正委員會，聘請實務界人士及專家學者為委員，共同集會審議，自六十三年七月至六十五年七月止集會九十五次，完成總則部分之修正草案初稿，公諸於世，廣集意見，其間並曾多次報送行政院，終因意見不一，且有甚多問題仍待研究，遂再反覆討論；分則部分自六十五年八月開始討論，共集會一百零五次，完成後乃將總則部分連同分則及刑法施行法部分，完成「中華民國刑法修正草案」及「中華民國刑法施行法修正草案」，經提七十九年一月十八日行政院第二一六五次會議通過，並由行政院與司法院會銜以七十九年二月十三日臺七十九法字第〇二六八〇號、⒆院臺廳二字第〇一六二五號函送請立法院審議。

刑法修正草案總則部分，對於現行刑法以處罰故意為原則，處罰過失為例外，及故意過失定義規定之第十二條至第十四條，未作任何修正❿，惟於第十九條之一增列「因故意或過失，致陷心神喪失或精神耗弱而為犯罪行為者，不適用前條之規定。」另將現行刑法第四十七條規定之累犯之再犯罪修正為以故意犯為限，排除過失再犯得成立累犯之規定，對於現行刑法第七十四條所定緩刑之要件，亦明定前所犯之罪應以故意犯為限，始不得緩刑，並將現行刑法第七十五條第二項過失犯罪不列為應撤銷緩刑宣告之事由納入第一項規定之中，以期簡明，增訂第七十五條之一，於其第一項第一款明定過失犯為得撤銷緩刑之事由；此外，將現行刑法第七十八條第二項過失犯不適用撤銷假釋之規定納入第一項合併規定；另增訂第七十八條之一，於第一項明定假釋期中因過失更犯罪，受有期徒刑之宣告者，列為得撤銷假釋之

---

❿ 刑法修正案討論時，委員對於刑法第十二條至第十四條之修正，曾有不同之意見，或主張應增訂第十二條第三項為「法人之處罰，以其代表人之故意或過失為斷；並以有特別規定者為限。」有主張將「構成犯罪之事實」修正為「犯罪構成事實」；或主張刪除「行為人」三字；或主張刪除「雖非故意」四字；或主張「確信」修正為「誤信」；甚或主張因「應注意」三字屬規範要素，故應予以刪除者；另有主張為表徵刑法以處罰故意為原則過失為例外之精神，故應將第十二條二項合併為一項。惟最後定案之第十二條至第十四條則未為任何之增刪。請參見司法行政部印刑法總則研究修正彙編（民國六十四年）第二七九頁至第二九九頁。另有關分則部分，曾討論是否加重過失致死罪及過失傷害罪之刑度、是否增列密醫過失致人於死之處罰規定、過失致執行職務之司法或警察人員於死之處罰規定、駕駛人犯業務上過失罪而逃逸之加重處罰、被害人與有過失之減輕其刑、第二百八十四條第二項宜否增列過失傷害致死罪之結果加重犯等，經充分討論研究後，均認上開意見不予採取。請參見司法行政部印刑法分則研究修正資料彙編㈡第四三一頁至第四四一頁；同彙編㈣第六二六頁至第六三九頁。

第三章　過失犯之基本理論

　　人類生活由簡而繁，由野蠻而文明，其間之發展過程，在在影響制度與法令，而犯罪之與人類歷史同其久遠，自遠古以來，人類即已重視對於他人法益侵害之結果，故認有結果即應加予處罰，蓋此時對於人類心理之惡性較不重視，而發生在外結果之認定，復較簡易，故多自所發生之結果認定其犯罪及處罰，迨於民智大開，乃對人類心理多加研究，遂逐漸發現外觀發生之結果，固屬對於法益侵害之現象，而應給予一定之制裁，但對在於人之內心之惡性，亦不能恝而不論，尤其發現有時雖有存在於外形之結果，但行為人或非出於惡意，或有其他足認免責之事由，即不應予以論罪科刑；而有時雖於外形上尚未達犯罪之結果，但行為人之惡性業已表達無遺，此時如不予以處罰，則不足以矯治行為人之惡性，亦不足以彰顯法律公平正義之本旨，故刑法理論乃改弦易轍，除重視結果之外，尚重視犯意；除針對行為所產生之惡害外，復針對行為人之惡性，認其亦屬應受制裁之對象，因此，在前者，有認其係自客觀主義進入主觀主義之時代，而在後者，則認為係自犯罪一元論進入犯罪二元論之境地。此外，有關行為之概念，即行為之屬性，以及行為之內涵，對於犯罪理論體系有鉅大之影響，在於刑法之中，行為、違法、責任等概念之範疇，亦深受上開各種觀念演進之影響，過失犯與故意犯因同屬犯罪之態樣，自亦與故意犯同受其影響，爰於以下分述之。

第一節　行爲理論與過失犯

　　古代之刑法採行結果責任，只問結果，不問意思，是以凡行爲侵
害法益，有害於共同生活而發生結果者，均得予以處罰，故此時完全
以「行爲」爲處罰之對象，據此而成立之犯罪理論體系，即爲一般所
謂之「一元的犯罪理論體系」；追於近世，則認犯罪除結果以外，人之
意思在犯罪體系上亦至關重要，是以除處罰行爲所發生之結果外，尤
應本於意思責任，採行無責任則無刑罰之消極責任意義，對於行爲人
之行爲予以處罰外，行爲人內心之意思活動，認亦不應予以忽視，故
係兼重視及於「行爲」與「行爲人」二者，遂有稱之爲「二元的犯罪
理論體系」者。

　　上述刑法理論體系之變更，實深受行爲理論學說發展之影響，在
一元的犯罪理論體系，認爲行爲爲成立犯罪之必要屬性，故認犯罪行
爲應具備「構成要件該當性」（Tatbestandmässigkeit），違法性
（Rechtswidrigkeit）及有責任（Schuld）三者，始克成立犯罪。但
採二元論的犯罪理論體系者，則分別自行爲與行爲人二者予以說明，
認爲成立犯罪在行爲方面，須具備客觀的要素，即構成要件之該當性
以及無阻卻違法事由之存在二者；而在行爲人方面，則須具有責任，
亦即行爲人存在有實施犯罪之人格屬性之責任，是以犯罪之認定，不
僅重視其客觀之行爲事實，抑且重視行爲人之主觀；此一轉變，實與
行爲概念之發展，有其密切不可分之關係，以下謹就行爲概念之主要
學說，分別予以敍述：

一、自然行爲論（Naturale Handlungslehre）

　　本說主張行爲乃係基於意思發動而表現於外之身體動靜。本說把
握人之客觀身體的活動所產生之外界影響之自然、物理之過程，故稱

為自然行為論。又認行為係自意思以至身體活動及至外界影響之間的因果聯結，故又稱因果行為論。本說之行為概念，認為由「基於意思」之內心的要素（有意性）以及具有物理知覺之「身體動靜」之外在的要素（身體性）而成立行為，是以如反射活動或睡眠中之行為，雖有身體性而無有意性，即非行為，又如僅有意思，但欠缺身體性之外部活動，則仍非刑法所規範之行為，但本說僅重視行為之因果性（Kausalität）而忽略其目的性（Finalität），且雖認行為非僅限於作為，但何以不具備身體性之不作為亦在行為概念之內，並未能為適切之說明，故深受批評❶。

二、目的行為論（Finale Handlungslehre）

本說係自一九三〇年代起，由德國學者所提倡，第二次世界大戰後，德日學者大加發揚，遂成為有力之學說。在德國以魏爾采為代表，日本則有木村龜二等主張之❷。本說認為行為係指行為人基於一定之

---

❶ 日本主張自然行為論者，如小野清一郎（參照氏著　新訂刑法講義總論　昭和二十五年　第九三頁）、瀧川幸辰(參照氏著　犯罪論序說　昭和二十二年　第二二頁)、藤木英雄(刑法講義總論　昭和五十年　第七〇頁)、板倉宏(企業犯罪の理論と現實　一九七〇年　第一〇六頁)、大谷實（刑法講義總論　平成二年三月　第一〇一頁、第一〇六頁)，此說在日本仍為通說。並參照　韓忠謨　刑法原理（民國七十一年增訂第十五版）　第一一〇頁；蔡墩銘　刑法總論（民國八十年一月修訂八版）　第九一頁；林山田　刑法通論（民國七十九年）　第七八頁。

❷ 日本主張目的行為論者，如木村龜二（氏著　刑法總論　阿部純二增補　昭和五十三年　第一六七頁）、平場安治(刑法總論講義　昭和二十七年　第三四頁)、福田平（刑法總論　全訂版　昭和五十七年　第五三頁）等。有關目的行為論之詳細內容，請參照洪福增著目的行為論一文，收錄於氏著　刑法之理論與實務(民國七十七年)　第四三頁至第六一頁；並參照　韓忠謨　刑法原理　第一一一頁；蔡墩銘　刑法總論　第九二頁；林山田　刑法通論

目的，而朝向此一目的之手段，故行爲應具有目的性（Finalität）而非單純之因果觀念而已，本說之基礎爲人之行爲之存在論。其主張目的性爲刑法上行爲之要素，固可限定若干未具此主觀要素之客觀行爲使其不受刑法規範之實質效果，但因其以目的性爲行爲之要素，故於說明過失犯時則有相當之困難，此外，對於身體靜態之不作爲犯之目的性何在？亦難爲適切之說明。

三、人格行爲論（Persönlichkeit Handlungslehre）

本說認爲行爲係爲行爲人人格之主體的現實化之身體的動靜。因認行爲係行爲人人格之主體現實化之活動，故係基於生物學以及社會學之基礎之行爲人人格主體之表現。亦即基於素質及環境之決定，在具體之行爲環境中，行爲人基於其本身自由意志之決定，所爲人格主體之現實化活動，即爲行爲。因此，如爲反射活動或絕對強制之行爲，因非屬人格現實化之活動，故非爲行爲；但無意識之動作則爲行爲。此外，主體之人格態度當然亦包括不作爲及過失在內。本說將不具備人格主體現實化者排除於身體動靜之外，對行爲之概念有限制之機能在，且對作爲、不作爲，故意、過失等行爲均認包含於「主體現實化」之身體動靜之中，亦有統一行爲概念之機能，但因其主張之「主體性」，含有意思自由之意義在，結果將與有責性混淆，即有在行爲概念中溶入有責之概念，故亦頗受批評❸。

四、社會的行爲論（Soziale Handlungslehre）

本說主張行爲係屬社會意義之人之身體之動靜：即認人之行爲，

第七八頁至第七九頁；甘添貴　刑法總論講義（民國七十七年）　第五一頁。

❸ 日本學者團藤重光主張人格責任論，即係基於人格行爲之概念以發揚之責任觀念(參見氏著　刑法綱要總論　改訂版　昭和五十四年　第九一頁)；大塚仁亦主張之（參照氏著　刑法概說總論　改訂版　昭和六十一年　第九五頁）。

不問其係基於目的之追求、或重於結果之引起，甚或重在不爲特定之積極舉動者，均可歸納成爲具有社會意義之人類的舉措(sozialerheb-liches menschliches Verhalten)，刑法上之行爲即係以此具有社會意義之舉措爲基礎，進而與特定之社會規範相結合，因而形成犯罪構成事實。是本說分析行爲之概念，一方面仍然承認其因果之觀念，他方面則使其與社會價值相結合，故不問爲作爲或不作爲，故意或過失，均可成爲刑法上之行爲❹。

　　上述四種行爲理論，各有優劣，自然行爲論深受自然科學之影響，自自然因果關係之立場說明行爲概念，但其對未表現於身體外部積極行爲之不作爲犯，以及未具目的性之行爲何以仍屬刑法上規範之行爲等，未能爲適切之說明。而目的行爲論對於故意犯固能明確說明行爲具有目的性之特質，對刑法上行爲概念更予深入闡述，甚具意義，但因所主張行爲之目的性，在說明過失犯時，則顯有困難，雖然魏爾采氏曾以「潛在的」或「可能的」目的性以爲說明，後又修正爲「法所要求之目的性」等概念說明過失犯之概念，但終不能自圓其說；此外，其對不作爲犯之行爲性，亦難爲適切之說明。人格責任論則有混淆行爲與責任觀念之弊；社會責任論融合因果觀念與社會價值，固能涵蓋故意與過失，作爲與不作爲等在內，但因所主張之社會價值，仍乏一定之標準，故亦不免遭受批評，惟比較言之，當以社會行爲論較爲適當❺。

---

❹ 參照佐伯千仞　刑法講義（總論）（昭和四十九年）　第四五頁；內藤謙　刑法總論（上）（昭和五十八年）　第一六四頁；平野龍一　刑法總論Ⅰ　（昭和四十七年）　第一〇九頁；西原春夫　刑法總論（昭和五十二年）　第七五頁。

❺ 我國學者韓忠謨教授認爲本說立意較爲周延，倘必欲於犯罪行爲之外建立一關於行爲之上位概念，當以此說爲可採。參照氏著　刑法原理　第一一二頁。

就上述有關行爲之理論，其對立最爲明顯者爲因果行爲論與目的行爲論二者，在於過失犯之本質及其成立，二者尤具顯見不同之立場，在因果行爲論者，純粹立於不具價值判斷之因果理論以探究行爲之本質，對於行爲人屬於責任之意欲或屬於違法之違法性如何，均不予以考慮，遂認犯罪行爲之成立要件中，有關構成要件該當性及違法性二者，因均屬於客觀之要素，故同爲故意與過失犯罪所應具備之共通要素，而故意與過失二者不同者，僅在於論究行爲人之責任時——即就其責任條件之考量——故意行爲因具備希望或容認，故應受較重之責任科處；而過失行爲則僅爲心理上的不注意，故在責任條件上雖亦應加予處罰，但其責任應輕於故意，是以認爲構成要件該當性及違法性爲故意犯與過失犯之共同屬性，二者僅在責任中有所不同，而過失犯當係注重行爲人主觀上心理的不注意而產生對外界法益侵害之結果，故應受責任之非難，此一理論，遂成爲舊過失犯理論之重要基礎。

然則以行爲爲犯罪理論之中心，常與現實發生扞格，例如行爲人所實施之行爲，如不具備一定之目的性，則其行爲實與自然現象無異，則欠缺刑法規範之屬性，而不應認其成立犯罪而應受處罰，故刑法上之行爲，應具有目的性，此即德國學者魏爾采（Welzel）所力主之目的行爲論，依此理論，在於故意犯固能爲適切之說明，但在過失行爲，則有不能爲圓滿說明之弊端。惟其將過失之概念，自純粹屬於責任之要素，發展成爲構成要件該當性及違法性之要素，乃認過失行爲亦有

並參照林山田　刑法通論　第八〇頁；甘添貴　刑法總論講義，第五二頁。日本學者大谷實闡述刑法上行爲之概念，認爲刑法上行爲應具備(1)意思支配之可能性。(2)人表現於外之外部態度，遂歸結刑法上行爲之意義爲「行爲係屬依據人之意思而具有支配可能之社會意義的身體之外部態度(動靜)之謂。」即謂其應係依意思而爲因果法則之支配或有支配可能性者爲限，始爲刑法上之行爲。參照氏著　刑法講義總論（平成二年）　第一〇三頁至第一〇六頁。

其目的行爲之屬性，並將之導入違法之概念，即認過失行爲，因實施
社會所不容許之行爲，發生結果，故可在違法性中判斷之，亦即其非
僅單純應着重於惹起法益侵害之結果，抑且應注意其行爲之違反客觀
的注意義務，故應受非難，亦即將過失犯起法益侵害之結果，抑且應
注意其行爲之違反客觀的注意義務，故應受非難，亦即將過失犯在責
任性一點予以區別，即在構成要件該當性、違法性二者，亦有其不同。
此一主張，實已開啓建立新過失犯理論之契機。

第二節　　過失責任之本質

　　刑法所規範之過失犯罪，係以行爲人對於構成犯罪之事實應注意
並能注意而不注意而致發生構成犯罪之事實，或行爲人雖有預見但確
信其不發生而發生構成犯罪事實之謂。易以言之，即行爲人對於構成
犯罪之事實本應認識而未認識，此一違反注意義務，即爲過失之規範
要素（nomative Merkmale）。此外，行爲人有注意之能力，而竟欠
缺意識之緊張，致未能認識，此一疏虞或懈怠，即爲過失之心理要素；
此二要素即屬過失之責任要素；過失行爲何以成立犯罪而應受刑罰之
科處，因學者之觀點不同而有互異之主張：

一、心理責任論（psychologische Schuldauffassung）

　　本說以故意及過失均屬責任之形式或條件，但在於故意，係行爲
人認識並希望結果之發生而爲其行爲；在於過失，則係行爲人應注意
並能注意而不注意，故在前者，行爲人有其意欲；後者則無；是以二
者主要之區別係在於行爲人對於結果意思之不同，因其係屬心理之內
容，故稱之爲心理責任論。並因其心理意思之不同，遂在刑事責任之
評價上有其重輕。本說在往昔採因果行爲論之時代，單就行爲人之心
理以確認其故意過失，當無太大爭論，惟其後有關行爲之各種理論之

發揚，如對行爲責任之追究，僅區分故意過失二者，顯不符合實際，故本說遂招致甚多之批判❶。

二、道義責任論（moraliche Schuldauffassung）

本說基於意思自由之理論，認爲人旣具有決定其行爲之能力而竟不決定從善去惡，行爲人即有道義之違反，故應受非難。因其係自道義之違反着眼，故稱道義責任論。道義責任論旣以具備自由決定能力之個人，違反其所應避免結果發生之決定，率而爲違反道義之行爲，故認行爲人之責任，即屬意思責任，且其旣以應就具體實施之各個行爲以定其責任，故亦可謂係爲個別之行爲責任；遂認無責任能力者因不具備自由決定行爲之能力，故不應受非難。並認刑罰之輕重應符合其所應歸責之事實與結果，此亦即責任原則之眞諦。凡此，可見本說與社會正義之觀念較能符合，惟因其前提係在於行爲人具備自由決定行爲之意思能力，而人究竟有無此一能力，向爲決定論與非決定論所聚訟不休之問題，此一爭論，迄無定論，遂影響本說之立論基礎❷。

三、社會責任論（sociale Schuldauffassung）

本說認爲責任係爲具有反社會性之行爲人立於受社會防衛處分之地位，而行爲人旣對社會有實施危害行爲之危險性在，社會對於此種危害，自應以刑罰之手段予以自衛，以避免危害之發生或擴大，故係以行爲人之社會的危險性之性格爲責任之基礎。從而，本說係本於意

❶ Baumann, *Strafrecht*, A.T., 9. Aufl., 1985, S.326f；參照團藤重光 刑法綱要總論 第二三七頁；韓忠謨 刑法原理 第一七五頁；韓忠謨 刑事責任之理論研究 第一〇八頁至第一一〇頁；周冶平 刑法總論 第二〇五頁以下；蔡墩銘 刑法總論 第一九四頁。

❷ 日本學者小野清一郎力主本說，見氏著 「道義的」責任 載於氏著 刑法の本質について、その他（昭和三十年） 第七九頁以下；韓忠謨 刑法原理 第一七六頁；蔡墩銘 刑法總論 第一六六頁。

思決定論之立場，認爲行爲人所表現之反社會性格，顯係深受實證主義之影響，不問行爲人是否具有責任能力，即應受非難。本說就防衛社會之立場言之，固不無見地，但其與道義責任論同因決定論與非決定論之爭迄無定論，而影響本說之立論基礎；此外，並因本說純粹立於社會防衛之立場，以探究責任之本質，在過失犯之情況，亦有未盡週到之處，是以不免有所不周。

四、規範責任論（nomative Schuldauffassung）

本說認爲責任乃屬心理事實與規範間之結合關係，即以行爲人所存在之事實狀態而就規範之立場加予價值判斷，據以認定該一心理事實是否應受刑罰之非難。依其見解，行爲人之所以應受非難，乃在於行爲人違反不得爲違法行爲之決意的意思決定規範，故認無故意過失之行爲，當然無責任，縱有故意過失，但如因外部情況特殊，致使行爲人不能爲正常之意思決定時，仍不能期待行爲人爲合法行爲之決意時，仍不得課予責任；是本說係以非難可能性或義務違反性爲責任之積極要素，與心理責任論之單純以心理要素爲責任之內容者，迥然不同。本說對於規範要素有無之認定，係自有無期待行爲人爲合法決意之可能立論，故又有稱之爲期待可能性論者❸。

以上各說，心理責任論純就行爲人對於行爲之心理關係據以認定責任，對於無認識之事實即認非屬於責任之範疇，與事理顯有不合；道義責任論立於非決定論之立場，認爲個人既有自由決定之能力，竟爲擇惡去善之決定，自應受道義之非難；社會責任論則基於社會防衛之立場，本於實證主義之精神，而認行爲人應受非難者乃其違反社會之性格，而社會爲去除此一危害，乃對行爲人加予非難，二說同皆陷於非決定論與決定論之紛爭，亦屬未能妥適彰顯責任之本質；規範責

---

❸ 蔡墩銘　刑法總論　第一六五頁。

任論則一方面在主觀面重視行爲人之心理事實；他方面復在客觀面加入行爲違反規範性之要素，融合社會之期待與行爲人之具體狀況，遂成爲當前之通說，依據規範責任論之見解，據以說明過失犯之本質，認爲多數人均應依據法律所定之當爲法則而爲行爲，如疏於注意而不爲此社會共同期待之行爲，致發生一定之事實，縱行爲人不具備結果發生之意欲，但因如經行爲人之注意，即可期待此一結果之不發生，如行爲人疏於注意，致發生此一結果時，則具有非難可能性，而應成立犯罪❹。

第三節　傳統過失犯理論、新過失犯理論與新的新過失犯理論

　　自過失發展史以及各國立法例考察，可知早期「過失」之概念，原從屬於「故意」之概念，後逐漸轉變脫離「故意」之範疇，而在刑法理論中擁有獨立之理論體系。其最重要之推動力，當在於十九世紀末以來工、商社會蓬勃發達，工業技術發展，人類自僅能利用素材原料而進步至採用機械，甚至在近年已進入電腦時代，人類生活固已深獲改善，然因對於科技文明產物之依賴日深，相對亦須承擔企業經營或交通運輸等所引起之不良後果，例如空氣污染、居住環境惡化，甚至人際關係之疏離等；其中如高科技、高性能交通工具之發明利用，亦爲造成人類死傷增加之主要因素，而其中又以過失行爲所致者爲多。簡而言之，科技文明之發展與過失犯之急劇增加有其相當之關聯。誠然，企業經營或交通運輸本身本即蘊含相當之危險性，但如認此種危險存在即可成立過失，將致無人敢於從事企業以及交通之經營，其阻

❹　參照大谷實　刑法講義總論　第二八三頁；佐伯千仞　刑法に於ける期待可能性の思想（上）（昭和二十二年）（下）（昭和三十四年）。

礙社會及國家之進步，至深且鉅；但如認此種具有危險性之經營，概
以可容許之危險或社會相當性之理論予以說明，認爲其違法性可被阻
卻，則又過於保護各該經營者，將致犧牲一般社會大眾之權益，亦非
情理之平。因此，欲兼顧保障民眾權益與促進國家社會之繁榮，勢必
對過失犯之本質與成立要件再予斟酌檢討，以求衡平。而過失犯理論
之由傳統見解演變爲新過失犯理論，更進而發展爲新的新過失犯理論
（又稱「危懼感說」），正是吾人所必須加以注視之課題。茲就各該理
論之主張述明於後。

第一款　傳統過失犯理論

　　傳統過失犯理論又稱舊過失犯理論，源自古典犯罪學理論，認行
爲人於行爲時欠缺意識集中之心理狀態，由於此種欠缺意識集中之心
理狀態，以致未預見結果，遂致漫然發生結果，故應負過失責任而受
處罰。亦即認爲行爲人之行爲發生具體之危害，具有行爲侵害性以及
違法性，故過失犯之構成，以行爲之結果之發生、欠缺意識集中（不
注意）之心理狀態、以及具有因果關係等三者爲其要素[1]。此一理論
認爲過失犯在構成要件該當性以及違法性之範疇，與故意犯並無二致，
且認其與故意犯同屬責任要素之一，只以故意係行爲人明知並有意使
構成犯罪之事實發生，或容認犯罪構成事實之發生（我國刑法第十三
條）；而過失係應注意並能注意而不注意（我國刑法第十四條）之心理
狀態，故異其刑事責任之重輕而已。舊過失犯理論以行爲人行爲時之
心理狀態爲成立犯罪之標準，係以結果無價值爲其理論基礎，倘行爲
人之不注意的心理狀態與結果間有因果關係，即應成立過失犯，至於

---

[1]　參照中山研一、西原春夫、藤木英雄、宮澤浩一編　現代刑法講座第三卷　第
　　三頁；洪福增　新舊過失論之爭論──兼論危懼感說　載於刑事法雜誌第三
　　十一卷第二期　第八一頁。

過失與故意之區別，僅在以行爲人有無預見之點而已❷。

　　舊過失犯理論之着重點，在於行爲時之行爲注意義務，其對過失之認定，係以行爲人有無預見結果之可能，如行爲人不能預見時，則其行爲不成立犯罪；但如行爲人可能預見結果，則縱已盡防止結果發生之義務，而仍不免於結果之發生，亦應成立犯罪。此理論在傳統農業社會，因行爲結果間之因果關係較爲簡單明確，對於過失與否之判斷尙可運用無礙；但在今日社會，則常與現實情況多所扞格，例如行爲人爲食品工廠經營者，其推出之新種類食品甚爲良好，行爲人並不知悉其添加劑有發生副作用之可能，但經人食用後，果發生程度深淺不等之副作用，則行爲人雖不爲防止結果發生之行爲，但因其不能預見，故不成立過失犯罪。反之，例如行爲人在高速公路上駕車，另有他人駕車超越，行爲人雖遵守交通規則駕駛，但仍爲他車所撞，倘認行爲人於道路上高速行駛，本即有隨時發生危險之預見可能，則因此預見可能性之存在，遂不得免除刑責。由上述二例，如採舊過失犯理論，將使工商業或所有車輛駕駛人動輒得咎，對於工商、交通之發展必有妨礙，亦間接有害生活之進步，因此學者遂有批判舊說之不合實際，乃就過失犯之本質另行尋求解釋，以便運用，而有新過失犯理論之提出。

第二款　新過失犯理論

---

❷　參照土本武司　過失犯理論の動向と實務㊀　載於警察研究第五十四卷第四期（昭和五十八年四月）　第一六頁；青柳文雄　故意と過失の分界について　載於法曹時報第二十八卷第六期（一九七六年）　第一頁以下；都築廣已　刑法解釋論における故意と過失　載於一橋論叢第八十八卷第三期（一九八二年）　第三七六頁以下；洪福增　論故意與過失之界限　載於刑事法雜誌第十九卷第六期（民國六十四年）　第一八頁。

第一項　新過失犯理論之內涵

舊過失犯理論具有上述不合實際之缺陷，學者乃改弦易轍，重新檢討過失犯之內涵，而創新過失犯之理論。二十世紀初期，德國學者賴特布魯（Radbruch）等，即已對傳統過失犯理論專重行為人行為時之心理狀態予以批判，其後目的行為論大師魏爾采（Welzel）提出故意及過失在責任論中不同地位之見解，認為過失犯違反客觀的注意義務，是為過失犯違法性之依據，又認過失犯係以結果目的為潛在的目的行為，用以解釋目的行為論之理論，遂使過失犯不得不自結果之注意性（即預見可能性）進而重視其行為，對於新過失犯理論之構成予以莫大之助力。

新過失犯理論主張過失犯並非僅為責任之問題，而係以「疏忽行為」為其成立之要件。亦即以行為人行為當時所置之情況，就行為人之立場言，有無踐行預防結果發生之必要措置，如已盡其避免結果發生之措施，則縱然發生結果，其行為仍係合法；反之，如未盡避免結果發生之措施，而致發生結果時，即屬「疏忽」而為違法。是以，新過失犯理論係以是否已盡避免結果發生之義務作為成立過失犯罪與否之基準，如行為人未盡其避免結果發生之行為，則行為人應受過失責任之非難。此種「違反避免結果發生義務」即為違法性之重要因素，且該種「避免結果發生義務」遂為過失犯之理論中心，並結合社會相當性原則及信賴原則之理論，將過失犯導入違法性之中，重視結果之無價值與行為之無價值。此一理論之發揚，無非在於避免採舊過失犯理論而使工商企業者動輒得咎之弊端，此將過失犯自純粹責任之主觀因素導入客觀之避免結果發生義務之點而言，亦使過失犯之本質為之丕變。新過失犯理論認為對結果發生之預見可能性雖然存在，但其成立過失犯之條件仍不充足，必須行為人未盡防止結果發生之義務，始

能成立過失犯。此種降低過失注意義務之主張，使過失犯之成立機會減少，以免企業經營者或交通工具使用者動輒觸法，其對工商業之發展以及生活品質之改善，將有甚大助益❸。

　　反對新過失犯理論者,對於新過失犯理論批判之三點主要理由爲:(1)新理論主張行爲人之注意義務係在於「遠離危險」，則將使行爲人因之負有先行行爲之義務，致過失犯與不作爲犯之範疇混淆不清; (2)新理論紊亂犯罪論之體系; (3)新理論有違責任主義，而與罪刑法定主義相違背等，前已述及❹，此等論點，亦具相當之理由。

　　第二項　新過失犯理論之貢獻

　　新過失犯論在德國由賴特布魯（Radbruch）之批判傳統過失犯論啓其契機，經葉克邪（Exner）、恩吉斯（Engisch）等加予闡述，復經魏爾采（Welzel）本於目的行爲論之立場予以發揚而構成新的過失犯理論; 在日本則經由宮本英脩、佐伯千仞、不破武夫等之研究，第二次世界大戰後，由井上正治及藤木英雄等教授之推廣，而廣受重視; 此一理論，對於以行爲侵害法益之基因予以考量外，對於預見可能性之認定，亦本於行動之基準而認定其有無過失之責任，是以此一理論對於結果無價值之成立，具有制約之作用，而使無客觀注意義務違反之法益侵害行爲得予正當化、合理化，故對過失犯之處罰有減輕化之趨向，是其與傳統的過失犯理論顯有不同。新過失犯論遂可顯現以下之貢獻:

---

❸ 參照土本武司　過失犯理論の動向と實務㈠　載於警察研究第五十四卷第四期（昭和五十八年四月）　第一八頁。

❹ 參照藤木英雄　過失犯──新舊過失論爭（昭和五十年）　第一三五頁; 井上祐司　行爲無價值の過失犯理論（昭和四十八年）　第三五頁; 並參照本書第一章第一節。

一、使成立過失犯之事故與不可抗力易於區別

認爲過失之行爲應自具有非難價値之心理狀態開始，並據以瞭解行爲人內心意思狀態之欠缺，進而認定行爲人個人預見能力之注意義務間之關係，用以區別其與不可抗力之不同。亦即對於行爲人之行爲究係過失抑係不可抗力，可就客觀的、外在的事實證據予以認定，而非完全依賴搜索機關或法院之專擅判斷或行爲人本人之供述爲主，如此，則行爲是否成立過失，即須依據行爲之客觀性——即是否具備不爲迴避結果發生之客觀行爲態度予以認定，而非僅自預見結果發生之認識認定，故過失犯罪與不可抗力之分界，即可依據客觀之現象予以確定，當可防止恣意認定成立過失犯❺。

二、在不成立過失犯之情形，其不成立之理由符合行爲人之觀念

新舊過失犯理論，均認爲如欠缺預見可能性或欠缺注意能力或期待可能性之情形，即不成立過失犯。但在傳統的過失犯理論，其否定過失犯成立，係認其已具備構成要件該當性及違法性之要件，只以欠缺責任，故認不成立過失犯；在於新過失犯理論，則認爲其不成立過失犯，係因行爲本身已欠缺構成要件該當性與違法性，是以在傳統過失犯理論，認定行爲人之行爲本身仍屬違法，僅因無責任，故不處罰，此對行爲人之認知觀念而言，實不能以之與新過失犯理論所主張之其行爲本身自根本上否定過失犯之成立者相比擬。

三、對於無責任能力人之過失犯賦予合理之解釋基準

依據少年事件處理法及刑法之規定，對於少年犯之觸犯刑罰法令之行爲，雖依刑法之規定不予處罰，但仍得施以保安處分，此亦即認定少年犯具備構成要件該當性及違法性，而依傳統之過失犯理論，不

---

❺　參照土本武司　過失犯理論の動向と實務㈠　載於警察研究第五十四卷第四期　第二〇頁以下；同氏著　過失犯の研究　第八頁。

問少年有無違反客觀的注意義務，均得認定其行爲爲觸犯刑罰法令之行爲而施以保安處分，則此一結論，將使無責任能力人負擔較有責任能力人更重之責任，顯非事理之平，但如依新過失犯理論，則因未成年人之刑事犯可就其有無遵守客觀的注意義務之點，作爲其構成要件該當性或違法性有無之依據，較爲合理，亦可使保安處分之施用，較能符合實際。

第三項　新過失犯理論在實務上之運用

新過失犯理論之發揚，在實務上除影響及於交通事故之信賴原則以及新的新過失犯理論所主張之危懼感說之外，就過失之內涵及解釋，在判例上亦發生變化。例如日本在大審院時代，曾認爲「過失犯之成立係以行爲人對於行爲之結果應予認識且可得認識，竟違反其義務以致欠缺注意，因此不認識其結果而致發生結果者」(大審院判決大正三年四月二十四日，刑錄第二十卷第六一九頁)，故係以發生之犯罪事實與行爲人之行爲間有因果關係存在爲其前提，此一認定過程，實已含有除預見可能性外，並包括迴避結果發生之具體措施在內。此一情形，對於日後判例在於交通事故之過失致死傷之影響，尤爲明顯。

依據日後逐漸累積之判決，對於過失之認定，逐形成具體之思惟過程，並認於起訴狀之訴因或有罪判決書中應詳細記載下列事項：

一、注意義務發生之前提及具體之狀況

二、在此狀況下爲迴避其所發生之具體結果；行爲人所爲盡力迴避結果發生之具體的注意義務之內容（結果迴避義務）

三、其違反注意義務之行爲（過失行爲）

四、此一過失行爲與結果間因果之經過

五、發生之結果

是以可見實務上在認定過失犯時，係依據具體之狀況而探究有無

防止預見可能之結果發生，實已將結果迴避之行為做為注意義務內容之一部分，此一見解與新過失理論並無不同；是故，實務上實早已自然溶入新過失犯理論之內容。惟實務上早期係自傳統的過失犯理論立論，認為過失犯之不成立犯罪，係具備構成要件該當性、違法性，惟因僅欠缺有責性之責任條件而已，此為其與新過失犯理論截然不同之點。是以新過失犯理論之貫徹，在實務上仍有其必要。

依據前述，新過失犯理論對於過失犯認定之客觀化及簡易化，有其積極之貢獻，但行為人之注意義務之依據及其是否已盡迴避結果發生之義務，則又為確定其認定是否妥適之依據，在實際上，注意義務之依據有各種行政取締法規、習慣、法理，甚至於先行行為等，在與日常生活安危有密切關係者，因多定有如建築技術規則、道路交通安全規則等行政規定，此固可為認定是否違反注意義務之依據，故有定型化之趨向。然則事實上發生之具體結果與過失犯之注意義務，常非可以一概而論，判例中亦曾有已盡法規上之注意義務而仍認未盡其注意義務者（例如大審院大正十四年二月二十五日判例刑集第四卷第一二五頁；大審院昭和十一年五月十二日判例；刑集第十五卷第六一七頁），亦有認為過失犯之注意義務與取締法規之規定衝突者（如大審院昭和八年十二月六日判例，刑集第十二卷第二二二四頁）。其中，固以案例最多之交通事故，業已經由逐漸累積之判例而得認其注意義務之內容有其定型化可言，但因道路狀況與車輛性能之不斷變化，故亦須不斷發生針對個別的、具體的狀況而予判斷之情況，此外，對於科技發展日新月異之公害、爆炸事故、建築、醫療、食品、藥品等之事故，欲求其能有類型化之結論，實非易事。

依藤木英雄教授所主張新過失犯理論之注意義務之違反，係指「違反行動基準之行為」，此一基準即係「防止危險發生，或對迫切即將發生之危險避免其結果發生，無論何人在此情況下均應施用之措置」云

云，故其內容須考量「被害法益之重要性、危險切迫之重大性、行爲目的追求之正當性」三要素，並自社會相當性之立場予以確定之❻。此實可爲實務上適用新過失犯理論之指針。

第三款　新的新過失犯理論──危懼感說

新過失犯理論，以具體的結果預見可能性，爲避免結果發生義務之前提，倘無預見之可能，即無避免結果發生之義務。然新科技之開發與工商企業之運作，常無法就一定災害之結果有具體預見之可能，但其活動又確足致人之生命、身體發生某種危害，而使社會大眾有相當之不安感與危懼感，倘因此即無從追究企業關係人之刑事責任，則於社會安全之維護與大眾健康之保障即有所不足，故行爲人此時應進一步積極探求未知之危險，並預測該等未知危險發生之可能，而事先採取避免該危險發生之措施。行爲當時對於具體危害內容雖無預見之可能，但因行爲人未盡其避免結果發生義務，仍得令其負過失責任，此即學者所另倡之新的新過失犯理論，亦即「危懼感說」之主要論點❼。簡言之，「危懼感說」係行爲人對於危險之發生具有危懼感，即應負避免結果發生之義務；如行爲人未盡其避免結果發生之義務，致結果發生者，即應負過失責任，並不以有具體之預見爲必要。因此，對於隨技術開發而生之企業災害，旣有發生結果之危懼感或不安感，即不能謂無預見結果之可能性，但如怠於排除此種危懼或不安，且未爲避免結果發生之必要措置，即爲有過失❽。

論者有以「危懼感說」之以危懼感爲預見可能性之內容，使從事

❻ 參照藤木英雄　過失犯──新舊過失論爭　第二六頁。

❼ 新的新過失論爲日人藤木英雄氏所倡；參照氏著　過失犯──新舊過失論爭（昭和五十年）。

❽ 參照陳樸生　過失論　載於氏著　刑法專題研究　第三一二頁。

於得預想某種危險性事務者，一有不安感或危懼感，即課其採取避免結果發生之措施之義務，將使預見可能性抽象化，則行爲人是否應負過失責任之認定範圍將愈顯擴充，幾與英美法之嚴格責任或絕對責任無異。然主張危懼感說者則認行爲人該項結果避免義務之內容，仍應以加害人行爲當時所處之具體狀況，予以個別決定，而以「預想之危險發生之概率與重大性」、「原因危險行爲之目的性與社會效益」、「防止危險措施之有效性」、「被害人之防止危險能力」等因素，作爲協助判斷過失責任之依據[9]。

「危懼感說」之論點，對於因企業組織所致災害之責任認定，頗有採擷之實益，例如在工業集團之大規模爆炸事故中，其事故發生之直接肇事者，雖多爲生產線末端之技術者或勞動者，然在防災系統非常完備，且倘加以適當運用，即不致發生此等災害之情形下，僅因企業體對於末端階段可預見之疏失欠缺思慮，而未採取適當之防災措施致生現實之災害者，已非單純個人之過失，而與企業防災體制之欠缺有關。於追究責任時，由於其技術勞動者未臻熟練之單純失誤所致者，固應論其個人責任；但所以致此，若係由於企業組織、管理、訓練之缺失所致者，則應追究負有使該技術者具有適切反應能力之義務者之責任。現行各行政法律所定行政犯中，兩罰規定處罰業務主體之法人之制度(例如我國藥事法第八十七條)，即本危懼感說而設之規定。此一理論在論究法人是否有犯罪之能力[10]或提倡企業組織體責任論[11]等，均有其相當之影響力。

---

[9] 參照陳樸生　前揭書　第三一四頁。

[10] 參照藤木英雄著、管高岳譯　法人與刑法　載於刑事法雜誌第二十四卷第二期　第五五頁以下。

[11] 參照板倉宏　企業犯罪の理論と現實　第二〇頁至第四二頁。

第四章　過失犯在犯罪論體系中之地位

往昔認爲犯罪之成立，應具備構成要件該當性、違法性及有責性之一般成立要件，並以其行爲符合刑法分則各本條所定之犯罪特別成立要件，始成爲完整之犯罪行爲，而應受刑罰之科處，此係傳統之犯罪論體系，此一理論體系實係植基於因果的行爲論，亦即基於「違法爲外在之客觀的；而責任則屬內部之主觀的」之命題而發展之犯罪理論。基本上，其既以客觀的違法論爲前提，即可自然導引出道義的或心理的責任論，故可派生爲客觀的違法論與主觀的或道義的責任論；依道義責任論之主張，人生而具有平等之自由意志，並具有擇善去惡之能力，行爲人竟擇惡去善，自應受道義之非難，因之，故意與過失均屬行爲時行爲人表彰惡性之心理狀態，同屬於「責任之種類」或「責任形式」或「責任條件」；二者之差別僅在於故意已對構成事實有所認識；而過失則爲因不注意致未認識事實之點而已。遂並認構成過失應具備之要件有三，即㈠結果；㈡不注意之心理狀態；㈢因果關係❶，故此時認爲過失犯之問題純屬責任問題之一而已，而與違法性無涉。

及至十八世紀以後，物質文明發達，工商業進步，在正面固對人類生活多所改善，但伴隨之負面影響亦甚巨大，其最明顯者厥爲生命、身體、財產之安全常遭不測，遂形成二相互矛盾之現象，即一方面需要鼓勵創作發明，以創造更高品質之生活，他方面則又思有以避免其危險之發生。爲解決此種矛盾，往昔僅自行爲人之心理狀態以認定其

---

❶ 參照西原春夫　過失犯の構造　載於現代刑法講座第三卷　第三頁。大谷實刑法講義總論　第一九三頁。

不注意，已不符實際，遂有學者認應以不注意之「態度」爲基礎。因此，遂認行爲人必須遵守注意之義務，但如其無「疏忽之態度」，則縱不幸發生法益侵害之結果，此一結果仍應予以忍受，故仍非違法；故違法性非決定於有無侵害法益之點，而係決定於是否有違反注意義務之態度上，此一主張，遂使素來認爲過失係爲刑法上責任之問題發展成爲認其爲違法之問題。

上述見解之發展，首先表現於德國之「可容許危險」(erlaubtes Risiko)之理論中，並由此發展成爲新過失犯之理論，惟如細繹其發展之脈絡，則不難發現其與目的行爲論之關連，蓋目的行爲論認爲故意或過失之行爲，均屬於朝向目的發展之行爲，並認過失並非引起結果之不注意的心理事實，而係不注意的目的之態度，亦即行爲人未爲符合社會所期望之爲避免結果發生之目的的操縱之最低要求，故應成立犯罪之行爲；在此前提之下，目的行爲論者遂主張有關違法性之判斷，應以行爲人之人的「行爲無價值」爲準；而非屬於行爲人內在因素所引起之「結果無價值」，本此，乃逐漸發展成爲新過失犯理論，而因上述理論之發展，遂使過失犯在犯罪論體系中之地位爲之丕變，大體言之，其不同之主張有三：

一、責任要素一元論

本說係基於傳統犯罪論之主張，認爲過失與故意同屬責任要素之一，通常係於行爲具備構成要件該當性與違法性之二客觀的要件之後，作爲進一步判斷行爲人是否具備故意或過失之主觀的心理要件，據以確定行爲人是否符合犯罪成立之一般要件，是以過失即爲裁判官於認定行爲人之責任時所應認定之事項。本說爲第二次世界大戰前之通說，然因目的行爲論之發揚以及新過失犯理論之興起，第二次世界大戰後採取此說之學者，已居少數❷。

❷ 戰前日本學界僅有不破武夫主張過失係爲違法性要素，參照不破武夫 刑事

二、違法要素一元論

本說認爲過失係專屬違法要素之一，而與責任無涉，其係基於過失應屬客觀上應判斷之問題，而非屬行爲人主觀心理要素之問題；本說之理由如下：

㈠法官依據法律之判斷，應將構成要件認定係屬違法類型，亦即在於構成要件故意犯或過失犯均無不同，是以故意與過失均屬構成要件要素，亦同屬違法之要素。

㈡所謂違法性係屬形式的規範之違反，法律對於人的行爲，無論對於故意犯之規範或對於過失犯之規範，皆屬相同，例如對「故意殺人」與「過失致人於死」，其規範之要求並無不同，僅在於違法性有無或大小之問題有其差異而已。

㈢所謂主觀的預見可能性或主觀的結果迴避可能性等，實係在決定所課予之注意義務之內容而已，故應無所謂決定過失有無之責任要素。因此，故意犯與過失犯在責任要素中，均僅餘有責任能力之一問題而已，並無責任條件或責任形式之可言❸。

三、違法要素與責任要素二元論

本說主張過失一方面係屬違法之要素，他方面又屬責任之要素。日本新過失犯論之開拓者井上正治教授曾謂注意義務可分結果預見義務與結果迴避義務二者，是否違反前者之義務屬於責任之問題，而是否違反後者之義務則爲違法之問題❹。又團藤重光及大塚仁二教授則

責任論（昭和二十三年）　第一八〇頁。

❸ 日本主張本說最力者爲西原春夫。參照氏著　過失犯の構造　第一三頁；另木村龜二、中義勝亦主張之。參照木村龜二　過失犯の構造　載於瀧川幸辰還曆紀念　現代刑法學の課題下　第五七九頁以下；中義勝　刑法總論（昭和四十六年）　第一二六頁。

❹ 參照井上正治　刑法學總則（昭和二十六年）　第六〇六頁以下。

認過失之中有部分屬違法要素，部分屬責任要素，並謂客觀注意義務之違反部分，亦即與行爲人無關之課以行爲人之一般人能力之注意義務之違反部分爲決定違法性有無之標準，而就行爲人個人之能力據以考量是否過失之部分，則屬責任之要素❺。此外，佐伯千仞、福田平、莊子邦雄、內田文昭等各教授則主張對於注意義務之違反係屬違法之要素，惟對於主觀的預見可能性與主觀的迴避可能性之違反，則屬責任之要素；故認縱具有一般人之預見或迴避結果之可能，但如對行爲人個人而言係屬不可能之事，則仍不得認其具備非難可能性而課予責任❻。

上述三說，各有其歷史及理論之背景，主責任要素一元論者，無非基於傳統之犯罪理論，認爲違法是客觀的、責任是主觀的要素，二者涇渭分明，而過失係屬行爲人於犯罪時之心理要素，是以應屬責任之要素，而不涉及客觀之違法問題；此因囿於舊有理論之命題，且對於其後發現之主觀的違法要素之理論，亦無法自圓其說，且第二次世界大戰後，尤其在工商業高度發達之後，雖行爲人心理上仍具危害發生之顧慮，而在客觀上又不能不予容認，甚且進而鼓勵協助，認其不應成立過失犯罪之事象，主責任一元論者，實未能爲妥適之說明，是以於第二次世界大戰以後，已較少學者主張本說。第二說將刑法上過

❺ 參照團藤重光　刑法綱要總論（昭和五十四年）　第八九頁以下、第二四七頁以下；大塚仁　刑法概說總論（昭和六十一年）　第一六一頁、第三〇六頁以下。

❻ 參照佐伯千仞　改訂刑法講義（總論）（昭和四十九年）　第二六二頁；福田平　刑法總論（昭和五十九年）　第一四七頁；莊子邦雄　刑法總論（昭和四十四年）　第五八二頁以下；內田文昭　刑法 I 總論（昭和五十二年）　第二三六頁以下；此外，藤木英雄　刑法講義總論（昭和五十年）　第二五一頁及大塚仁　前揭書　第三〇六頁以下亦有相似之論點。

失犯之注意義務甚至注意能力予以客觀化，認其純屬違法之要素，明確而簡易，當不失爲將來處理過失問題，另行建構過失犯新理論體系之指針，惟是否可認過失均屬違法之要素而排除行爲人心理之要素，則又屬爭論之所在；第三說以過失兼具違法性與有責性之要素，雖合於過失當有主觀及客觀之要素，但此一主張，實有致過失理論體系之建立愈形複雜之弊端，爲期明確建立過失犯之新理論體系，第二說及第三說均有進一步探討之必要❼。

以下爲期方便起見，仍按傳統之犯罪論體系說明過失犯之相關問題，至於過失犯新理論體系之建立，則於第十二章中詳予論述。

第一節　過失犯與構成要件該當性

犯罪之成立，必須具備構成要件該當性（Tatbestandsmässigkeit）。所謂構成要件該當性者，係指某一行爲該當於構成要件之性質，亦即具體事實與法律上犯罪構成要件相符合之性質，與違法性及有責性並爲犯罪成立要件之一。

犯罪之實質乃謂對於法益予以現實侵害之危險行爲，刑罰法令認此對法益有侵害性或危險性之行爲，以之爲犯罪構成要件，明定於刑法分則各本條之犯罪類型中，現實之具體事實倘合乎各該犯罪構成要件之性質，則爲與犯罪構成事實合致，換言之，具體事實與法律上之犯罪構成要件完全符合時，即爲「構成要件之實現」（Tatbestandsverwirklichung）。某一行爲事實，因構成要件之實現，乃成爲犯罪構成事實，具備此一性質者，其行爲即爲「構成要件該當行爲」，亦即具有

---

❼ 日本學者西原春夫力主第二說，其對第一說與第三說均有強烈之批判。參照氏著　過失犯の構造　第七頁至第一三頁。

「構成要件該當性」❶。具體行爲因具備構成要件該當性，遂有可能成爲刑法處罰之對象。

因過失行爲致法益受侵害之結果，必須刑法明文規定處罰者，始成立過失犯(刑法第十二條第二項)。在現行刑法中，過失犯罪構成要件之規定，不若故意犯罪者之詳細與具體，例如刑法內亂罪章中之第一〇八條第二項、第一一〇條、瀆職罪章中第一二七條第二項、第一三二條第二項、脫逃罪章中之第一六三條第二項、公共危險罪章中之第一七三條第二項、第一七四條第三項、第一七五條第三項、第一七六條、第一七八條第二項、第一七九條第三項、第四項、第一八〇條第三項、第一八一條第二項、第一八三條第二項、第一八四條第三項、第一八九條第三項、第四項、第一九〇條第三項、殺人罪章中之第二七六條，傷害罪章中之第二八四條等規定之行爲，是否符合過失犯之犯罪構成要件，須依據犯罪事實並由法官予以判斷，因此過失犯罪之構成要件可謂一種「有待補充之構成要件」，而行爲是否具備過失犯之構成要件該當性，亦有待法官之判斷而使之具體化、法律化❷。此外，行政刑法中有關過失犯之規定亦屬「有待補充之構成要件」，其規定不但欠缺類型化之法規，且範圍龐雜，處罰之對象甚或超越刑法所定之過失犯。針對此一現象，似宜彙整相關規定，並就各種構成要件予以分析，研究能否設一普遍化、類型化之「總則」性規定，俾資適用。

犯罪之行爲，含有作爲 (Begehung) 與不作爲 (Unterlassung) 之二種情形，而不作爲犯復有純正不作爲犯 (echtes Unterlassungsdelikt) 與不純正不作爲犯 (unechtes Unterlassungsdelikt) 之分；刑

---

❶ 參照高仰止　刑法總則之理論與實用　第一五八頁、第一五九頁。

❷ 參照林山田　論過失犯罪　載於政大法學評論第二十四期　第一六頁；中山研一、西原春夫、藤木英雄、宮澤浩一編　現代刑法講座第三卷　第三頁。

法理論對於故意犯中之作為犯或不作為犯，皆已多所論述，而對於過失犯之作為犯及不作為犯則較少涉及，以下謹分別說明之：

一、過失犯之作為犯

過失犯係屬行為人應注意並能注意而不注意致發生犯罪之結果之犯罪，依此定義，過失犯仍常於行為中之作為而造成結果，惟其所作為者，常非屬有意引起犯罪結果之行為，而係不為妨害結果發生條件之行為，竟為致使結果發生之不注意行為，是以在學說上對於過失犯行為之本質，有認其係引起結果條件或認係為妨阻妨果條件等，不一而足，惟應以行為人疏於為妨果條件之行為並為起果之行為，為過失犯行為之本質，依其見解，行為人疏於為妨果條件之實施而竟實施起果之行為致發生之犯罪結果，即應受刑法之非難。

二、過失犯之不作為犯

不作為犯係以行為人有作為之義務，而不作為，致發生與積極作為（即作為犯）等價之犯罪行為效果，而應受非難者也，又分純正不作為犯與不純正不作為犯二者，在於前者，因其作為義務需由法律予以明定，例如我刑法第一百四十九條不解散罪及第三百零六條第二項之不退去罪，依此規定，行為人在法律上原負有積極作為之義務，竟然違反此一義務不為作為，以致違法，亦即行為人違反法律之命令規範(命令行為人為一定之作為)，其命令須由法律明定，而其違反恆係出於故意，故過失犯應無成立純正不作為犯之可能。不純正不作為犯則係以不作為之方法達成作為犯罪之結果，此在故意犯，常可因行為人故意不為某一行為，以遂其犯罪之實行，實甚易於瞭解；而在過失犯，亦常因行為人疏忽或懈怠某一注意義務而為防止結果發生之義務，以致結果之發生，故亦屬過失犯所常發生之犯罪類型，例如父母出門，疏未注意熄滅爐火，以致燒燬房屋或燒死小孩是；又如看守鐵道欄柵工人，因晏起而未及執行工作，致人車相撞，發生損傷等，均應成立

過失犯之不純正不作爲犯。

故意犯之行爲，自行爲人犯意決定、而陰謀、而預備、而着手實行，有其階段性，故故意犯之行爲係爲行爲人犯罪決意，表現於身體外部之動靜而對法益發生影響之過程也；過失犯之行爲則爲行爲人有注意之能力及注意之義務而竟疏虞成懈怠注意，以致發生犯罪結果之犯罪，依其過程言之，當然無犯罪決意、陰謀、預備等之階段，而僅有着手之問題，惟刑法所論過失犯之着手，常自主觀說或客觀說或折衷說立論，甚或多以與故意之着手之觀點言，認爲過失之着手與故意之着手同屬行爲人之犯意已經明確表現，且其行爲已觸及犯罪之構成要件時，認定其爲過失犯之着手。惟就實際言之，行爲人平素對於犯罪事實之發生未寄以注意，亦不構成任何之犯罪行爲，而須其未注意之後果觸及犯罪構成事實，且須發生犯罪構成事實時，始克成立犯罪，是以以屬於故意範疇之「着手」概念，用以說明過失之觸及犯罪構成事實之點，以認定過失犯之「着手」，在於過失之作爲犯，或尙可作此理解，但在過失之不作爲犯是否妥適，即有待商榷。

此外，過失之行爲與發生之結果間，應具備如何之關係，始克認定二者有因果關係存在？按刑法上因果關係之問題，本屬客觀上行爲與結果間關連之問題，並不涉及法律上是否違法或有責之判斷，以往有條件說、原因說、相當因果關係說等之主張，據以認定刑法上原因行爲與結果間之關係，但因各說之理論，均自客觀的因果連結關係「即認有此原因通常產生此一結果，此一結果通常由此原因所產生之點以爲基礎，遂有認其認定基準，甚不明確，亦常有超越行爲人認知之範圍，且又以條件說、原因說之範圍過於廣泛，故晚近德國學者多主張「行爲人對行爲因果關係之形態應知悉其行爲與結果間之結合關係」亦即採取所謂「關聯性說」❸，此等學說，在作爲犯言之，固無甚大

❸ Jescheck, *Lehrbuch des Strafrechts,* A.T. , 3 Aufl., 1978, S.232; Maur-

之問題❹，但不作爲犯並無積極之舉動，其對發生結果原因之進行，僅消極的不防止而已，故行爲與結果之間，有無因果關係之問題，遂致衆說紛紜，莫衷一是，大體言之，有消極說與積極說二者，消極說認爲不作爲本身並無因果關係之可言，但可擬制不作爲與結果間之因果關係，故又稱準因果關係說，此說自立論點不同又分他行行爲說及先行行爲說，但因其主張將無因果關係視爲有因果關係，實乏堅強之理由；而主張積極說者，則肯認不作爲與結果間有其因果關係之關連，本說又分作爲原因說與不作爲原因說二者。作爲原因說認爲不作爲之原因應自作爲之他行爲或先行爲探求之，係自不作爲以外之行爲論述不作爲與結果間之因果關係，亦與擬制原因說受相同之批評；學者遂多採不作爲原因說，即自不作爲本身肯定其原因力，但因立論點不同而分他因行爲說，作爲義務違反說，妨果條件抑壓說及防止可能說等學說，其中防止可能說認爲因果關係之本質屬危險關係，在不作爲之犯罪，因有防止結果發生之義務，並有可能防止該結果之發生，而未予防止，致發生結果，其不作爲之於結果發生，顯然具有危險關係，即有其因果關係；惟若無防止之可能，縱有防止之義務，亦不得強人所難能，而認有因果關係之存在❺，簡言之，刑法上之因果關係，係依一般人之經驗法則判斷，足認苟無前一行爲，在一般情形，即不發生後一結果者，即有因果關係存立，此於不作爲犯亦無不同。因此，凡對結果之發生，屬於可得防止之地位，能防止而不防止，其不防止與積極作爲具有同一之價值，即有因果關係存在。

---

ach, *Deutsches Strafrecht,* A.T., 1971, S.280.

❹ 此一理論，仍有學者持不同之見解，而認仍應採客觀的相當因果關係說，參照井上祐司　因果關係と刑事過失（昭和五十四年）　第三八頁；岡野光雄刑法における因果關係の理論（昭和五十二年）　第一七七頁以下。

❺ 參照韓忠謨　刑法原理　第一二六頁至第一二九頁。

第二節　過失犯與違法性

具備構成要件該當性之行爲，刑法因其對法益具有侵害性或危險性，乃以之爲得以成立犯罪之行爲，然而具備侵害性或危險性之行爲，並非當然具有反規範性❶，故構成要件該當性之行爲，尚須具有「違法性」（Rechtswidrigkeit），始能成立犯罪。違法性在刑法上爲犯罪一般成立要件之一，又稱爲「行爲之違法性」，係以法律觀點對行爲所作之反價值判斷。但我刑法並未正面規定行爲之違法性，而係自反面規定阻卻違法之事由（刑法第二十一條至第二十四條），於行爲具備阻卻違法事由時，即認行爲不構成犯罪。

傳統刑法理論以因果的行爲概念，認爲違法性係犯罪之客觀要素，以行爲之侵害法益爲價值判斷之依據。但自目的行爲論與社會行爲論相繼興起後，乃認爲違法係指社會價值意識對犯罪行爲所爲之無價值判斷（Unwerturteil），其所涉者，不只爲行爲侵害法益之「結果的無價值」（Erfolgsunwert）。他如侵害行爲之種類及方式，亦復爲評價之重要對象，通常對此評價稱爲「行爲的無價值」（Handlungsunwert）。晚近學者更認爲：行爲人本身具有之情況多屬於犯罪之意識、心情情況，而反映於外部之無價值狀態，故違法性之判斷，除着重客觀之侵害法益類型外，更須一併考察行爲之意思作用，亦即除重視「結果的無價值」外，更須併重「行爲的無價值」❷。

上述「結果的無價值」與「行爲的無價值」在德國的學說上又另稱爲「結果的不法」（Erfolgsunrecht）與「行爲的不法」（Handlung-

---

❶ 例如正當防衛之行爲，雖形式上爲有構成要件該當性之行爲，但因不具違法性，故不成立犯罪。

❷ 參照韓忠謨　過失犯之構成問題　載於刑事法雜誌第三十二卷第一期　第三

sunrecht)，此二者在過失犯之違法性上皆具重要之意義，以下茲分別論述之。

第一款　行爲的不法──客觀注意義務之違反

注意義務爲過失犯成立之前提，即行爲人須違反此注意義務而從事侵害法益之行爲，始克成立過失犯。此處所謂之注意義務之違反，即爲過失犯之「行爲的不法」。行爲人生活行動的意欲違反法規範之要求，未盡客觀上應有之注意義務，致生法益之侵害，逐使過失犯成爲刑法非難之對象。所謂「客觀上應有之注意」，復分爲：

一、內在的注意（innere Sorgfalt）

即行爲人對自己日常生活行動有造成他人侵害或危險之可能者，即應提高警覺，並負有對危險與實害爲事前審察與判斷之義務，而此等注意義務應以「通常注意周到之人」力所能及者爲準，雖某種客觀情事非通常人所能知悉，但係爲行爲人所特別認識者，亦應認屬其能注意之範圍❸。

二、外在的注意（Aussere Sorgfalt）

行爲人基於對其行爲可能造成危險之認識與預估，事先應採取適當之防範措施(外在的行爲)，以避免發生特定之危害結果者，是爲「外在的注意」。行爲人通常以下列二種方式履行外在的注意義務：

㈠、因認識或預估行爲之危險而立即不爲該危險行爲。反之，倘行爲人雖已盡內在之注意義務，而仍爲該危險行爲者，則此行爲可能因違反客觀之外在注意義務，致其行爲具有「行爲的不法」，例如對於有特殊運輸功能之車輛(如貨櫃車、大卡車)，原非通常駕駛員所能

頁至第四頁。Maurach, *Deutsches Strafrecht,* A.T. , 1971, SS.139-143。

❸　參照韓忠謨　前揭文　第七頁。

勝任者，苟自知無此駕駛技術而貿然從事，終致肇禍，亦屬客觀注意義務之違反，此種違反之類型，乃違反注意義務之最常見者，稱之爲「超越承擔過失」（或稱「鹵莽承擔之過失」）（Übernahmeverschulden）❹。

　　㈡、行爲人於危險境況中應提高其注意力，並爲各種必要之安全措施，使該危險行爲不致發生損害法益之結果。在科技發達之社會，任何先進產品或技術之運用，均附隨相當之危險性，但切勿因其具有潛在之危機，而因噎廢食，竟至捨棄先進之科技設施，而危及生活品質之提昇。德國學者就此乃創「社會相當性」（soziale Adäquanz）之理論，認爲科技發明，若與社會大衆生活品質之提昇有關者，縱或附帶危險，亦認其合於生活需要而容認之；唯現代科技亦應相對地講求防患之法，直至公認足以接受之程度，始爲法秩序所肯定。是以在此範圍內，縱有行爲可能產生某種程度之不利益，亦不認該等行爲具有刑法上之犯罪構成要件該當性。

　　行爲人履行外在之注意義務之方式，除上述兩類外，尙包括進行某種危險行動以前，盡力查詢或蒐集爲履行該注意義務所需之知識、經驗等資料，德國學者稱之爲「善盡準備及查詢之義務」（Erfüllung von Vorbereitungs-und Informationspflichten）。

　　上述各項行爲人之外在注意義務，皆係基於常識經驗推演而得，均爲法律要求之客觀注意義務，其注意程度自亦以通常注意周到之人能力所及者爲標準。

第二款　結果的不法——過失行爲與結果之關聯

　　過失犯係行爲人違反注意義務致發生法益侵害結果之犯罪行爲。

---

❹　參照韓忠謨　前揭文　第八頁。

按所謂法益侵害之結果，其情形有二：一爲實害，一爲危險。過失犯
所生之結果，亦有實害與危險二者，前者爲過失實害犯，如刑法第二
百七十六條之過失致人於死罪是；後者爲過失危險犯，如刑法第一百
七十五條之失火燒毀自己所有物罪是。過失犯既多屬結果犯，則犯罪
之成立自須過失行爲與結果之間存有因果關係。行爲與結果之間是否
存有刑法上因果關係，在過去採條件說，即以論理之連鎖爲判斷有無
因果關係之標準，在一定前行事實與一定後行事實之間，如存在「無
前者即無後者」之關係，亦即有其「必然的條件關係」，則兩者間爲有
因果關係。然此說之推理因失之過廣，遂產生各種限制理論，如因果
關係中斷理論，或原因說、相當因果關係說等，以致因果關係之認定
或失之混雜；或與責任之要素混淆。現時之通說則傾向於「關聯性說」
（Relevanztheorie），此說認因果關係係爲違法的構成事實之一部
分，德國學者葉雪克（Jescheck）所提倡之「客觀歸屬說」（die Lehre
von der objektiven Zurechnung）對此有更進一步之闡述。氏謂：
某一過失行爲固須依條件說以認定結果發生之原因，但僅此尙爲未足，
必須結果發生之情況，已經包涵特定之違反注意義務的構成事實，該
結果方可歸屬於過失行爲，成爲刑事責任之基礎。關聯性說試圖先將
某特定結果歸屬至特定之行爲，進而將此特定結果歸屬至特定行爲之
違法性，如歸屬獲得肯定，即可完成該特定行爲之規範的價值判斷。
基此理論，吾人於考察特定結果與該過失行爲之關係時，應注意二點：
其一爲過失行爲所致結果，苟加以注意，是否即可避免？其二爲某一
關於過失行爲之法律規範是否係以防止結果發生爲目的，亦即某一過
失犯結果之發生，是否契合於其原所設之構成事實之規定❺。

---

❺　參照韓忠謨　前揭文　第一二頁至第一三頁；Jescheck, *Lehrbuch des*
　　Strafrechts, A. T. 19, vierte Aufl., S.527。

綜上所述，過失犯之違法性，係以行爲人是否違反注意義務爲前提；過失犯所發生法益侵害之結果，除應考量行爲之侵害事實外，對於行爲之危險性與對該危險所處之具體狀況有無盡注意義務，亦應一併加以考量。故如行爲之危險性極爲輕微，或行爲人已盡必要之注意義務，而仍難免發生結果者，因其並未違反注意義務，故不因結果之發生而認其違法。

此外，關於過失犯與阻卻違法事由之問題，亦有究明之必要，過失犯罪可否因具正當事由而阻卻違法，通說固採肯定之見解，然對於阻卻違法事由之認定則採嚴格之限制。依葉謝克（Jescheck）之見，過失犯之阻卻違法事由，以下列三種情況居多❻：

一、正當防衛

正當防衛係對於現在不法之侵害，爲防衛自己或他人之權利，所爲之防衛行爲。在理論上，有主正當防衛應具備防衛之意思者，依本說則過失行爲因不具備防衛之意思，故不得主張係爲防衛行爲而阻卻違法；惟如採正當防衛不需具備防衛之意思之見解，則另以行爲人之行爲符合正當防衛之其他要件，當可成立正當防衛而阻卻違法。學者多主正當防衛應具備防衛之意思，故排除過失犯得直接主張正當防衛，但如行爲人原具防衛之意思，並已着手實施防衛之行爲，而其行爲之中，有過失行爲在內，只要其過失行爲僅損及不法侵害者，而不及於第三人時，倘防衛行爲出於必要，則因防衛行爲所引起之過失結果，仍可阻卻違法。例如某武術高手爲捉拿入侵之竊盜，於拉扯之際因用力過猛致折斷該竊嫌手臂，則該等傷害行爲雖不免於過失，但因係出於正當防衛，故應認爲阻卻違法。

二、緊急避難

---

❻　Vgl. Jescheck, a. a. O. SS.476-480.

因避免自己或他人法益遭遇緊急危難，而出於不得已之行為；其所保全之法益與所犧牲之利益結果相較，後者顯較輕微，通常即認構成阻卻違法之原因。如飛機於航行中發生故障，乃緊急降落於荒野之中，致生人員損傷之情形，行為人（飛機駕駛員）預見危險當前，捨此別無他途，乃冒險從之，其行為雖已違反注意義務而與過失之法定構成事實相當，然基於法益權衡之考量，應認係緊急應變而承認其阻卻違法矣❼。

三、得被害人之承諾

刑法除明定阻卻違法事由外，於條文中未設規定而承認其阻卻違法事由者，尚有多種，而其中最為重要者，厥為得被害人承諾之行為。自羅馬法時代，即有「得承諾不為罪」之法諺。在過失犯中，如道路交通事故、運動競賽事故或醫療行為中，尤多經明示或默示之承諾，始進而為行為，而在行為之中所發生之過失之結果，究宜如何處理，遂成為問題之所在。現在德國通說，原則上認為被害人對於過失犯之承諾為有效❽。但對其阻卻違法之範圍，究係僅及於身體之傷害，或甚至可至生命法益之危害等，則尚有爭議。惟如採部分否認說，則被

---

❼ 參照周冶平　刑法總論（民國六十一年十月五版）　第一六一頁至第一六二頁。氏謂：「…此等對社會有益而必要之行為雖從屬有侵害法益之危險，乃至已生侵害法益之實害，亦應認為適法。惟所謂其侵害適法，不必負過失責任，尚非漫無限制。申言之，從事此種行為者應嚴格遵守客觀方面所需要之注意義務，否則不能謂已盡注意之義務，則其行為即成為無價值，法律自不能置而不問」。並參照大塚仁　過失犯の緊急行為　載於福田平、大塚仁編　刑法總論 I（昭和五十八年　有斐閣）　第一八三頁以下；日本昭和四十五年五月一日高刑集第二十三卷第二期第三六七頁判決，亦承認過失行為之緊急避難。

❽ Stree, *Schönke-Schröder Strafgesetzbuch*, S.226a.

害人如有危險之認識，即不至希望此一結果發生，但此種情形，被害人主觀之意思如何，將生認定上之困難，有時反致影響刑罰權之適正行使，而與刑法之謙抑主義有違。德國對此問題，曾於一九六五年第三次德國交通法院會議（Dritter Deutscher Verkehrsgerichtstag）中有關「道路交通之正當化事由」（Rechtfertigungs gründeoim Strassenverkehr）之議題中作成決議，認為道路交通事故中，對於過失傷害部分，可因同意而阻卻違法；在於日本，以往均未對過失犯之同意行為予以討論，直至最近山中敬一教授始予提出❾，在此之前後雖有學者宮內裕教授謂「對過失犯之同意應屬有效」；木村龜二教授謂「在過失犯中有承諾之可能」等之敍述，然而過失犯得承諾之正當化事由係在何種情況？其根據如何？以及應具備何種要件始為有效等，則均未曾論述，在實務上亦未見有此判例。但一般言之，過失犯之承諾行為與故意犯之承諾行為並無不同，是以如其承諾不具備㈠承諾之能力，㈡眞摯之承諾，㈢承諾之權利應為承諾人所得自行處分之權利等，即不得因承諾而阻卻違法，故如兩人相偕駕車兜風，於野外無人之公路上高速飆車取樂，唯因失控翻車，致開車者受傷，而附載者傷重死亡，駕駛人於此應阻卻過失致死行為之違法性❿。

---

❾ 參照山中敬一　過失犯に被害人の同意——序論的考察　平場安治博士還曆祝賀現代の刑事法學（上）（昭和五十二年）第三三二頁以下。

❿ 參照林山田　論過失犯罪　載於政大法學評論第二十四期　第一九頁。氏認在被害人與有過失之場合，「因行為人之過失行為乃造成結果之主要原因，被害人之行為對於結果之發生，雖與有過失（如本例附載者從旁鼓噪超速），但不致因之影響行為人之過失行為與結果間之因果關係，故行為人仍舊成立過失犯罪，被害人之與有過失，僅能作為減輕刑罰之裁量依據」（參閱最高法院三十二年上字第一六六四號判例）。「反之，行為人之過失行為雖與結果有因果關係，但被害人之過失行為如係造成結果之成立原因者，則行為人之過失

第三節　過失犯與有責性——過失犯之責任

具構成要件該當性之過失行為，尚須具有違法性，始有成立犯罪之可能，然該行為如不違反義務規範，即無責任，仍不得認為成立犯罪而應受處罰；是以過失行為除具構成要件該當性、違法性外，尚應具備「有責性」（Schuldhaftigkeit），始得成立犯罪。

過失犯責任之形成，包括下列四點：一、責任能力（Schuldfähigkeit）；二、違法性之認識（Bewusstsein der Rechtswidrigkeit）；三、客觀注意義務瞭解與履行之可能（Erkennbarkeit und Erfullbarkeit der objektiven Sorgfaltspflicht）；四、因果關係之主觀的可預見性（die subjektive Voraussehbarkeit des Erfolgs und des Kausalverlauf），茲分別說明如下：

一、責任能力

責任能力乃為負擔刑事責任之能力或地位。過失行為之行為人必須在行為時具有責任能力，始成立過失犯罪。無責任能力人因無法接受刑法之非難，故其過失行為不具有刑責❶。但如行為人並非無責任能力人而僅屬相對之責任能力，則其責任受影響，此一情形之過失犯罪者，與故意犯罪相同，均得依刑法之規定減輕其刑。

二、違法性之認識

過失行為人對違法性之認識，以其係有認識之過失或無認識之過

行為與結果間之因果關係乃因之中斷，行為人即不負過失犯罪之刑責」（參閱最高法院二十三年上字第五二二三號判例）。並參照荒川雅行　過失犯における被害者の同意に關する一考察　載於法の政治第三十三卷第二期（一九八二年十月）　第一一〇頁以下。

❶ 參照韓忠謨　過失犯之構成問題　第一五頁至第一八頁。

失而有所不同。有認識之過失,係過失行為人對於犯罪構成事實原有預見,其違法性之認識與故意犯相同;即行為人對於法規範所要求之注意義務,在具體情形下應有所認識。換言之,有認識之過失,行為人須瞭解其行為所引起之結果乃法規範所不允許者。而無認識之過失,則以行為人對於犯罪構成事實與違法性完全欠缺認識;然因行為人對於該違法性應能認識而不認識,故存有原可避免之錯誤,而因疏於避免或注意致發生結果,當須予以非難。

三、客觀注意義務瞭解與履行之可能

行為人對於法規範客觀上所要求之客觀注意義務,須有瞭解或履行之可能,進而避免構成要件該當結果之發生,始有負擔過失責任可言。反之,法律對於超出個人能力所及之注意義務,即不強加要求,是為「法律不責不能」之原則。

對於客觀注意義務之瞭解與履行標準,係依行為人個人之能力而決定。故舉凡個人之年齡、智能、知識經驗、生理情形、精神狀況及個人所處之生活環境、身分地位等,均為斟酌之內容,然於衡量個人能力時,亦應考慮一般具有相同能力者倘與行為人易地而處,是否亦能注意該法規範之要求,是以雖採主觀之標準,但仍不離通常人之尺度。

四、因果關係之主觀的可預見性

在過失犯中,責任之成立應以結果之發生係可歸責於行為人者為必要。故行為人對於結果與發生結果之歷程,必須為行為人依其個人之能力、知識與經驗得以預見者,始具過失罪責。判斷行為人是否有此預見之可能性,亦應依前述,係採主觀之標準。然應注意者為:一般人所不知而為行為人所應特別知悉之事實,往往為判斷行為人主觀可預見性之要素,此於認定行為人之過失責任時,亦應一併加以考慮。

過失犯之責任之由來,係因行為人未盡注意之能事,故歸責於行

為人，因此過失犯之責任，純屬可責性（Verwertbarkeit）之問題。
過失責任之本質，乃行為人怠於注意之精神態度，苟盡相當之注意，
即得認識構成要件該當之事實，然因欠缺意思之緊張而不認識，致不
能為迴避構成要件結果之決意，故對於違背注意義務規範之心理狀態，
應加以非難，此即過失責任之本質❷。

---

❷　參照周冶平　刑法總論　第二五四頁；大谷實　刑法講義總論　第三〇五
　　頁；團藤重光　刑法綱要總論　第三一四頁；大塚仁　刑法概說　第二〇〇
　　頁；藤木英雄　刑法講義總論　第二五一頁。

第五章　過失犯之成立要件

　　過失，謂行為人對於發生之犯罪事實應認識且能認識，但因不注意以致欠缺認識之心理狀態，並致發生結果。申言之，即行為人對於一定之犯罪事實應有認識，竟怠於認識，此屬違反注意義務，即為過失之規範要素；又行為人如能盡其注意之能事，原可認識一定犯罪事實之存在，竟因欠缺意識之緊張，致未能認識，此種怠於認識之態度為過失之心理要素，合於上述過失之規範要素與心理要素兩者，即構成過失之責任要素。對於該違背注意義務規範之狀態，得加非難之評價，即應成立過失犯❶。

　　刑法第十四條規定：「行為人雖非故意，但按其情節應注意，並能注意，而不注意者，為過失。」「行為人對於構成犯罪之事實，雖預見其能發生而確信其不發生者，以過失論。」是以過失犯之成立，應具備：㈠有注意義務；㈡有注意能力；㈢怠於注意，即因疏虞或懈怠而未為注意❷，茲分述之。

---

❶ 參照韓忠謨　刑法原理　第二一一頁；楊大器　刑法總則釋論　第一一八頁；林山田　刑法通論　第二四八頁；大谷實　刑法講義總論　第一九一頁；團藤重光　刑法綱要總論　第三一五頁。

❷ 德國學者佛蘭克（Frank）則主張過失之成立應具備：㈠可罰的行為經由外部的構成要件之實現；㈡故意之不存在；㈢無視於用心（Vorsieht）；㈣對此用心必須予以重視（即在社會生活上必要之注意）；㈤對於行為人得有必要用心之期待（erwartet-werdenkönnen）及㈥實現構成要件之個人的預見可能性等六要件；見松宮孝明　刑事過失論　研究（一九八八年十二月）

第一節　注意義務❶

　　行爲人於行爲時，因違反一定之注意義務(Sorgfaltspflicht)，未克辨識行爲與結果之因果關係，致發生犯罪之事實，此即爲過失行爲，而該「注意義務」則爲過失之規範要素。

　　「注意義務」之內容如何？行爲人須於何種情況下始構成注意義務之違反？乃爲判斷有無過失之先決問題，學者對此有下列不同之見解：

　　一、德國學者恩吉斯（Engisch）氏認注意義務有三種型態❷：

　　㈠「抑止危險的行爲」（Unterlassung der gefährlichen Handlungen）之注意義務——即必須用心遠離有招致法益侵害之虞的行

第一六六頁；Frank, Das Strafgesetzbuch für das Deutsches Recht,18, Aufl., 1931, S.195f.吾國學者蔡墩銘教授認爲過失之要件可分爲四：㈠須有構成要件所規定法益侵害之發生；㈡須違反主觀注意義務；㈢須無違法性之認識；㈣須有期待可能性。(參照氏著　刑法總論　第一七五頁至第一七六頁)；日本學者大谷實則認過失犯之成立要件有三：其一爲欠缺犯罪事實之認識與動機；其二爲不注意，不注意復分爲結果迴避義務之違反及結果預見義務之違反；其三爲無信賴原則適用之情形。參照大谷實　刑法講義總論　第一九三頁至第一九九頁。

❶ 參照　Engisch, *Untersuchungen über Vorsatz und Fahrlässigkeit in Strafrecht,* 1930, S.283ff , S.290ff, S.306ff；平場安治著、洪復靑譯　過失犯之注意義務　載於刑事法雜誌第二十一卷第三期　第六四頁至第七○頁。平田勝雄　過失犯における注意義務の構成　載於西南學院大學法學論集第十七卷第二、三之合併期（一九八五年）　第一九五頁以下。

❷ 參照 Engisch, a.a.O., S.283, 290, 306；藤木英雄　過失犯の理論（昭和五十年）　第三九頁。

爲之注意義務。

㈡「在危險狀態中採取外在行爲」（äussere Handlungen in der Gefahrsituation）之注意義務——即當遂行有招致法益侵害之虞的行爲時，應採取迴避發生該侵害結果所必要之作爲或不作爲。

㈢「履行守法義務」之注意義務（Erfüllung der Rechtsbeachtungspflicht）——即遂行行爲之際，應對該行爲之危險性予以深思熟慮，並加以正確之判斷。

二、日本學者木村龜二則認爲：注意義務係應認識（預見）且能認識（預見）犯罪事實之義務，故注意義務之本質爲預見義務，又可分爲下列二種：

㈠預見必要的內面（如注意力之集中）的義務及外面行爲之義務，就各個具體情形，因履行預見義務而爲必要行爲之義務，亦包含於注意義務之內。例如駕車時，應先檢查車體有無故障；車輛行進中亦應注意或確認車輛前方有無行人。又如醫師施行手術前亦應充分注意醫療器材是否完全消毒；手術施行之技術是否適當等。

㈡如已預見違法結果有發生之可能，則有採取迴避該結果發生之必要行爲的義務。例如火車行駛中如司機發現前方有行人或車輛穿越時，應鳴放警笛或減低速度，或採必要之停車是。總之，木村氏認爲注意義務係「必須預見構成要件之結果，並採取適當的措施以迴避此結果發生」之義務❸。

三、日本學者井上正治將注意義務區分爲「預見結果義務」與「迴避結果義務」兩種：氏認：㈠預見結果義務，係行爲人主觀之問題，故屬於責任要素。過失犯之構造，其責任問題在於侵害預見結果義務，行爲人由於不注意而未預見一般所能預見之結果時，即可認定「行爲

❸ 參照木村龜二 過失犯の構造 載於現代法學課題下卷 第五九二頁。

者之人格有危險性」而應予以歸責，是以「預見結果義務」為過失犯之責任要素。至於㈡迴避結果義務，則係行為問題，亦即行為人所表現之客觀行為之問題，故屬於違法要素。過失犯之違法性，不能僅自「結果之不法」（結果之無價值）之觀點求之，更應自其手段之態樣及目的來評價其行為之違法性，亦即應自行為之手段、方法及目的等方面，探究其違背迴避結果義務之原因，用以認定其行為之違法性，故「迴避結果義務」為過失犯之違法性要素❹。

四、我國學者陳樸生教授認為，注意義務，係指在社會生活上所要求於平均人（如平均駕駛人、平均醫師）之客觀的注意義務及具體的行為人以其能力為標準所要求之主觀的注意義務。注意義務係法的義務，以預見義務為其骨幹，亦包括注意力集中義務在內❺。

五、周冶平教授以為，決定注意義務之有無，應於各個具體之情況下為之，不祇須考慮避免結果發生之最善方法，更應顧及行為之社會性格（例如醫師施用手術時，對於患者之體力能否承受全身麻醉，應有注意義務）。注意義務之內容及程度，在行為者所處之具體地位與狀態之下，依客觀之標準決之，即依一般人處於行為人所處之具體地位與狀態下，所可能為之注意及其程度決定之❻。

綜合上述學者之見解，足見注意義務之本身係客觀的義務，不僅應包括法律上、契約上、習慣上或條理上所發生之義務，亦應包括吾人在日常生活上應尊重他人法益，並注意不侵犯他人法益之一切義務。因注意義務有其客觀性，又因其係抽象的概念，故為判斷注意之有無，及其注意程度之深淺等，即應就具體情形，依據法律、契約、習慣、

---

❹ 參照井上正治　過失犯の構造（昭和五十六年）　第五一頁、第六六頁以下。

❺ 參照陳樸生　過失論　載於氏著　刑法專題研究（政大法學叢書19）（民國七十二年）　第三一七頁。

❻ 參照周冶平　刑法總論　（民國六十一年五版）　第二五六頁。

條理及其他行爲當時之具體情況決定之。是以注意義務之根據有如下

四種❼❽：

　　㈠法令上之注意義務

　　注意義務以法令明文規定者，如道路交通管理處罰條例第三十

五條規定：「汽車駕駛人，駕駛汽車有左列情形之一者，處九百元以上

一千八百元以下罰鍰，並禁止其駕駛。因而肇事致人重傷或死亡者，

並吊銷其駕駛執照：一 酒醉。二 患病。」「汽車所有人，明知汽車駕駛

人有前項各款情形之一，而不予禁止駕駛者，吊扣其汽車牌照三個月。」

又第三十三條規定：「汽車行駛於高速公路或設站管制之道路，而不遵

管制之規定者，處汽車駕駛人一千元以上二千元以下罰鍰。因而致人

受傷者，吊扣其駕駛執照三個月；致人死亡者，吊銷其駕駛執照；必

要時，並得暫時扣留其車輛。」等，該條例之規定係就適用各個取締目

的之行爲義務設其規定，此等注意義務以現實文化社會複雜之行爲環

境爲其背景，具有一般性以及客觀性，通常可作爲刑法上認定注意義

務之基礎。此等法令雖僅明示在通常情形下之注意義務，但不能因其

中未及規定者，即認無注意義務之存在，亦不能僅以已遵守所規定之

注意義務，即斷定其注意義務之履行已無任何欠缺而可免除一切責任。

因此，如在可以採取安全措施之情形下，倘有形式上違反法規而不採

取適當迴避結果之措施者，雖難謂無違反注意義務；但亦非必因此即

當然違反刑法上之注意義務。換言之，如遇有緊急情形，爲安全起見，

縱不得已而違反取締法規，此種形式上之違反，實質上毋寧謂其並無

違反刑法上之注意義務❾。

---

❼　參照洪福增　過失論　載於刑事法雜誌第十六卷第三期　第八頁以下；大塚

　　仁編　判例コンメンタール刑法Ⅰ（昭和五十一年）　第三六〇頁。

❽　參照陳樸生　前揭書　第三一八頁以下。

❾　早期之見解均僅自形式上違反規則認定爲有過失，其後，逐漸發展成爲實質

上有緊急情況或權衡利害之後，仍得認定其非屬過失。參照最高法院二十四年上字第一六九九號判例，該判例謂：「上訴人充當汽車司機，駕駛公共汽車在某街附近將某甲壓傷身死，雖係以某甲突由馬路橫過爲注意力所不及，並警察已作放行手勢，即可照常行駛相辯解，然上訴人行駛道衢，對於路上行人之有無，自應爲相當之注意，況據上訴人自稱看見被害人在前，則避免發生危險，並非不能注意之事，至警察放行手勢，爲其指揮交通之一種手段，而途中有無發生危險之可能，仍應由行車之駕駛者爲充分之注意，自難以一經警察作放行手勢，即可不負注意責任。」日本最高法院昭和四十三年十二月十七日判決謂：「在未施行交通整理左右視野皆極狹窄之十字路交叉路口，一方之道路設有『暫時停車』之標識，自與此交叉之道路中進入之輕型小汽車駕駛人，如以時速十公里之速度緩行前進，祇須於確認左右無障礙後，再進入交叉點即爲已足，並無預想有其他輕型小汽車，不顧『暫時停車』之標識，而以時速三十公里之速度，自右側道路中進入，有予防止事故發生之義務。」

（最高法院刑事判例判例集第二十二卷第一五二五頁）

吾國最高法院二十九年上字第三三六四號判例所指，係對於違反道路交通安全之法規即認其爲有注意之義務，該判例謂「當路狹人衆之處，汽車司機自有警戒前方預防危險發生之注意義務。上訴人駕駛汽車，至某縣城內大街路狹人衆之處，乃於某孩在車之前方，意欲橫穿馬路之際，並未察覺，沿街人嘵吼某孩已至車邊，始加注意，以致刹車不及，將其撞傷身死，原審認爲違背上開注意義務，自非無據。」七十九年臺上字第二八七四號判決更謂：「行車速度，依標誌之規定；汽車行駛時，汽車駕駛人應注意車前狀況，並隨時採取必要之安全措施，道路交通安全規則第九十三條第一項，第九十四條第三項分別定有明文；上訴人未盡其應注意並能注意而不注意之義務，高速急馳而致肇事，原判決認定其應負過失責任，並無採證不當之情形。」

然亦有判例指陳不能因已遵守命令或規則，或因命令或規則未設規定，即當然不負過失之責任。前者如日本大審院昭和五年七月十五日判決謂：「電車司機當駕駛電車之際，固應遵守關於駕駛應行注意事項之一切規定；然在苟有必須預防發生危險之必要，置之方法，以防止危險發生之義務。如未盡此義務者，則不能因曾遵守命令或規則之故，而免除其責任，此依電車司機業務

㈡習慣或條理上之注意義務

　　習慣及條理之內容複雜且具多樣性，以習慣或法理作爲決定注意義務之基準時，應由裁判官就具體案件，考量社會之必要性與相當性，而爲合理適當之判斷，茲再分列兩點述明之：

　　1.習慣及條理所要求之注意義務，不外一般社會生活通念上所要求之「相當的注意」，亦即德國所廣泛採用之「社會生活上必要之注意」（im Verkehr erförderliche Sorgfalt）。換言之，即應與行爲者立於同一立場或同一職業、身分者所具有之思慮及辨別力所要求之注意程度。例如汽車駕駛之注意義務，即爲司機同業者一般所應遵守之注意是❿。

之性質，應屬當然之理。」（載法律新聞報三一五八號）；後者如日本大審院昭和十四年十一月二十七日判決，該判決謂：「取締規則，乃係以『整理交通並防止發生事故爲目的而基於行政上需要所制定之規章』，故僅止於規定違反上述目的之最普通之事項，此不待言，故汽車駕駛人除遵守此等規章所定之義務外，尚應負擔適應各種駕駛時之注意義務，不能僅以在取締規則中並無規定之故，而謂爲不具有此注意義務。」（大審院刑事判例集第十八卷第五四四頁）

❿ 參照日本法院下列判決：

㈠日本大審院大正三年四月二十四日判決：「執行業務之人，除履行上述取締規則規定外，更須嚴格遵守習慣上及條理上認爲必要之注意義務，不能因已履行取締規則所定之注意義務，而謂爲可以免除業務上之一切注意義務」（大審院刑事判決錄第二〇輯第六二九頁）。

㈡日本大審院大正十三年九月一日判決：「電車司機，當發現在電車行進前方軌道附近有五歲左右兒童獨自站立或徘徊時，爲防止發生危險，即具有不斷注意該兒童之行動，以隨時可以停車之狀況，而操作該電車之義務」（大審院刑事判例集第三卷第六二四頁）。

㈢日本大審院昭和五年二月十日判決：「被告爲火車司機，雖已發現被害人在

　　2.依習慣或條理決定某人之注意義務時，應愼重考慮其行爲是否超越被容許之界限，如未超越被容許之界限，縱令發生法益侵害之結果，因行爲欠缺違法性而不構成過失犯罪，此即所謂「可容許之危險」（erlaubtes Risiko）之範疇。

　　詳言之，因現代科技發明突飛猛進，人類於享用其成果之時，亦難免須相對承受其對個人、團體所帶來法益侵害之危險。然而此等技術與發明之利用又爲文明社會生活所不可或缺，故縱其伴隨侵害法益之危險，但此種預想之危險對社會而言，應認爲係可被容認之適法行爲，因此：(1)爲促進社會之進步，於從事危險工作時，其價值越高者，所要求之注意義務越低；(2)其危險已爲社會所慣行者，不強調其注意義務；(3)實施危險行爲，係爲保持重要利益者，亦應緩和注意之要求⑪。

　　邇來由於高速交通工具之發明與使用日趨複雜頻繁，爲兼顧一般人在交通上之安全與交通事業在社會上之效用，乃要求交通事業業者或交通工具之使用者與一般行人，均負有防止危險發生之注意義務，各人並應適當分擔所承受之危險及注意義務，此即所謂「交通上危險之適切分配原則」（Grundsatz der angemessen Verteilung der

---

　　危險地帶步行，但並未採取鳴放警笛或緊急煞車之措置，仍以時速四十五公里之速度，繼續行駛前進，終至輾死被害人，應謂爲有業務上過失致死之責任」（法律評論第十九卷刑法第一一八頁）。

　㈣日本最高法院昭和二十三年八月十一日判決：「販賣藥品及性質不明之酒類供人飲用，必須依據確實之方法檢驗其成分，於確定對於人體健康無所妨礙後，始能販賣，以免飲用者之生命健康有不測之危害，此係通常人所應遵行之注意義務，是以僅以被告自己嗜食之程度，尙不能謂爲已盡其注意之義務」（最高法院刑事判例集第二卷第九期第一一五六頁）。

⑪ 參照陳樸生　前揭書　第三一九頁。

Verkehrsgefahren）；再由此原則衍生出：凡參與交通之人，可以信賴其他參與者亦能遵守交通規則，並互相採取謹慎注意之行動的「生活上當然信賴之原則」（lebensgerechter Vertrauensgrundsatz）簡稱「信賴原則」⓬，此原則係德國自一九三五年以來在交通事故判例中所發展之理論。其主要目的，在於增進交通工具之功能，而在日益增加之交通肇事案件中，對於判定有無過失亦有助益，且該信賴原則，目前已不限於交通事故，並擴充及於所有共同作業關係（如手術進行時醫生、麻醉師與護士間之協同互助行為）中。因該原則係用以作為判斷行為人之行為有無過失之標準。採取「信賴原則」即形同注意義務之免除，故在運用時應採慎重之態度，並應以「社會相當性」為其輔助。此外，該原則之採行，與各國之交通狀況與國民之守法精神、道德水準亦有絕對之關聯，因此在適用程度與涵蓋層面，亦應順應國情予以合理、慎重之考慮⓭。

⓬　例如日本大審院昭和十五年七月二十三日判決：「專用軌道之電車，係在一定軌道上行駛，公認係為高速度之交通工具，其進退操縱，因不如普通車輛之自由，故在電車線路與人行道相交叉之岔路口，行人與電車如有相撞之虞時，行人必須停在線路之外側，待電車通過後，始能進入線路之內。至電車之司機，則無將進行中之電車停止待行人穿越線路後再行繼續駕駛前進之義務。換言之，在電車進行中，預防行人穿越線路所發生危險之責任，主要在於行人，除電車司機依據行人之姿勢態度以及其他狀況，足以認定該行人對於電車之進行毫不介意而欲穿越路線之特別情由外，行人必須自己為必要之注意，以迴避危險，待電車通行之後，再穿越線路。因此，電車司機縱在將欲通過岔路地點時，亦無須特別減低速度或停止其進行，以免發生意外衝突之注意義務……」；並參照大谷實　過失の諸相　載於氏著　刑法解釋論集 I（一九八四年　成文堂）　第一二二頁。

⓭　參照洪福增　前揭文　第一三頁。
　　並參照下列各判決：

㈢基於先行行爲之注意義務

因自己之行爲致有發生侵害他人法益之虞者,即負有注意義務,此注意義務係行爲人以不發生行爲結果爲目的所必須採取之心理態度之義務, 爲過失犯之特有要素。例如最高法院六十四年臺上字第一三〇六號判例:「某甲於行兇後正欲跳海自殺,上訴人爲防止其發生意外,命人將其綑縛於船員寢室之木櫃上, 使之不能動彈達四月之久, 致其

㈠日本最高法院昭和四十一年十二月十日判決:「被告駕駛之汽車, 行至未施行交通整理之十字路, 在車道中央附近, 向右轉彎之中途, 引擎暫時停止,於再度發動引擎而以時速約五公里之速度(步行者之速度), 向前進行,此際作爲汽車駕駛人而言, 如無特別情由, 則應解爲僅以信賴『自右方駛來之其他車輛, 必能遵守交通規則, 並採取適切的行動, 以迴避與自己的車輛相撞』之情形, 而爲駕駛即已足, 並無必須預想可能有敢然違反交通規則, 突然闖至自己汽車前面之車輛, 而須顧及右側之安全, 以防止發生車禍於未然之業務上的注意義務」(最高法院刑事判例集第二〇卷第一〇號第一二一二頁)。

㈡日本最高法院昭和四十三年十二月十七日判決:「在未施行交通整理左右視界皆極狹小之十字路口交叉地點, 一方之道路設有『暫時停車』之標識,而以時速三十公里之速度, 自右側道路中進入, 有予防止發生事故之義務」(最高法院刑事判例集第二十二卷第十三號第一五二五頁)。

㈢日本最高法院昭和四十六年六月二十五日判決:「在交叉路口欲向左方轉彎之車輛駕駛人, 依據當時之道路及交通狀態以及其他具體的狀況, 於採取適切的左轉準備態勢之後, 如無特別情由, 則應解爲僅以『信賴後進車輛之駕駛人, 遵守交通法規, 並採取適切的行動, 以迴避追撞等事故, 而爲其駕駛』即爲已足, 並無『須更進一步預想可能有違反交通法規而由自己之汽車左方強行超越的車輛, 並確認其安全』之注意義務。後進之車輛,縱係脚踏車, 亦無將之視爲例外之理由」(最高法院刑事判例集第二十五卷第四號)。

自己刺傷之左手掌流血不止，既經鑑定因此造成四肢血液循環障礙，左前膊且已呈現缺血性壞死之變化，終於引起休克而死亡，具見上訴人未盡注意之能事，其過失行為與某甲之死亡，有相當之因果關係，自應負過失致人於死之刑責。」

　　(四)除前述三種注意義務外，吾人在日常生活上基於尊重他人法益所應為之一切注意義務。此一義務，包括倫理的、道義的以及在日常生活中為阻止發生危險，或發生侵害行為所應盡之注意義務，亦即所謂「社會生活上所必要的注意義務」。對於避免發生所預見之危險缺乏自信之人，必須中止遂行其行為，此亦正係社會生活上所必須之注意義務，此種義務具有高度之規範性質，故應依事件之具體情況及行為人之注意能力，為不同之判斷與適用。例如不能勝任安全駕駛之人（如酒醉、疲勞或技術不熟練之人），即應打消駕車之念，若仍執意駕車肇事，即係違反「社會生活上所必要之注意義務」而為之違法行為❹。

❹ 日本最高法院昭和四十一年六月十四日判決：「在車站擔任招呼旅客之鐵路職員，當其照料酒醉之旅客下車時，除有依據該旅客酒醉之程度，步行之姿勢、態度，及其他外觀上各種情況，可以容易的觀察其有惹起與電車相撞或跌落軌道等特別狀況外，苟無此等特別情況，則應解為僅以在大體上信賴該旅客為維持自己之安全，而能採取必要的行動，以執行其職務為已足。」此係該最高法院首先明白適用「信賴原則」之判決。另請參照日本最高法院昭和四十一年十二月十日判決，該判決亦係適用「信賴原則」。並參照吾國最高法院下列各判決：

㈠最高法院二十五年上字第一二三八號判例：「上訴人於門外安設皮線銅絲直達大門外之門框旁，通以電流，為防盜之具，適有某甲寄宿其家，於夜間啟門小解，誤觸電線，登時身死。此種設備，既足以危及生命，乃對於寄宿之外客，並不明白指示，致肇禍端，其應負過失致人於死之罪責，殊無可辭。」

　　　總括言之，注意義務之內容及程度，應就行爲者所處之具體地位與狀態，依客觀之標準決定之；亦即依一般人處於行爲者相同之地位或狀態下，所可能爲之注意及其程度決定之❻。

㈡最高法院二十九年上字第三九七號判例：「上訴人係充偵緝隊隊員，因天氣炎熱，在茶館卸裝休憩，將攜帶之手槍置諸桌上，因觸動保險機走火，彈出，致傷行人斃命，該上訴人所攜手槍，旣經裝有子彈，自應隨時注意，予以適當之處置，且在從容卸裝休憩之時，並無不能注意之情形，無論該手槍係因他物觸動而暴發，抑由熱力摩擦所致，均不能免過失之責。」同旨趣之判例，有二十九年上字第八九二號第二九七五號及三十年上字第一一四八號等判例。

㈢最高法院六十五年臺上字三六九六號判例：「夜間在照明不淸之道路，將車輛停放於路邊，應顯示停車燈光，或其他標誌，爲道路交通安全規則第一百十二條第一項第十二款所明定，上訴人執業司機，對此不能諉稱不知，且按諸當時情形，又非不能注意，乃竟怠於注意，遽將大貨車停於右側慢車道上，旣不顯示停車燈光，亦未作其他之標誌，即在車內睡覺，以致被害人駕駛機車，途經該處，不能及時發現大貨車之存在，而自後撞上，不治死亡，則其過失行爲與被害人之死亡，顯有相當之因果關係。」

並參照周冶平　前揭書　第二五六頁。

❻ 參照下列判決：

㈠日本大審院昭和十三年六月一日判決：「從事駕駛高速度電車者，依其業務之性質，關於電車速度之調節、進路之安全，具有必須爲深切之注意，以防止可能發生人命等事故於未然之注意義務；此義務並不能如上告論旨所主張，因『有專用軌道』、『電車係高速度交通工具』、或『關於到達時間有一定的規定』等，而予免除。」（法律新聞第四二九六號第一三頁）

㈡日本大審院昭和十三年十二月九日判決：「汽車司機在交通頻繁之鬧市行駛之際，如欲橫越街路前方，於目擊其他汽車及有步行之行人時，因難以預測該行人是否由於張惶而擧止失措致不能採取適當的態度，以避免發生意

第二節　注意能力

　　刑法第十四條第一項規定「行爲人雖非故意，但按其情節，應注意並能注意而不注意者爲過失」，依此規定，行爲人構成過失之犯罪，除應具備「應注意」之有注意之義務以外，尙應具備「能注意」之有注意之能力，有關過失犯注意義務內容及注意義務之依據，已見上述，惟如何確定注意義務之標準？亦即注意之能力應以何者爲準？對此問題向有客觀說、主觀說與折衷說三者之不同，此三不同之學說，實肇因於學派之不同，一般言之，現代學派或社會責任論者主張客觀說，而古典學派或道義責任論者則支持主觀說或折衷說❶。以下僅分別析

　　外，故在其業務上，即有下列之注意義務，即必須講求注意該行人之姿勢及態度等，並目算彼此相互接近之距離，以可以避免衝突的程度之速度前進，俾便可以隨時停車，或採取暫時停車，待該行人通過之後，再行前進等適當方法，以防止發生危險於未然之注意義務。」（大審院刑事判例第七卷第九一二頁）

❶ 參照松宮孝明　刑事過失論の研究（一九八九年）　第一二一頁以下；大塚仁　刑法における新舊兩派の理論（昭和三十二年）　第一二七頁以下。此等學派之爭，在近來已有緩和之趨勢，例如植松正教授一方面立足於古典學派之心理學之成果，藉以說明客觀說之正當性（請見植松正　注意能力行爲者標準說に對する疑問　載於日沖憲郎還曆祝賀　過失犯Ⅰ　昭和四十一年第八九頁以下）；又如西原春夫則主調和說（見西原春夫　過失犯と原因において自由な行爲　載於前揭書　過失犯Ⅰ　第二一三頁）。及如平野龍一與中野次雄等對所謂客觀說及主觀說之考量均認其僅屬形式的分析之見解者（見平野龍一　刑法總論Ⅰ（昭和四十七年）　第二○六頁；中野次雄　刑法總論概要　昭和五十四年　第五○頁）；甘添貴　刑法講義總論（民國七十七年）　第九七頁。

述之。

一、客觀說

本說係於二十世紀初期，由德國學者利普曼（Lepmann）、費尼克（Ferneck）、巴爾（Bar）、曼海因（Mannhein）等所主張❷，其出發點係基於近代學派之敎育刑理論。日本則由牧野英一敎授首先基於社會保全之必要以及敎育刑之觀點，提出此一主張，此後江家義男、市川秀雄、木村龜二等諸敎授社會責任論者相繼支持之❸。

客觀說係就社會責任論之立場主張應以一般人之注意能力爲注意義務之標準，亦即認爲注意之程度，應以抽象的一般人對該事實之注意能力爲準，故其注意之能力，係與民法所規定之善良管理人之注意能力無異，因此，凡是行爲人未盡善良管理人之注意時，即爲違反其注意義務，符合法律上不注意之要件，而構成過失之責任❹。

二、主觀說

主觀說係立於行爲人個人之注意能力並以之爲注意之標準，即認注意之程度，應以具體的行爲人本身所具備之注意能力如何，據以判斷其注意之能力，如行爲人未盡與處理自己事務爲同一之注意者，即

---

❷ Liepmann, *Einleitung in das Strafrecht,* 1900, S.144ff; Ferneck, *Die Idee der Schuld,* 1911, S.5155; Bar, *Gesetz und Schuld im Strafrecht,* Bd,2, 1907, S.448; Mannhein, *Der Massstab der Fahrlässigkeit im Strafrecht, Strafrechtliche Abhandlungen,* Heft 157, 1912, S.41f.

❸ 參照牧野英一　重訂日本刑法上卷（昭和十二年）　第二〇四頁以下；江家義男　刑法總論（昭和二十七年）　第一三五頁；市川秀雄　刑法總論（昭和三十年）　第二一七頁；木村龜二　刑法總論（昭和三十四年）　第二五〇頁。

❹ 參照大塚裕史　過失犯における注意義務と注意能力の關係　早稻田法學會誌第三十二卷（一九八二年）　第六九頁。

屬不注意，而構成過失之責任。

　　主張主觀說者，曾提出以下三點理由支持其見解，其一認爲以構成要件爲基礎之態度規範，並非基於行爲人之動機而命令其爲一定之行爲，而應係基於行爲人個人之能力爲準；其二爲在於不作爲係以行爲人之作爲能力爲作爲義務之基準，過失犯自亦應以行爲人之注意能力爲注意義務之基準；其三爲注意能力高者與注意能力低者以同樣基準予以認定顯不合理。

　　主張純粹主觀說者，實不多見，德國學者有將主觀義務之違反作爲構成要件而合併予以考量者❺。

　　三、折衷說

　　折衷說認爲注意義務係爲一般人之注意能力，而注意義務之違反則應以行爲人之注意能力爲標準，依據本說，則注意義務係屬社會生活上所要求之一般的標準，而非過度義務之要求，其對注意義務之確定係採客觀說之立場，但對違反注意義務之認定則基於道義責任論之立場而採主觀說之見解。本說深獲主張道義責任論之學者如小野淸一郎、瀧川幸辰、泉二新熊等教授之支持，新過失犯理論體系，並多以過失一方面係屬構成要件要素或違法要素；他方面又以之爲責任要素，故與折衷說之主張相契合，故本說遂深獲多數德日學者之支持❻。

---

❺　日本學者主張主觀說者，有趙欣伯；見氏著　刑法過失論（大正十五年）第三〇九頁以下，德國採修正之主觀說者，有史特典威斯（Straten-Werth, *Strafrecht,* A. T., 3 Aufl., 1981, Rdnr. 1096ff.）、佳克伯斯（Jakobs, *Studien zum fahrlässigen Erfolgsdelikt,* 1972, S.48, 64ff.）。

❻　主張道義責任理論之日本學者贊成本說者，如小野淸一郎（見氏著　刑法概論增訂新版　昭和三十五年　第一二八頁）；瀧川幸辰（見氏著　改訂刑法總論序說　昭和二十二年　第一三九頁至第一四〇頁）；泉二新熊（見氏著　增訂刑法大要　昭和十八年　第一七八頁）；至主張新過失犯理論之日本學者，

　　折衷說又有兩種不同主張：甲說認過失之內容可分爲「行爲之不
預見」與「結果之不預見」兩部分，前者以客觀說爲衡量不預見程度
之標準，後者則以主觀說爲準；乙說則以客觀說爲一般人注意能力之
標準，如行爲人之注意能力高於一般人時，仍以客觀說爲準，倘行爲
人之注意能力低於一般人時，則採主觀說。

　　以上三種學說，客觀說強調任何人必須具備一般人以上之注意標
準，課行爲人較高之注意義務，使注意能力不及一般人之標準者，亦
認其違背注意義務而成立過失犯，與刑法不強人所難能之原則不符，
故遭受甚多之批評；而主觀說純就行爲人主觀之注意能力爲認定是否
已盡注意義務之標準，常因其注意能力之不確定而影響注意義務之高
低，尤其其對注意能力較高者課以超出一般人標準之注意義務，亦非
事理之平，更以新過失犯理論建立以來，學者多認注意義務仍有屬於
構成要件要素或違法要素者，而對行爲人過失責任之科處，始爲責任
之要素，是以德日學者多以折衷說爲通說，已如前述，而上述折衷說
中之乙說以客觀標準爲一般人之最高注意能力之限度，而於此限度內，
尚顧及行爲人之注意能力，復以主觀標準爲注意之最低限度，正足以

　　亦支持本說，例如大塚仁（見氏著　刑法概說總論　昭和三十八年　第一六
　　四頁以下）；福田平（見氏著　新版刑法總論　昭和五十一年　第九五頁以
　　下）；團藤重光（見氏著　刑法綱要總論改訂版　昭和五十四年　第三〇九頁
　　以下）；莊子邦雄（見氏著　刑法總論新版　昭和五十六年　第一六五頁以
　　下，第三六七頁以下）；內田文昭　刑法 I 總論　昭和五十二年　第一一九頁
　　以下，第一七二頁以下）；板倉宏（見氏著　過失犯の研究(3)　載於警察學論
　　集第二十卷第五期　第四六頁以下）。在德國則有包克曼（Bockelmann,
　　Strafrecht, A. T., 3. Aufl., 1979, S.157ff.）、葉雪克（Jescheck, *Lehrbuch
　　des Strafrechts,* A. T., 3. Aufl., 1978, S.481）貝勒（Blei, *Strafrecht.* I,
　　A. T., Aufl., 1977, S.264ff.）等。

調整社會利益與個人利益，立論最爲中肯，我國學者及實例多採此一
見解❼。依此則我國刑法第十四條第一項所規定「按具其情節應注意
並能注意而不注意」者，所謂「情節」，在客觀方面，不外爲對具體事

---

❼ 參照下列各判決：

㈠最高法院二十六年上字第一七五四號判例：「刑法上之過失，以行爲人對於
　結果之發生應注意並能注意而不注意爲成立要件。上訴人所建築之戲園，
　旣於一年前轉租與某甲等售票演戲，則其對於該戲園東面某公所之舊圍牆
　之向西傾倒，壓及戲園內座客之危險，是否有預見之可能，爲其是否能注
　意而不注意之先決問題。原審僅就上訴人應注意而不注意之點，加以論斷；
　而於上訴人能否注意之事實關係，並未依法審認，遽以公所牆坍壓斃座客
　多人，令負過失致人死之罪責，尙嫌未當。」

㈡日本大審院大正八年二月十五日判決，其要旨如下：「行人自己本有迴避火
　車通過之危險，但突然翻轉其意思，於一瞬之間，進入線路，致不能以注
　意汽笛防止其危險；在此種情形之下，被告縱未鳴放汽笛，亦不能謂爲有
　過失」（大審院刑事判決錄第二十五輯第一五九頁）。

㈢日本大審院昭和五年九月二十三日判決，其要旨如下：「電車之司機，於駕
　駛電車時在平交道近前十五、六哩之處，並未發現人影，仍以時速十五、
　六哩之速度繼續前進，及至抵達距平交道約七公尺之處，突然發現人影，
　乃立即採取刹車之措置，並鳴放緊急警笛，但因電車之惰力，終將被害者
　輾軋，在此種情形之下，該司機亦無過失可言」（法律評論第九卷第二五六
　頁）。

㈣日本大審院昭和六年二月三日判決，其要旨如下：「被告所駕駛之電車已告
　客滿而無乘車之餘地；但被害者在開車前之刹那，勉強上車，惟僅雙手拉
　住車門扶手，足登踏板，身體仍露於車外，致由於電車之前進，而與車站
　之木柵欄相撞，墜落車下因而負傷。此種情形，被害者立於踏板之位置，
　自司機駕駛臺並不能見之，故不能謂爲被告雖曾知悉或可能知悉被害者尙
　未完全乘上電車，而竟由於不注意而開車之情形，被告應無過失」（法律新
　聞第三二五六號第一六頁）。

實之普通經驗；在主觀方面，則屬行為人之個別注意能力，因此於決定某一具體事件中，行為人「應注意」及「能注意」之程度如何，即應就主觀、客觀方面合而考察，自不難確定之矣。

唯過失之責任，僅在「可能注意」之情形下，始能予以認定。一般言之，有責任能力之人雖皆有履行此一注意之可能，但有時則因周圍之狀況，或生理上或心理上之缺陷或其他之事由，以致不能履行者，例如因個人肢體、五官之殘障致無法盡其注意義務；或因驚慌、興奮、甚至酩酊之狀態，暫時喪失或鬆弛其注意力，以及由於智識教養之不足，或精神之障礙致無法盡通常之注意義務等，足見有責任能力之人，亦有無法注意之可能性，於此情形，縱令因此而未能遵守被要求之注意義務，亦不能認有過失❽。但其造成此無注意可能性之原因，如係基於「原因自由行為」（action libera in causa）者，則不能主張免責。所謂「原因自由行為」，係行為人因自己可控制之原因而自陷於無行為能力或責任能力之狀態下，並實現相當於構成要件之行為事實，雖依心神喪失或精神耗弱之規定，本屬不罰或減輕其刑之行為（刑法第十九條），但因就此事實之實現而言，於行為前既有故意或過失，且行為當時亦具備行為能力，故其自陷精神障礙而為之行為，顯然應視同具有完全責任能力，而應負故意或過失之刑責❾。

原因自由行為於道路交通事故中最為常見，例如由於疲勞、酩酊、

---

❽ 參照韓忠謨　刑法原理（民國七十一年四月增訂十五版）　第二一三頁；周冶平　刑法總論　第二五七頁。並參照司法院三十四年院字第二九四六號解釋：「中華民國戰時軍律第十四條第一項第七款所謂不盡保管之責，包括故意過失在內。關於過失責任，應依刑法第十四條第一項，以善良保管為應注意之標準，並以保管人注意能力為其注意之標準」。

❾ 參照西原春夫著、陳尚義譯　過失犯與原因自由行為　載於刑事法雜誌第二十卷第四期　第五七頁以下。

不諳駕駛技術致肇禍之案例，行為人之未能遵守義務，表面上雖似處於無責任能力之狀態，然事實上則反足以認定其人如能作另外意義之注意時，即可能避免結果發生，乃不此之圖致發生結果，故仍應予過失責任之非難。我國刑法修正草案對於此類自陷精神障礙而為一定之犯罪行為者，增列第十九條之一以為依據，其內容為：「因故意或過失，致陷心神喪失或精神耗弱而為犯罪行為者，不適用前條之規定」。茲錄其修正理由如下「自陷精神障礙（包括心神喪失與精神耗弱）而為一定之犯罪行為者，如因故意自行招致精神障礙之狀態，固應對其結果負故意刑責，若出於過失致陷於精神障礙之情形，其情節未必皆屬輕微，且在日常生活中屢有所見，為貫徹刑法保護機能，達成防衛社會之目的，亦不宜免其過失責任。爰參酌暫行新刑律第十二條第二項酗酒不適用不為罪之規定，舊刑法第三十二條酗酒不得減免刑責之規定，及瑞士現行刑法第十二條、奧地利現行刑法第三十五條之立法例，增設本條，明定因故意或過失致陷心神喪失或精神耗弱而為犯罪行為者，不適用第十九條精神障礙者之行為『不罰』或『得減輕其刑』之規定，以維社會之安全」。

第三節　疏虞或懈怠

　　刑法第十四條規定之「不注意」，乃對於一定之事實，欠缺意思能力或預見能力所必要之緊張。換言之，即行為人怠於實踐其注意義務，而違背法規範之要求也。行為人怠忽法規範所期待之注意，而未預見「可以預見之結果」，致未能阻止該結果之發生，則行為人即應負過失之責任。唯行為人雖已盡其注意義務之最大能事，而仍不免發生一定之結果，其導致結果之原因為行為人所無法控制之客觀因素（例如因機械損壞，致火車司機無法在鐵道線路上顯示危險信號，發生相撞之

事故），或行爲人雖違反注意義務，但其義務之違反與結果之間無因果關係，此二種情形均屬因不可抗力所致，自不能再課行爲人以過失之責任❶。

前述之不注意之意義，係首重行爲人之心理狀態，認爲行爲人未爲意識之集中及緊張，即以行爲人疏虞或懈怠於其應認識並預見違法之犯罪構成事實，遂致未使意識集中及緊張，故應受法律之非難，就此點言，其係立於傳統的過失犯理論，認爲過失犯之本質係以侵害法益惹起犯罪結果爲要件；但新過失理論則認並非僅因惹起侵害法益之結果即可成立過失犯，而認過失犯之成立，尚應注意行爲人違反外部注意義務之要素。故認過失犯之疏虞或懈怠，不僅應緊張有可以認識並預見結果之意識，並應緊張可以迴避結果發生所必要之一切行爲之意識，是所謂不注意，可謂除在主觀上要求行爲人應有認識其結果可能發生之意識緊張之欠缺，同時亦係對其迴避結果發生之外在的注意義務之欠缺，始克成立過失犯❷。

因新過失犯罪理論之發揚，致使於論述過失犯之不注意，即疏虞或懈怠時，除在責任方面應考量行爲人於行爲時對於結果發生之預見是否已爲意識之集中或緊張外，尚應就違法方面考量行爲人對於結果之發生已否盡其防免結果發生意識之集中或緊張。是以過失之不注意，非僅爲責任條件之違反，亦係外在注意義務之違反，如是解釋，當更能掌握刑法所規定之疏虞或懈怠之本質，而對過失犯之成立予以更爲明確之要件❸。

---

❶ 參照韓忠謨　刑法原理　第一三〇頁；周冶平　刑法總論　第二五八頁；洪福增　刑事責任之理論　第二八二頁；林山田　刑法通論　第二七一頁。

❷ 參照洪福增　前揭書　第三一三頁以下；團藤重光　刑法綱要總論　第三一七頁。

❸ 參照曾根威彥　過失の構造　載於植松正、川端博、曾根威彥、日高義博編

刑法論爭（一九八四年　勁草書房）　第二四五頁以下；大谷實　刑法講義
總論　第三〇五頁；平場安治　過失犯の構造　載於刑事法學の諸相井上正
治博士還曆祝賀(昭和五十六年　有斐閣)　第三一〇頁以下；西原春夫　過
失犯の構造　載於中山研一、西原春夫、藤木英雄、宮澤浩一編　現代刑法
講座第三卷　第一頁以下；前田雅夫　過失犯についての一考察　載於平野
龍一先生古稀祝賀論文集上卷（一九九〇年九月）　第三〇九頁。

第六章　過失犯之種類

　　過失犯之發展有其歷史上之淵源，其成立要件與內容亦與時俱變。但大體言之，往昔人類生活單純，規範人與人間之法令亦較簡易，學者之研究亦少，故對過失行為或認其非屬犯罪，或認此種行為應負結果責任或絕對責任，在處理上較少問題；惟以時至今日，工商業發達，科技發展日新月異，學者對於過失之本質甚至於過失心理，有甚多之研究，何種行為構成過失之犯罪，彼此之間應如何分門別類，加予區別，並確定各自之成立要件及如何適切處罰，各種過失犯之類型間異同如何？甚至有無細分各種過失犯之必要，均為學者之所聚訟，以下謹就較為重要之數種分類予以敘述之。

第一節　無認識之過失與有認識之過失

　　過失，本即屬於行為人在行為時對於犯罪構成事實之心理上認知之欠缺或其所認知與發生事實之不一致，而應受刑罰非難者。但嚴格言之，過失原應指行為人疏虞其注意，以致應注意而不注意之心理狀況而言，如行為人對於構成犯罪之事實，已經明顯認識，則其結果之發生，有在行為人意欲之範圍者，即為故意；有不在行為人意欲之範圍，但仍不違背行為人之本意者，亦以故意論，而應依刑法第十三條之規定論科。惟如行為人對於構成犯罪之事實，已經明顯認識，但確信其結果不發生，即超越行為人之意欲或容認之範圍，此時如認定其成立故意犯罪而依故意之例處罰之，則未免過於嚴格，但其又與一般

係應注意並能注意而不注意者之典型過失犯（刑法第十四條第一項）者又有不同，爰於刑法第十四條第二項明定其爲「以過失論」，以資適用，即其應僅屬於論以過失之「準過失」而已，並非本質上即屬於過失，是以嚴格言之，過失應僅限於無認識之過失一種，但爲求處罰上之衡平及分類上明確，爰將過失區分爲無認識之過失與有認識之過失二種，在我國刑法第十四條第一項、第二項亦對此二犯罪之型態予以定義，以期明確。

刑法第十四條第一項所定：「行爲人雖非故意，但按其情節應注意，並能注意，而不注意者，爲過失」，此即無認識之過失，亦曰疏虞過失（ negligentia, faute inconsciente , unbewusste Fahrlässigkeit），乃謂行爲人對於犯罪事實之發生欠缺犯罪之故意，而係全無認識，或未認識全部犯罪事實之情形。申言之，行爲人如盡其注意義務（注意力），則可認識犯罪事實之全部或一部，並避免結果之發生；然因其疏於注意，欠缺認識，致未爲避免結果發生之行爲，即應受刑法之非難。無認識之過失乃過失之一般型態，例如於馬路駕車，疏未注意行人，致行人傷亡，或如不知手槍已上膛，於擦拭時誤扣板機致傷及旁人是。

刑法第十四條第二項所定：「行爲人對於構成犯罪之事實，雖預見其發生而確信其不發生者，以過失論」，是即爲有認識之過失，亦曰懈怠過失（luxuria, faute consciente , bewusste Fahrlässigkeit），乃謂行爲人對於構成犯罪之事實，認識其可能發生，但基於某種理由或情境確信其絕不致於發生，然竟違背其認識致生犯罪結果之過失。蓋行爲人對於構成犯罪事實之發生已有一般預見之可能，而未盡避免結果發生之注意義務，僅因信賴自己判斷之故，致生意外之結果，是其顯屬輕率，而有違法規範所要求之注意義務，故有非難之可能性。例如狩獵時，眼見獵物左近有人，自信槍法準確，但仍傷及左近之人是。

　　學者蔡墩銘教授以為，鑒於過失犯在犯罪統計學上所占之比例日趨擴大，對過失犯之瞭解除自法學之觀點予以區分外，更應自心理學之領域檢討刑法上所承認之過失種類。自心理學之立場而言，無認識之過失與有認識之過失應可由下列三方面加以區別❶：

　　㈠預見之有無：無認識過失與有認識過失之異，在於對結果之發生有無預見，是以無認識過失係對於未曾預見之事實負擔刑事責任，而有認識過失之行為人則對其預見之事實負擔刑事責任。

　　㈡遺忘之有無：無認識過失之發生，乃源於行為人未能意識其行為之危險性，此與行為人之遺忘不無關係，倘行為人未遺忘其過去所獲取之知識經驗，即可覺察其行為之危險性，進而提高警覺，避免危險結果之發生。有認識之過失，則係因行為人自信過高，以為其實施之行為不致發生危險，進而貿然為之，故非未意識其行為有發生危險結果之可能，亦無遺忘過去知識經驗之心理狀態之問題。

　　㈢反對動機之有無：無認識之過失，乃行為人非但對於結果毫無預見，且對其所實施行為之不當亦無認識之可能，因此行為人於實施行為前，或實施中，均無任何反對動機用以制止其行為之可能。有認識之過失，因對結果之發生已有預見，故行為人於實施行為前乃不無經驗反對動機之可能，僅因反對動機效力薄弱，以致未能壓抑其所實施之冒險行為，終致結果發生。

　　無認識之過失為刑法上典型之過失，故成立要件係以行為人並非故意犯罪，但係㈠應注意，㈡並能注意，㈢而不注意，以致發生犯罪之事實，其要件至為明確，本文於前（第五）章亦已詳加論述，於茲不再重複。但有認識之過失則因行為人對於構成犯罪之事實已有認知，

---

❶　參照蔡墩銘　過失之心理研究　載於刑事法雜誌第十九卷第三期　第五六頁。

只因其確信不發生，是以其於「知」（即認識）的要件與故意犯並無不同，只在「欲」（即希望）的要件上，與故意犯之「有意」或「容認」不同，在有認識之過失係屬「確信」其不發生，但犯罪事實仍然發生，故有認識之過失與故意之區別，完全在於行爲人之「欲」的要件上，易言之，行爲人同屬對犯罪構成事實有所認識，但如行爲人「有意」使其發生或「容認其發生」，則屬於刑法第十三條第一項之確定故意或同條第二項之不確定故意之範圍，但如行爲人係確信其不發生，則爲刑法第十四條第二項之有認識之過失❷。

第二節　普通過失與業務過失

❷ 對於刑法第十四條第一項及第二項之規定，區分爲無認識之過失與有認識之過失，雖無疑義，但有謂旣稱有認識之過失，則與過失之不預見之心理狀態有違，是認此一稱謂有待商榷者。此外，有學者將刑法第十四條第一項稱爲疏虞過失，第二項稱爲懈怠過失（如韓忠謨教授　參照氏著　刑法原理　第二一四頁；趙琛教授　參照氏著　刑法總論　第九四頁；周冶平教授　參照氏著　刑法總論　第二六〇頁）。

但亦有學者認爲刑法第十四條第一項爲懈怠過失、第二項爲疏虞過失者（如楊大器教授　參照氏著　刑法總則釋論　民國七十八年修訂第十七版　第一一八頁至第一一九頁；蔡墩銘教授　參照氏著　刑法總論第一七四頁；陳樸生教授　參照氏著　實用刑法　第一三四頁）。並請參照蔡墩銘　疏虞過失是否不認識過失　載於氏著　刑法總則爭議問題研究　第一七六頁以下。吾國最高法院則於五十六年臺上字第一五七四號判例明白闡述「懈怠過失與疏虞過失，雖同爲犯罪之責任條件，然前者係應注意並能注意而不注意，對於犯罪事實之發生並無預見，後者則爲預見其發生而確信其不發生，對於犯罪事實之發生爲有預見，由於自信不致發生，疏於防虞，終於發生。二者態樣顯不相同，故刑法第十四條第一項第二項分別予以規定，以示區別。」可供參考。

　　普通過失又稱一般過失或通常過失，係一般人怠於盡必要之注意
義務，致發生構成犯罪之事實，如刑法第二百七十六條第一項之過失
致死罪等一般規定之過失犯罪是。業務過失則為從事於一定之業務者，
因怠於盡其業務上之必要注意，而致發生構成犯罪之事實，在我國刑
法中有第一百八十九條第三項、第二百七十六條第二項及第二百八十
四條第二項之規定。

　　「業務」二字，在刑法所規定之含義，有各種不同之解釋，其規
定於總則者為第二十二條之「業務上正當行為，不罰」，屬於阻卻違法
事由之一；規定於刑法第三百二十二條、第三百二十六條、第三百三
十一條、第三百三十八條、第三百四十一條、第三百五十一條等之「常
業犯」則屬於刑罰加重類型，此二者均屬於故意犯罪之範疇。而本文
所應探討者，則為刑法第一百八十九條第三項、第二百七十六條第二
項及第二百八十四條第二項等所定之「業務」過失犯罪，此種犯罪，
依刑法之規定，應受較普通過失為重之非難。

　　刑法所定之業務之意義於法條上並未闡述，學說及判例則多所發
揚，如大理院十一年上字第九五二號判決謂「所謂業務，本係概括規
定，並非限於一定業務。」最高法院十八年非字第六八號判決謂「刑法
上所謂業務，不以有特別技能而從事者為限。」二十九年上字第三六四
號判決謂：「刑法上所謂業務，係指以反覆同種類之行為為目的之社會
的活動而言。」四十三年臺上字第八二六號判決謂：「刑法上所謂業務，
係以事實上執行業務者為標準，即指以反覆同種類之行為為目的之社
會的活動而言。」二十年上字第七八九號判決謂：「所謂業務者，乃指
其本人直接所選擇生活上之地位而言。」民國二十四年七月最高法院民
刑庭會議決議更謂：「業務兩字，採事實業務說，以事實上執行業務為
標準，不以曾經官廳許可之業務為限。」

　　在理論上，認定是否成立業務過失，曾有不同之見解，其主要之

爭論有四，其一：業務是否須有反覆繼續之行為；其二：業務之行為是否須具危險性；其三：附屬之業務是否與主要業務同屬刑法上業務之範圍；其四：業務是否以合法正當之業務為限。就第一點言：實務之見解認為業務係以反覆同種類之行為為目的之社會的活動，故當然承認其反覆繼續性，學者亦多贊之，但所謂繼續從事於業務，究指客觀上認定之繼續，抑僅以行為人主觀上具有繼續從事於一定業務之意思為已足。吾國學者陳樸生氏謂：「業務之繼續性，祇以有繼續之意思為已足；其已否反覆從事其業務，則無影響；如司機初次駕駛汽車，即將人輾斃之類。」❶蓋從主觀方面予以解釋，此乃本於業務行為之性質所為適切之解釋，以保障善良第三人之權益。

就第二點言：刑法所定之業務，在文義上固未必當然含有危險行為之意義在，且實務上亦僅指稱「並非限於一定之業務」或「不以有特別技能而從事之事務為限」，對其行為是否含有危險性之點，其未明示，惟如學者潘恩培氏則謂：「本條所謂業務，則指於人之生命易生危險之業務而言；即前所謂須與所犯之罪具有相當關係者也，蓋其業務既於人之生命易生危險，則從事該業務之人，應注意之責任較重。」❷此一見解，亦為多數學者所肯認。就第三點言：吾國最高法院十八年非字第六八號判決曾謂「本案某甲係民團團丁，其職務在於充當團丁，並非專以放槍為業務，則其偶因不慎，致所持機槍觸發，彈傷某甲身死，

---

❶ 參照陳樸生　實用刑法　第六四二頁；並參照眞鍋毅　現代刑事責任論序說第三三七頁。眞鍋毅以為：就字義言，業務係指「就一定之社會生活上之地位而反覆、繼續之行為」，在判例中，就業務上過失而致死傷者，則附加認定之要件，即：「在性質上，包含對人之生命、身體之危險在內」。是以業務上過失致死傷罪之業務，至少應具備「反覆繼續性」與「危險性」二個要件。

❷ 參照日本昭和三十三年七月二十五日刑集第十二卷第十二期第二七四六頁判決：「在其性質上，包含對人之生命、身體之危險在內」。

雖不能謂非過失，要不得謂爲業務上過失。」二十六年滬上字第五號判決謂：「上訴人在醫院充當助手，如非擔任治療之業務，則其對於求診者，濫施針藥，誤傷人命，係屬普通過失致人於死，當不負業務上過失之加重責任。」似將附屬業務排除於業務之外，惟如參照德國有關之判例，如「爲服務顧客而使用自行車者，屬於內容之業務行爲」；「攜帶槍枝巡迴山林之管理人，於職務用之外，以其槍枝向窗外暗處之放槍行爲，屬於業務行爲」；「醫師出外應診而自己駕駛汽車，乃其業務」；「馬車店之主人前往娛樂場所而驅使馬車之行爲，爲其業務行爲」等❸及日本大審院之判例，如「西裝裁縫師駕駛自用汽車，雖係附屬業務，但亦屬其業務」；「以敎授汽車之汽車駕駛者，無論其駕駛是否在敎授之際，均視爲其業務」；「以務農爲本業者，爲搬運肥料之方便，而駕駛其常用以搬運肥料及農產品之自用馬車，應認屬於其業務」❹等，尤其以最判昭和三十三年四月十八日刑集第十二卷第一○九○頁判決所述：「刑法第二百十一條規定之業務，係爲基於該人之社會生活之地位反覆作爲之行爲，且以該行爲對於他人生命財產有致生危害之虞爲必要，至於行爲人之目的究在獲取一定之利得抑在滿足其他慾望，則所不問。」因之，使用槍枝而爲狩獵行爲，即對於他人之生命、身體等有致危害之虞之行爲，於其獲有許可而反覆作爲之際，縱其目的在於娛樂，仍應認係刑法第二百十一條所規定之業務。」尤見其將附屬業務認係刑法上業務之範疇。吾國早期實務固將附屬業務排除於業務之外，但於最高法院七十一年臺上字第一五五○號判決則謂：「刑法第二百七十六條第二項所謂之業務，係指個人基於其社會地位繼續反覆在執行之事務，其主要部分之業務固不待論，即曰完成主要業務所附隨

❸　西德最高法院刑事判決錄　BGHSt, 34, 65; 54, 234; 64, 430; 8, 2110。

❹　參照日本大審院刑事判決集第十四卷第一一七頁；第二十四卷第一四一三頁；第十三卷第七六五頁。

之準備工作與輔助事務，亦應包括在內，且此項附隨之事務不問其與業務係直接或間接之關係，均屬其所執行之業務範圍。」業已改採肯定之見解，且以刑法條文既已明定業務犯罪之類型，而實際上主要業務與附屬業務亦無明確之界線，且附屬業務之危險性常有大於主要業務者，爲貫徹刑法規定業務犯罪之本旨，爰有承認附屬業務亦屬業務範圍之必要❺；至於第四點業務除合法之業務外，是否包括未經合法許可之業務，此在法文上亦未明定，前大理院及最高法院曾採否定說，如大理院七年上字第三〇號判決即謂：「未經允許而業醫，律有處罰明文，則以左道治病，自不能認爲正當業務，亦即無玩忽業務上注意與否之可言。」最高法院二十六年滬上字第五號判決亦謂：「刑法第二百七十六條第二項之業務上過失致人於死罪，以行爲人之過失係基於業務上行爲而發生者爲限。上訴人在醫院充當助手，如非擔任治療之業務，則其對求診者濫施針藥，誤傷人命，係屬普通過失致人於死，尚不負業務上過失之加重責任。」但晚近之實務上見解及通說，則多採肯定說，例如最高法院二十九年上字第三三六四號判決謂：「被告之開駛汽車，雖據稱未曾領有開車執照，欠缺充當司機之形式條件，但既以此爲業務，仍不得謂其開駛汽車非其業務。」及最高法院四十三年臺上字第八二六號判決謂：「上訴人行醫多年，雖無醫師資格，亦未領有行醫執照，欠缺醫師之形式條件，然其既以此爲業，仍不得謂其替人治病，非其業務。」均其適例。

刑法對業務上過失犯加重處罰，乃因認執行業務之人多較一般人具有更爲豐富之智識與經驗，自亦應具有較高之注意能力，故縱係違反與一般人同一之注意義務，其違反注意之程度則較爲嚴重，此亦即

---

❺ 吾國學者郭衛持否定說，參照氏著　刑法分則　第二一頁；惟陳樸生氏則認業務上之行爲應包括附隨之業務。見氏著　實用刑法　第六四二頁。

表示該從事業務者之行為，社會對其要求之程度亦較高，其行為之無
價值自亦較為重大，故應加重處罰❻❼。吾國刑法對過失罪之加重規

---

❻　參照洪福增著　過失論　載於刑事法雜誌第十六卷第三期　第四四頁。

❼　參照　眞鍋毅著　前揭書　第三三八頁。

關於業務上過失應加重其刑之理由，學說有四：

第一說係以對於業務者課以特別乃至高度的注意義務，是以加重其刑（大場
茂馬　刑法各論上冊　第一五三頁；大判大正三年四月二十四日刑錄二○輯
第六一九頁）。然則，批判之意見則認注意乃屬意思之緊張，此在從事業務之
人與一般人之間並無程度上之差異（宮本英脩　汽車駕駛人之業務上注意義
務　載於法學論叢第九卷第五期　第一○八頁）。另有主張其有差異者，應係
在於知識、經驗或能力等點，就此言之，發生同一之結果時，對從事業務之
人與對一般人之法的期待並非同一（小野清一郎　刑法概論　第一五二頁）。
但批判者則認知識、經驗或能力，應係對行為人為個別的、具體的予以設定，
此在行政的取締目的上已有考量及之（團藤重光　刑法綱要總論　第二五六
頁）。

第二說則自業務上過失之被害法益比較重大或較多數為其加重之理由（宮木
英脩　刑法學粹　第五五六頁）。然則僅自被害法益之問題討論，而對業務或
業務者予以加重，理由自嫌不足，如前所述，從事業務之人造成之被害法益
未必較大，一般人造成之法益侵害亦有可能甚大。

第三說特別重視從事業務之人之行為，認為從事業務之人其預見結果之程度
較一般人為確實，考量之範圍亦較廣闊，因之，其結果發生之非難性亦較大，
以此為加重其刑之理由(瀧川幸辰　刑法各論　第五○頁)。此一說明，忠實
於「業務」之文義，然則如依上述理論，則從事業務之人較之一般人更易於
成立過失之情形，如此，並不能謂為從事業務之人之非難性即為更「大」（井
上正治　判例中之過失犯理論　第七九頁）。此外，如此判斷責任，即就個別
的、具體的予以判斷，對於從事業務之人，亦常難臻於妥當（西山克彥　業
務上過失に業務の意義と刑罰加重事由　井上正治編　判例刑事法上冊　第
五八頁）。

定，僅限於前述之因行為人之過失係因業務上行為而發生者為限，而別無加重之類型。是以其他過失犯均僅能以普通過失犯論❽。

在高科技社會中，各種事業或交通工具之運作使用，皆有引起危險之可能，倘該危險或災害事故踰越被容許之危險的範疇，而肇事者係為從事業務之人，則其所應負之責任，即屬加重之業務上過失責任。蓋從事於具有危險之事業或駕駛高速交通工具之人，其所從事之業務具高度危險性，故更應盡其注意義務，俾使災害事故發生率減至最低，甚至消弭之。因此，對於未能盡其所應負之注意義務，甚或所盡義務程度不如一般非從事於危險業務者，則應使其負擔較重之過失責任，方為合理❾。

然則，同係從事於危險業務之人，其所應負之注意義務如何，往往因其所從事業務之性質而有所不同，下列客觀規則之遵守與否，不

第四說把握業務為對於生命具體之危險行為，就其行為有特別之義務，而對於結果迴避並課以應採相當手段之義務，對於此一義務之違反較諸通常義務違反，其違法性為大，故應加重處罰（井上正治　前揭書　第七九頁；西原春夫　犯罪各論　第一八頁）。是以有謂第一說為政策說，第二說為結果違反說，第三說為責任說，而本說則為行為違法說者。此說亦係以所謂新過失論為背景者。又本說實未脫逸於業務之文義，亦未見妥適。

❽ 參照最高法院三十年滬上字第一一二號。

❾ 參照蔡墩銘　過失之心理研究　載於刑事法雜誌第十九卷第三期　第一八頁。氏謂「無論在危險企業負責一定之工作或駕駛危險交通工具之人，並不欲因其行為而導致災害事故發生。但由於其所從事之業務，性質上屬於危險業務，因之，事故隨時可能發生，一旦發生嚴重之災害事故，則從事於專門職業之人，不免因而負過失責任。基此而知，應負業務上過失責任者，通常為從事專門業務之人，亦即屬於所謂白領犯人（對於專門職業者所實施之犯罪，學說上稱之白領犯罪(white-collar criminality)，其犯人即稱白領犯人，與一般過失犯顯有不同）。」

失爲判斷是否應負業務上過失責任之依據：

　　㈠技術規則：各種危險企業依其危險程度之不同，均訂有適用之技術規則，於執行各該業務行爲時，均應遵守此等技術規則，倘有違反，則有可能構成違背注意義務。

　　㈡安全規則：對於危險交通工具之使用者，應遵守道路交通安全規則，否則應被認爲違反注意義務。

　　㈢行政規則：行政官署對於維護危險企業之安全與防止危險之發生，均訂有特別之服務、處理或取締規則，若未遵守此等行政規則，亦將構成注意義務之違反❿。

第三節　通常過失與重大過失

　　過失以欠缺注意之程度而言，可分爲通常過失與重大過失兩者。所謂通常過失（levis culpa）乃欠缺通常人應有之注意而致之過失。所謂通常人應有之注意，其認定方式有客觀之標準說與主觀之標準說。所謂客觀之標準說，係爲行爲人社會交往範圍內注意能力周到之人所應有之注意，亦即「交易上所必要之注意」，行爲人縱已相當注意，但若未達該客觀之標準，致生損害者，稱之爲「抽象的過失」（culpa levis in abstracto）。所謂主觀之標準說，係以個別行爲人自己力所能及之注意爲標準，行爲人若未盡自己力所能及之注意，致生損害者，則稱之爲「具體的過失」（ culpa levis im concreto）。所謂重大過失（culpalata），乃指行爲人對法規範所要求之最低注意義務，亦予疏忽而言；即一般人皆能察見之事跡，而行爲人竟漫不經心予以忽略，致生侵害者。

---

❿　參照蔡墩銘　前揭文　第一六頁至第一七頁。

　　按通常過失與重大過失原多屬民法之概念，在民法通常以「善良
管理人之注意義務」與「與處理自己事務同一之注意」區別通常過失
之注意之標準，以決定通常過失責任成立與否或重輕❶，至於重大過
失，則用爲負擔過失責任之依據或避免行爲人規避責任之限制❷。各
國刑法有依過失之輕重衡量過失犯之刑責，例如日本刑法對於重大過
失之規定，始自昭和十六年增訂該國刑法第一一七條之二規定過失激
發爆裂物之犯罪，其後於昭和二十二年增列第二一一條重大過失致死
罪之加重處罰，當係考量應對重大過失應以與通常過失異其處罰，以
符實際上之需要。在於前者之失火或過失激發爆裂物者，如爲通常過
失，法定刑爲一千圓以下罰金；如爲重大過失，則其法定刑與業務上
過失致死傷罪同，爲五年以下懲役或禁錮或三千圓以下罰金。在於後
者之過失致死傷者，如爲通常過失，其法定刑爲一千圓以下罰金，重
大過失則與業務上過失致死傷罪同爲五年以下懲役或禁錮或一千圓以
下罰金；其一九七四年刑法改正草案第二七二條亦明定因重大過失使
人死傷者，與業務上過失致死傷罪同爲處五年以下禁錮或三十萬元以
下罰金，並得以懲役代替禁錮；西德刑法原於第一三八條、第一六四
條規定「輕率」（leichtfertig）之行爲，一九六○年刑法改正草案第十
八條第三項認爲輕率即屬重大過失，其理由書第一二五頁並謂以輕率
之詞可避免與民法之概念混淆，現行刑法則不區別重大過失與通常過
失。韓國刑法第二六八條仿日本之立法例，亦將重大過失與業務過失

---

❶ 例如民法第五九○條規定：無償之受寄人保管寄託物，應與處理自己事務爲
　同一之注意。其受有報酬者，應以善良管理人之注意爲之。又第四六八條規
　定：使用借貸之借用人應以善良管理人之注意，保管借用物。

❷ 例如民法第四三四條規定：「租賃物因承租人之重大過失致失火而毀損滅失
　者，承租人對於出租人負損害賠償責任。」同法第二百二十二條規定：「故意
　或重大過失之責任，不得預先免除。」

等量齊觀，均處五年以下有期徒刑或五萬圓以下罰金；我國刑法自暫
行新刑律時代起，均未設有重大過失加重刑罰之規定，故如行為人之
過失程度之輕重者，僅能依刑法第五十七條之規定作為量刑之標準而
已❸。

　　日、德刑法對於重大過失所設加重處罰之規定，亦曾引起甚多之
爭論，對於何以重大過失則須受較重之科處，亦有諸多不同之見解，
有自刑事政策之立場立論，認為規定重大過失之加重處罰，可以加強
行為人之注意，避免過失犯罪之發生；亦有自行為之客觀而立論，認
其危險性較大，故應受較重之處罰；另有自結果立論，認為重大過失
所產生之結果危害常大於通常過失等等❹。然則，實際上重大過失之
規定，未必能促使行為人提高注意，其危險性及所生之實害亦非必大
於通常之過失，甚至有認其與業務上過失亦有若干混淆之處，故主張
不應設有重大過失之規定，其見解應屬可採❺。

---

❸　參照韓忠謨　過失犯之構成的問題　載於刑事法雜誌第三十二卷第一期　第
　　一頁至第三頁。
　　我國刑法修正草案第五十七條第八款並已明定「犯人違反義務之程度」為量
　　刑輕重標準之一，輕微過失或重大過失當可依本款予以判斷量刑。
❹　參照須須木主一　重過失　載於「過失犯」Ⅱ　第四一一頁以下。
❺　參照須須木主一　前揭文　第四五〇頁。日本學者團藤重光亦認通常過失之
　　非難性有時反大於重大過失，故認在理論上解析出所謂「重大過失」，實無必
　　要(參照氏著　刑法總論　第二五七頁)。此外，眞鍋毅認為業務上過失與重
　　大過失二者間之關係如何？更乏定論，亦即業務上過失是否通常即為重大過
　　失之問題，例如「在業務上過失言，似在理論上有可以區分為輕度過失與重
　　大過失之可能，然則業務上過失亦可擬制為當然之重大過失，因之，嘗試區
　　別二者之關係即無意義，在不該當於業務上過失之情形，仍可論究其過失之
　　重大性」(參照藤木英雄　過失犯の理論　第一七九頁；仙台高判昭和三十年
　　十一月十六日裁判特報第二卷第一二〇四頁)。此一立場係以業務上過失為重

大過失之一種而予理解。另尚有認「因『從事業務之人』之過失為考量業務上過失犯構成要件該當性之要件，然則在違法性、有責性方面，未能認定重大過失之時，則可改以單純過失之構成要件、違法、有責加予考量」（參照內田文昭　刑法總論　第一一八頁）。依前者之立場，認為縱然過失之程度並非重大但亦可認定其業務上之過失，依後者之立場，認為過失之程度如非重大，則亦不該當於業務上之過失。此一問題因與訴因變更之問題有所關連，故在訴訟法上亦有重要之意義在（參照最決昭和四十年四月二十一日刑集第十九卷第三期第一六六頁；福岡高判昭和三十一年一月二十八日高刑集第九卷第一期第三五頁）。在理論上言，後者之主張可謂為一貫，在立法意旨或規定上觀察，有無就前此之闡釋予以貫徹明文之必要，亦屬有待考量，最後亦即歸結於「業務上過失」概念與重罰間之不能契合之問題。因此，可將此一問題為如下之考量。第一：為就類型上有說明之充分可能，在業務上過失與重大過失二者，就結果重大之點應有相對應之構成點，依前述，「業務」與結果之重大性亦屬互相呼應。由於其有相對應之考量，因之不免有行為上取締目的之表現，對「業務」之文義予以修正，而非僅就限制之方向考量（例如以娛樂為目的之行為等），亦不免引起違反罪刑法定主義之疑義。從而，例如僅以其係駕駛汽車而為加重之類型，此在立法上固屬明確妥當之規定（參照阿部前揭論文）。第二：業務既與結果之重大性相互對應，即須考量以「重大過失」為媒介，因此就業務上過失與重大過失即有統一理解之可能性。其關鍵則在於如何對過失予以理解。過失是否僅限於責任之種類乃至於僅屬於責任形式而已！此將如何引起業務上之行為！又在如何重大結果之情況，個別、具體的探究關於該當結果預見可能性之有無，抑可能非僅只該當於預見之範疇，即考量其意思鬆弛等是否合致等問題。在業務上過失方面言之，在判斷有無預見可能性時之判斷材料，即為行為人是否有與從事業務之事實密切關連，據此關連言之，而就從事業務之人對該當結果之預見程度及範圍等問題予以考量（前述第三說），此在基本上即屬正確。然則此亦僅屬對於個別、具體的事項予以判斷，因此並非屬於構成要件的類型性。或許在立法論上亦可否定「業務上過失」，在立法論上，毋寧追求過失概念之實定法化，並將過失之程度予以明確化，故將「重大過失」與業務過失併列規定而為相同之處罰之方

第四節　法律上過失與事實上過失

　　過失之分類，除往昔之無認識過失與有認識過失，一般過失與業務過失，以及前述之通常過失與重大過失外，晚近學者復將過失區分為法律上過失（Rechtfahrlässigkeit）與事實上過失（Tatsachenfahrlässigkeit）二者，此種區別之概念早已有之，如德國學者貝林（Beling）曾提出「違法性之過失」（Rechtswidrigkeitfahrlässigkeit），闡

法，顯非適切。

　　對於此一問題，有認為過失應係為違法性乃至構成要件之問題立論，而主張業務上過失及重大過失係為行為危險性之問題，故應就其定型之有無作為區別之標準，無論如何，此種說明仍餘有將「業務」概念超越文字意義之問題在，但其對於加重其刑之說明則較為妥適。然則，在過失「行為」之危險性之定型化一點言，仍無法為充分合適之說明，如謂與其結果有關連之行為危險性存在時，則不能謂其先有結果預見可能性存在之可能乎？且如迴避此一問題，則又產生與結果間之關連有所斷絕，即成為行為本身之瑕疵之問題？因此，無論如何，其在責任問題之階段即欠缺其內涵，實不免引起違反責任主義之疑義？然而甚於此一立場，亦認業務上過失與重大過失之間並無基本上之區別在，且「業務」之概念並不能謂為適合於危險之定型。因之，真鍋毅教授以為在立法論上，對於業務上之過失當可採否定之見解（請見真鍋毅　現代刑事責任論序說　第十三章　第三三六頁至第三四四頁）。

吾國學者韓忠謨則謂從事業務之人，在其業務上各有其應盡之注意義務，設怠於注意，因而致人於死，刑法對之科以較重之責任，然亦僅限於刑責較重而已，與其過失程度之輕重並無直接關係，故若謂凡屬業務上過失，均屬重大過失，則誤矣（參照韓忠謨　刑法各論　第三三九頁）；並參照蔡墩銘　刑法總論　第一七頁、第一九六頁；蘇俊雄　刑法推理方法及案例研究（民國七十八年）　第五八頁至第六〇頁。

述「法律過失」；另並提出「構成要件的過失」（Tatbestand-od, tat-bestandliche Fahrlässigkeit）❶；在日本學界，則有宮本英脩使用「不知違法的過失犯」，草野豹一郎使用「違法性之過失」，以與「事實性之過失」相對稱。木村龜二亦曾使用「法律之過失」或「違法之過失」等用語❷，但一般言之，仍以「法律上過失」與「事實上過失」之用語較爲簡明。

　　法律上過失與事實上過失之意義，在貝林氏一九〇六年出版之犯罪論已有論述；彼謂「行爲人能具有且應具有違法之認識」之情形，即應屬法律上過失之要件；而「行爲人關於自己之行爲能認識且應認識其適合於定型之構成要件」，亦得成立事實上過失❸。日本學者木村龜二更予深入闡述，認爲法律上過失乃指：「雖有認識構成要件內容之事實，然關於其違法性，則爲能認識且應認識而未予認識者。」至於事實上過失則指構成要件的過失，乃指由於不注意而未認識犯罪事實（即欠缺犯罪事實之認識及容認）之過失❹。

　　法律上過失與事實上過失之區別，純屬學理上之分類方法，在實務上或立法例上尙未採行，尤以法律上過失之概念易與法律錯誤之概念混淆，而如依上述定義，則所有無認識之過失與有認識之過失均將入於「事實上過失」之範疇，是以此種分類之方法當無實益可言。

---

❶　Beling, *Die Lehre vom Verbrechen*, 1906, S.192.

❷　參照宮本英脩　刑法學粹　第三二〇頁；草野豹一郎　刑法總則㈠　第一四七頁以下；小野淸一郎　刑法講義　第一六三頁。

❸　Beling, Lehre, S.191.

❹　參照木村龜二　法律の過失と故意　載於氏著　刑法解釋諸問題　第三六九頁；洪福增　過失論　刑事法雜誌第十六卷第三期　第四六頁；蔡墩銘　刑法總論　第一七五頁。

第七章　過失犯與犯罪型態

　　過失犯係行爲人應注意並能注意而不注意，或雖預見犯罪構成事實，而確信其不發生，但犯罪之構成事實仍然發生，是以過失犯多爲結果犯。我國刑法第二百七十六條過失致死罪及第二百八十四條過失傷害罪等，均以被害人發生死亡或傷害之結果，爲其犯罪之成立要件。一般言之，行爲侵害法益之情形有二：一爲實害，一爲危險，凡法益發生實質損害者，是爲實害(Verletzung)；法益受影響而生不安全之狀態者，是爲危險 (Gefährdung)。過失犯所致之結果，亦有實害及危險之分，前者爲過失實害犯，如刑法第二百七十六條過失致人於死是；後者爲過失危險犯，如刑法第一七三條第二項失火燒毀建築物及交通工具，致公共安全遭受威脅，是其適例❶。現今行政刑法中對過失犯處罰之目的在確保行政取締目的之實效性，雖僅對人之生命、身體安全有危害之虞者，即予處罰，而不以實害已發生者爲必要，故在行政刑法中之過失犯之處罰已漸由實害犯趨向於危險犯❷。

---

❶ 參照韓忠謨　過失犯的構成問題　載於刑事法雜誌第三十二卷第一期　第一
　○頁。

❷ 例如自來水法第九十七條；藥事法第八十三條第三項、第八十四條第三項、第八十五條第二項等。
　日本學者西村克彥將過失犯區分爲二種型態，其一爲如刑法所規定之過失致人於死或過失傷害之犯罪等，即爲結果犯之過失犯；另一爲如日本關稅法第一一六條之犯罪，即屬純正舉動犯之過失犯；前者多屬自然犯或刑事犯；後者則多屬法定犯或行政犯。並分別論述此二種犯罪型態之本質及其成立要件。

過失犯雖多爲結果犯，然亦有單純之舉動犯，如日本關稅法第一一六條因過失未受許可而出入尙未開放之港口，或爲僞造之報告，提出與貨物不合之載貨目錄……等罪之規定是。又過失犯亦不限於作爲犯，例如「被害人某甲雖係自己躍入塘內溺水身死，如果某甲確因被告追至塘邊，迫不得已，始躍入水中，則依刑法第十五條第二項之規定，被告對於某甲之溺水，負有救護之義務，倘當時並無不能救護之情形，而竟坐視不救，致某甲終於被溺身死，無論其消極之行爲出於故意或過失，對於某甲之死亡，要不得不負相當罪責。」即認不作爲亦可成立過失犯❸。

此外，過失犯與各種犯罪型態之關係如何，實有就實定法中較爲重要之㈠未遂犯、㈡正犯及共犯、㈢累犯等分別予以說明之必要，爰分述之。

第一節　過失犯與未遂犯

未遂犯之成立，必須具備㈠有犯罪之故意；㈡已着手於犯罪行爲之實行；㈢未生犯罪之結果；㈣有處罰之特別規定等四要件。因其係以故意犯罪爲要件，且在吾國實定法中，亦無處罰過失未遂犯之特別規定，故實務上過失犯不能有未遂犯之型態❶。

氏謂第一類型之過失犯，其發生之結果顯然多可確定；而第二類型之過失犯發生之結果則顯然不及第一種類型之確定。此外，於構成要件該當性及其與故意間之界限，第一類型均較第二類型爲明確；但亦有主張第一類型與第二類型應予等量齊觀，不應區別者。參照西村克彥　犯罪型態論序說（昭和四十二年）　第二一九頁至第二三六頁。

❸ 參照最高法院二十九年上字第三〇三九號判例。

❶ 參照韓忠謨　刑法原理（民國七十一年增訂第十五版）　第二〇四頁；鄭健

　　學者之間，則有認理論上過失犯有可成立未遂犯之餘地，例如日本學者團藤重光氏謂：「在理論上不能謂無未遂之可能……」並予以闡述謂：「過失犯在理論上固以不能成立未遂爲通說，但在論理上並非當然如是。例如於失火罪中，僅點燃媒介物而尚未將目的物燒燬之前，即被熄滅者是。其僅係依現行法之規定不予處罰而已。」❷平野龍一教授亦主張過失犯得以成立未遂犯，氏謂：「過失犯應可考量可成立未遂犯，只因現行法未設規定，故無研酌之必要而已；且以現行法對於未遂犯之成立要求應以故意犯爲前提，其更無斟酌之餘地。但如就論理上全未發生結果之情形，當亦可個別考量過失之情形。只以因均先就一定之結果予以預定而非予以個別化考量而已。但此與故意之情形同，即如未預設特定之結果時，則有無認識即無法確定，此時亦無法考量個別的故意，因此，在現實未發生結果之情形，應可予以個別化，就此點言，故意與過失應無如何之差異」❸。在此之前，草野豹一郎教授曾以「過失犯與未遂犯」爲題發表專論，否定過失犯之未遂犯；而宮本英脩教授甚至認爲「擦拭槍枝時不注意觸及板機，射出子彈，幸無人傷亡，係屬過失傷害之實行未遂」云云以主張過失之未遂犯。

　　然則，在德日之通說均認過失犯應無成立未遂犯之必要及可能；其所主張之理由有三：其一爲未遂犯之成立，應具有「意圖」之要件，而此所謂之意圖，僅能存在於故意犯，而不能存在於過失犯；其二爲

　　才　過失犯之可罰性　載於法令月刊第四十卷第十一期（民國七十八年十一月）第三頁。氏認過失犯無未遂犯；又如日本及我國實定法均未規定過失犯之未遂犯，但西班牙刑法第五條則規定：「過失犯僅處罰旣遂犯。但侵害個人及財產之過失罪，其未遂犯不在此限。」

❷　團藤重光　刑法綱要總論（增補）（昭和五十四年）　第二六六頁。

❸　平野龍一　過失についての覺書　載於警察研究第二十四卷第三期（昭和二十八年）　第三〇頁。

過失在本質上即是無視於注意義務致生結果，亦即過失之成立係因行為人對於防止結果發生之用心態度不足，故無成立過失未遂之餘地；其三為法條上均已明定未遂犯之處罰，應有特別規定，而基於性質上不容許及刑事政策之要求，是以實定法上並未規定過失未遂犯之處罰，因此有關過失犯未遂犯之討論即無實益❹。

第二節　過失犯與正犯及共犯

第一款　過失犯與正犯

所謂正犯，乃指由於自己之決意而實現刑法（或特別刑法）所規定犯罪構成要件之人，可分為單獨正犯（Einzeltäterschaft）與共同正犯（Mittäterschaft）兩種。單獨正犯，除由行為人親自為犯罪行為外，通常亦可使用其他非自然人之道具，因犯罪行為仍係由犯罪人自行實施，故亦稱直接正犯或自手犯；倘利用他人之行為而實現自己之犯罪，本人並不自行實施者，則為間接正犯或他手犯。一般犯罪之型態，以一人單獨實現犯罪構成要件為已足，如係由二人以上共同實施者，即為共同正犯，故直接正犯、間接正犯與共同正犯均為正犯之不同型態。過失犯如因行為人自己之行為所致者，則較簡明易解；唯過失犯有無成立間接正犯或共同正犯之可能及其責任型態如何，均有加

❹ 井上正治　過失犯の構造(昭和五十六年)　第一一六頁以下；齊藤誠二　過失犯の未遂　載於日冲憲郎博士還曆祝賀　過失犯 I （昭和四十四年）　第一九三頁；我國學者梁恒昌亦主張過失犯以發生一定的結果為前提，缺乏結果的過失犯並不存在。(見氏著　論過失犯　載於刑事法雜誌第二十卷第一期第四頁)；陳樸生　過失行為及其著手時點　載於法令月刊第四十二卷第一期（民國八十年一月）第一頁至第六頁。

以研究之必要。

　　第一項　過失犯與間接正犯

　　所謂間接正犯（mittelbare Täterschaft; auteur mediat）係指利用他人以實現犯罪構成要件者也；亦即利用無犯罪意思、無責任能力人或無違法性之人之行為，以實現自己犯罪構成事實者❶，故間接正犯之成立，需具備「為自己犯罪之意思」之主觀要件，與「利用他人之無犯意、無責任能力或無違法性之行為以遂行自己犯罪」之客觀要件。

　　間接正犯為正犯之一種，就一般正犯之主觀犯意而言，係行為人認識構成犯罪要件之違法事實，而為一定之行為或不為一定行為之決意；而間接正犯，係以利用他人之行為以遂行自己之犯意，在主觀方面，須有認識他人將因自己之行為而實現自己所欲實現之犯罪事實的故意。一般正犯與間接正犯雖同對自己之行為有所認識，然其認識之內容則有所不同。詳言之，一般正犯主觀上所認識者，係以自己之行為為對象；而間接正犯主觀上所認識者，係包括利用行為本身與被利用者之行為❷。

　　就間接正犯之主觀要件而言，間接正犯應以故意犯之型態存在無庸置疑，故無成立過失間接正犯之餘地。至於利用他人之過失行為，由被利用者實現犯罪之結果者，是否成立間接正犯，亦即利用者有無成立間接正犯之可能，學者之見解亦有不同。

　　利用他人之過失行為以實現犯罪之情形有二，其一為利用非可罰

❶　參照木村龜二　刑法總論（昭和四十五年）　第三九九頁；周冶平　刑法總論　第三七七頁。

❷　參照林鉅鋃　間接正犯之意義及其成立要件　載於刑事法雜誌第二十三卷第五期　第四二頁至第四三頁。

的過失犯之過失行爲以實現其犯罪之情形，亦即被利用之過失行爲並非刑法上處罰之行爲，例如利用誤認係其自己之物之行爲人，而遂行利用爲竊盜之目的，利用者當然成立間接正犯，此亦即利用無責任或無違法之他人以遂行犯罪之行爲，並無疑義；其二爲利用可罰的過失犯以實現其犯罪之情形，亦即被利用之過失行爲原屬刑法所規定應予科處之行爲，例如誘導被利用人使其誤認前方之人爲獸，使其開槍以射殺利用人之宿敵是，此種情形，如承認過失之共犯者，則認利用者可成立教唆犯，即否認間接正犯之存在；但肯定其應成立間接正犯者，則有不同之理由，其各種主張如下：

第一說主張利用者利用被利用者之過失行爲，如認其成立共犯，則因共犯之責任從屬於正犯，即利用者亦僅負過失之責任，顯非事理之平，故認應成立間接正犯❸。

第二說則着眼於利用者或被利用者之法的性格。或認具有故意之利用者較實行過失行爲之被利用者，在法律上更具優越性，故利用者應成立間接正犯；或認利用者具有正犯概念標識之「行爲支配」或「目的的行爲支配」之性質，而被利用者則無此一性質，故利用者係間接正犯，後者之理論係以目的行爲論爲基礎❹。

第三說則主張利用者充分利用被利用者之過失行爲，與利用道具之情形並無不同，故認其應成立間接正犯。本說認爲此種利用行爲，在質及量上均充分發揮利用者之功能，而已爲實現犯罪之充分的「現

---

❸ 主此說者有德國學者佛蘭克（Frank, *Das Strafgesetzbuch für das Deutsche Reich,* 18. Aufl., 1931, S.110）及柯拉許朗格（Kohlrausch-Lange, *Strafgesetzbuch mit Erläuterungen und Nebengesetzen,* 43. Aufl., 1961, S.162f.）

❹ 主此說者有魏爾采（Welzel, *Das Deutsche Strafrechts,* 2. Aufl., S.66f.）及墨拉哈（Maurach, *Grundriss des Strafrecht,* A.T., 1948, S.128.）

實危險性」，無妨將利用者之行爲視爲該犯罪之實行行爲，反應成立間接正犯❺。

　對過失間接正犯採否定說者認爲：間接正犯係以故意利用被利用者遂行犯罪爲必要。過失行爲與故意行爲之最大區別，在於前者欠缺犯罪之決意，故否定過失間接正犯之存在。探肯定說者則以爲：「因過失行爲而引起他人之犯罪行爲，即間接正犯實行行爲之誘致行爲。」❻，並以肯定說之第三說之理論爲其基礎❼，但批評者認爲此一見解有待商榷，彼等主張所謂利用者所引起之他人的行爲，大多亦爲過失行爲或不可抗力之行爲，例如，吾人在利用者之過失行爲中，甚難發現有利用他人行爲致發生犯罪結果之積極要素存在，亦難發現有將被利用者作爲犯罪之道具而加以利用之特質，故認將過失行爲認定爲間接正犯之誘致行爲，實屬不當❽。日本實務上，並未積極肯定過失間接正犯之存在，惟實務上則有因符合過失間接正犯要件而認定成立過失間接正犯之案例❾。

　第二項　過失犯與共同正犯

　共同正犯之理論，在現代刑法學界，亦呈紛爭狀態。但大體言之，實不外於客觀說及主觀說之爭，前者謂數人共犯一罪爲犯罪之共同，

---

❺ 主此說者爲日本學者大塚仁，見氏著　過失行爲の利用と間接正犯　載於日冲憲郎博士還曆祝賀　過失犯 I（昭和四十四年）　第二三五頁以下。

❻ 參照木村龜二　前揭書　第四〇三頁。

❼ 參照洪福增　過失犯　載於刑事法雜誌第十六卷第三期（民國六十一年）第四一頁。

❽ 參照大塚仁　過失間接正犯　總合判例研究叢書刑法（21）間接正犯　第五二頁至第五三頁。

❾ 參照日本大判大正十三年九月十一日及日本大判昭和六年十二月二日判決。

又稱犯罪共同說，此說爲日本學界之通說；後者謂數人共同表現其主觀之惡性，而爲犯罪行爲之實行，故以行爲之共同即可成立共犯，故又有行爲共同說之稱，二者相持不下。吾國實例在大理院時代原採主觀說，在舊刑法時期，改採客觀說；至於現行刑法公布施行後，則兼採主觀說及客觀說之見解，交互運用；但晚近見解，則以採取主觀說爲多，尤以民國五十四年司法院大法官會議第一〇九號解釋以後，此種趨向益爲明顯。

以下就過失共同正犯之否定論及其肯定論予以說明：

㈠過失共同正犯否定論

1.自共同正犯理論之客觀說立論

共同正犯之客觀說，係以數人就特定之犯罪共同行爲以實現之者，成立共同正犯，故行爲人之間，除須具備共同爲犯罪行爲之要件外，尚須各行爲人間，有共同行爲之意思存在，即行爲人間，除行爲之分擔外，尚須有共犯一罪之意思連絡，始克成立共同正犯，故不承認片面共犯之存在。客觀說爲日本學界之通說❶，其判例亦採相同見

---

❶ 日本學者多採客觀說，並據此否定過失共同正犯之存在，主此說者有大場茂馬、小野清一郎、團藤重光、木村龜二等氏。參照大場茂馬　刑法總論下卷第一〇四九頁；小野清一郎　新訂刑法講義總論　第二〇三頁；團藤重光　刑法綱要總論　第二九八頁；木村龜二　刑法總論　第二八一頁。學者西村克彥自現實之觀點，認爲承認過失共同正犯，未免淪於嚴苛，故反對過失共同正犯之存在，參照日冲憲郎博士還曆祝賀　過失犯Ⅰ（昭和三十八年）　第九〇頁以下；另並參照西村克彥　過失犯の共犯とは何か　載於警察研究第五十七卷第七期（昭和六十一年七月）　第三二頁以下。尚有學者主張各個過失犯，應分別認定，各別處罰，始不違反個人責任之原理，參照安平政吉責任主義の刑法理論（昭和四十八年）　第四一九頁；莊子邦雄　刑法總論法律學全集25（昭和四十九年）　第六九〇頁。日本學者下村康正則自㈠刑法所定過失行爲概念之本質；及㈡刑法第二〇七條已有同時犯規定存在，而

解❷；本說既以各行爲人對於犯罪之特定構成要件之事實予以認識
（即有故意），即有共同行爲之意思，始克成立共同正犯，欠缺此種意
思者，則不成立共同正犯，因過失犯本身對於構成要件並不認識（即
非故意），故不成立共同正犯。因此，自共同正犯之客觀說立論，否定
過失共同正犯❸，但主張客觀說之學者，亦有肯定過失共同正犯之見
解者，殊值吾人注意❹。

　　2.自共同正犯之特性立論

　　　學者認爲德國一八七一年刑法第四十七條所規定之共同正犯，
係使未爲全部犯罪行爲之行爲人負擔全部責任，故係一部實行而負全
部責任之法理，因此必須具備主觀之意思，即共同正犯必以故意犯爲
限，因而否認過失共同正犯之成立，此乃就共同正犯之特性，即「正
犯性」立論，用以說明過失犯並無成立共同正犯之可能。但學者有認

　　認不應成立過失之共同正犯。參照氏著　過失犯の共同正犯と同時犯　載於
　　警察研究第四十六卷第八期　（昭和五十年）　第八頁。另並參照松生光正
　　過失における正犯㈠㈡　載於京都大學法學論叢第一一七卷第一期（一九八
　　五年一月）　第四二頁以下、第五期（一九八五年八月）　第二七頁以下。
　　大塚仁亦認不應承認過失共同正犯之存在,並謂如有同時發生過失犯之情形,
　　即應依同時犯之例處斷之。參照氏著　過失犯の競合と過失犯の共同正犯
　　載於福田平、大塚仁編　刑法總論Ⅰ（昭和五十八年）　第三六九頁至第三
　　八二頁。

❷ 日本實務界採取否定過失共同正犯之判決。請參照本節㈢過失共同正犯之實
　　務見解部分之說明；並請參照大塚仁編　判例コンメンタール　刑法Ⅰ總則
　　（昭和五十一年）　第五一七頁至五二二頁，及宮澤浩一、大野眞義編　判
　　例演習講座刑法(1)總論　第二八四頁以下。

❸ 參照小野淸一郎　前揭書　第一九八頁；內田文昭　過失と共犯　總合判例
　　研究叢書刑法26　（昭和四十年）　第一三八頁。

❹ 參照內田文昭　刑法における過失共働の理論（昭和五十年）　第二一九頁。

故意及過失二者本質不同，故不能以彼例此，認故意共同正犯有其故意共同犯罪之意思連絡，即否定過失犯之共同正犯，而係應以過失犯之特性及成立要件，進而說明過失犯有無成立共同正犯之可能，始爲恰當。

3.自共謀共同正犯之理論立論

共謀共同正犯係以數人共謀爲犯罪行爲之實行，而由其中之一人或數人基於共同實行之意思以實行之者，其他共謀之人，雖未實行犯罪行爲，仍以共同正犯論，其理論植基於共同意思主體說。此一學說爲日本學者草野豹一郎氏所首倡，其後學者齊藤金作、植松正等人繼受發揚光大之。其理論基礎，係將民法上之公司或合夥概念導入刑法領域，使分擔各部分犯罪或僅參與謀議之人，均同受正犯之處罰。此係基於一少年因害怕而未敢穿越黑暗之公園，但如二人以上同行，則可昂然大步而過，故如僅一人，則其犯罪之勇氣及遂行之情形，當較數人爲少，而此數人既已結合爲異體同心，則對此異體同心者所爲之行爲，自應同負刑事責任。依此理論而言，因各個過失犯之犯罪行爲人，未能結合爲異體同心之組織體，故不能成立過失犯之共同正犯，亦至灼然❺。

4.自目的行爲論立論

目的行爲論者將故意與過失之成立要件區分爲二，即認實現故意之成立要件者爲故意之正犯，實現過失之成立要件者成立過失之正犯。所謂過失正犯，係指行爲人因欠缺社會一般所認之注意義務，而造成社會所認無價値之結果。故在過失犯中，並不能區別其正犯與共犯，僅可認定其係違反注意義務而爲引起結果之共同原因性（Mitur-

❺ 參照齊藤金作　共犯理論の研究（昭和二十九年）　第一一七頁；另下村康正亦本於共同意思主體說否定過失犯之共同正犯。參照下村康正　前揭文第一二頁。

sächlichkeit)而已。在此情況，即足成立過失犯之正犯；但在共同過失之情形下，因行爲者以外之人之「共同原因性」僅爲與自然力、機械力相同之機能而已，亦即行爲者彼此並未結合爲共同體或引起結果之劃一正犯性存在，充其量僅屬過失同時正犯而已，故並不成立過失共同正犯❻。

（二）過失共同正犯肯定論

1.自共同正犯理論之主觀說立論

共同正犯理論之主觀說，係以數人共同爲犯罪行爲之實行、共同表現惡性，而應受刑罰之科處，故又有行爲共同說之稱。按此理論，則共同犯罪之情形，應以其行爲是否共同爲其認定之標準，如行爲人共同爲犯罪行爲，即可認定其共同表現惡性而應受刑罰科處。此種情形，不獨故意犯如是，縱以過失犯，亦能承認其共同行爲，共同表現惡性，故採取行爲共同說之立場，用以說明過失共同正犯之成立。

2.自無視於共同正犯之特性立論

學者雖多認共同正犯有其特性，即共同正犯必以共同行爲者之間具備意思之連絡，始克成立共同正犯，否則僅屬同時犯而已，但如不顧此一共同正犯之特性，而將共同正犯與單獨正犯等量齊觀，以同一原理處置，則共同正犯所謂一部實行全部負責之問題隨之消失。此在故意犯，係將單獨故意犯與共同正犯同視，在過失犯，亦將單獨過失犯與共同過失犯同視，亦即既有單獨過失之存在，自亦有共同過失正犯之存在。其主張統一的正犯概念(exklusiver Täterbegriff)，在理論上固甚簡易，但在實際運用上，則有不公平，且共同正犯自不同於共犯；單獨犯罪亦不同於共同犯罪，亦向爲學者所重視，故此種無視於共同正犯特性之理論，終不能確當說明過失共同正犯之存在。

---

❻ 參照內田文昭　刑法における過失共働の理論　第三一頁。

3.自意思連絡爲中心立論

此說係以意思連絡爲共同正犯成立之要件，並認爲過失犯亦有共同意思連絡之可能，亦能成立過失共同正犯。故係自意思之概念用以理解過失共同正犯，但其說明之方式則有不同：

(1)將意思與意識區別而爲說明

德國學者平丁克（K. Binding）區別意思與意識二者之概念，用以說明過失共同正犯。彼主張故意係爲違法意識之意思，而過失則爲非違法意識之意思，對於其趨向於違法性之意思而言，故意犯與過失犯並無不同，故謂：「可以存在於故意犯之意思連絡，在過失犯當亦可成立，……故意犯與過失犯同可成立共同正犯。」此一理論，似已將過失犯之「不注意之意思」，予以指陳，對於說明過失犯之本質及其共同意思之概念，助益匪淺❼。

(2)自發生之犯罪結果以外事實之共同點而爲說明

此說係自過失犯所發生之犯罪結果以外之事實，用以認定過失犯之共同正犯。此乃認爲各過失犯間對於犯罪結果以外之事實有共同意思之可能，而行爲人即係彼此以此意思，使他人之行爲成爲自己之行爲而成立共同正犯；亦係自犯罪之共同實行立論，但其係自前法律的事實有關之意識的或意欲的共同，而認定其違反行爲人之意思發生違法結果，因此係爲共同過失犯罪之實行，故可導引如下之公式，即：與前法律事實有關之意識的或意欲的共同＋過失→引起犯罪之結果，基於如此過程，乃能成立過失共同正犯。

(3)自主觀的責任論或主觀的違法要素而爲說明

尚有學者自主觀的責任論立論，謂構成要件該當性及違法性係爲行爲之屬性，而責任則爲行爲人之屬性，故刑法規定之共同正犯

---

❼ 參照內田文昭　刑法における過失共働の理論　第四五頁。

係含有行爲人之有責性之意義在，其既屬行爲人之屬性，則凡共同者，均應負擔刑事責任，即各個行爲均有可罰性，因此故意的共同正犯，各行爲人固應負正犯之責，即在數人共同過失之時，因其係對於前法律事實之意識的共同，發生違法之結果，其擔負符合構成要件之違法行爲者，縱爲過失犯，亦應負共同正犯之責。此一理論，係自共同過失構成要件之該當性與違法性，用以說明過失共同正犯，別樹一幟。更有學者自主觀的違法要素立論，認爲一部實行全部責任之法理亦可說明過失共同正犯；此即各過失犯者並未充足其成立要件，而係由於其他共同者之行爲加入，並以其他共同者之行爲意識爲自己之行爲，以其他共同者之力加入爲自己之力，具備此種主觀的違法要素，而形成一統一體，始克充足其構成要件，成立違法之行爲。在此意義下，故意共同正犯與過失共同正犯並無不同，故肯認過失共同正犯之成立 ❽。

　　4.自過失犯之本質立論

　　　過失犯本質之蛻變，前已述及，主張新過失犯理論者，匪惟重視行爲之無價值，抑且探究結果之無價值，即考察行爲之行爲人是否已盡防免結果發生之義務，如未盡防免結果發生之義務，則其行爲爲有過失，故認其注意義務之對象亦即在於前法律（法定效果結果）以外之事實，如行爲人對於避免結果發生之措置有不注意之行爲（實行行爲）——而惹起結果，即可成立過失犯。準此以解，則數行爲人間，如全部疏於爲避免結果發生之義務行爲——即爲不注意之實行行爲，致引起結果之發生，亦即以自己之不注意誘發他人之不注意，或以他人之不注意誘發自己之不注意，並對避免結果發生義務之不注意，致生犯罪之結果，其行爲係爲連帶之違法行爲，並因此一連帶之違法行

---

❽　參照內田文昭　刑法における過失共働の理論　第五〇頁。

爲，其共同行爲者之全體，即應共負行爲所引起之責任。此種見解，係自過失犯之本質立論，著重於行爲人之前法律事實之共同性，用以說明過失之成立及其成立共同正犯之基礎，實爲過失共同正犯創設另一理解途徑。然而，新過失犯理論尙有如前所述之缺陷，吾人應在根本上解決其缺陷，以使過失共同正犯之理論臻於完美❾。

刑法學界對於過失共同正犯之理論，肯定論與否定論各執一詞，莫衷一是，否定論者自共同正犯理論之客觀說、共同正犯之特性、共謀共同正犯理論、目的行爲論立論，但其各說亦有未能完備之處，且以過失共同正犯之承認在實務運用上有其價値存在，故學者之間，採取肯定論者，亦日見增加。但肯定論者，不論基於共同正犯理論之主觀說，或係基於無視共同正犯之特性，或係基於意思連絡或係過失犯之本質等理論，用以說明過失共同正犯之成立理由，似均仍有不足，故如何在理論上求取適切之說明，則仍有待吾人之努力。

㈢過失共同正犯之實務見解

過失共同正犯應否成立在理論上爭論甚多，已如前述，其在實務運用上，亦不一致，就日本法院運用之情形而言，戰前係採否定論，戰後則改採肯定論，但亦間有否定論之判決，以下僅就足資代表此種轉變之數個判決予以說明之：

1.採否定論之判決

⑴大審院明治四十四年三月十六日判決（刑錄十七卷第二八○頁），謂「根據判決之第二個事實，因被告的共同過失行爲致人於死，此種過失犯仍不適用總則有關共犯之規定，故原判決論處被告過失致死罪，而未載引刑法第六十條（按即共同正犯之規定），自甚恰當。」

---

❾ 參照內田文昭　刑法における過失共働の理論　第五三頁；藤木英雄　前揭書　第一四九頁；內田文昭　過失の共犯　第一三六頁至第一三七頁。

　　(2)大審院大正三年十二月十四日判決 (刑錄二十卷第二六二七頁)，謂「因二人以上共同過失致他人於死傷，並非共同正犯。」

　　(3)大審院大正十一年十月二十三日判決 (評論十一卷第三十一期刑事第四〇〇頁)，謂「因過失犯並不認其有共犯關係，故由自己及他人而爲過失傷害之共同原因，其他共同者所造成之傷害應負責任而爲共同過失者，但因其過失而致他人受傷者，則不問被害者是否有共同過失，其行爲人仍應就其各自之責任而負責。」

　以上三例均爲日本第二次世界大戰前關於過失共同正犯之判決，此一時期，日本實務界均不承認過失共同正犯之存在，充其量認其係爲過失之競合或同時過失犯而已。

　2.採肯定論之判決

　日本法院於第二次世界大戰以前，採否定過失共同正犯論之態度，但自第二次世界大戰以後，則有改採肯定論之趨勢，大多數之判決均已承認過失共同正犯之成立，以下謹舉其較著數例，以爲說明：

　　(1)最高法院昭和二十八年一月二十三日判決 (刑集第七卷第一期第三〇頁)，謂：「被告二人在其共同經營之飲食店，因過失而將含有法定分量以外之『甲醇』之食品販賣予客人，此情形，可認二人對於該等食品有意思之連絡而予販賣，故可成立有毒飲食物品取締令第四條第一項後段之罪之共同正犯。」

　　(2)名古屋高等法院昭和三十一年十月二十三日判決 (裁判特報第三卷第二十一期第一〇七頁)，謂：「原判決認被告二人爲廚師使用火炭煮飯，則其對於其工作場所之炭火如過熱則有燻焦其下部床板而有起火之危險應有認識……如對此種情形不予詳細注意，進而意思連絡而不採預防措置即行返家，亦即未盡防止結果發生之義務……以此點認爲被告二人成立共犯關係，至屬相當，故原判決適用刑法第六十條亦至正當，所謂適用法條錯誤之論旨，顯無理由。」

(3)京都地方法院昭和四十年五月十日判決（下級法院刑集第七卷第五期第八五五頁），謂：「二人制之岔路控制器，被告二人爲其執行之人，怠於爲列車接近之注意義務，因過失未將遮斷機閉鎖，以致發生車輛碰撞，致人於死時，即成立業務上過失致死罪之共同正犯。」

(4)名古屋高等法院昭和六十一年九月三十日判決（高刑集第三十九卷第四期第三七一頁），謂：「㈠被告二人對於本案之熔接作業……在同一機器，同一場所……爲同一目的交互焊接，並相互監督，故成爲一體之運作；㈡被告二人未爲預防之措施，……先置用水，……共同造成本案熔接作業中之實質的危險行爲……」故係共同義務之共同危險，而應負過失共同正犯之責任。

戰後日本法院對於過失共同正犯之成立多採肯定說，有上列各例足資證明，然則實務運用上，仍有採否定說者，如下各例：

(1)廣島高等法院昭和三十二年七月二十日判決（裁判特報第四卷追錄第六九六頁）謂：「因數醫生共同醫療，而過失致生死亡之結果者，僅爲過失行爲之競合，並不成立共同正犯。」

(2)秋田地方法院昭和四十年三月三十一日判決（下級刑集第七卷第三期第五三六頁），謂：「工人三人於屋頂更換葦板之際，因不經意抽煙燒燬房屋，該施工工人僅具有偶然在同一時間、場所、同時抽煙之關係而已，不得認其具有失火罪之意思連絡而成立共同正犯。」

吾國學者對於過失共同正犯，大都採取否定之見解，即認刑法有關共同正犯之規定，應僅適用於故意犯罪之情形而已。過失犯因欠缺故意，無意思連絡之可能，故不成立共同正犯❿。暫行新刑律對於共

---

❿ 吾國學者對於過失共同正犯，類皆採否定說。參照周冶平　刑法總論（民國六十一年）　第三九〇頁；洪福增　刑法之理論與實踐（民國七十七年）　第三二二頁；洪福增　刑法之基本理論（民國七十七年）第三二〇頁；林山田刑法通論（民國七十九年）　第二七七頁；但亦間有學者肯定過失共同正犯

犯之概念採取行爲共同說，故亦實認過失共同正犯之存在。如該暫行新刑律第三十五條規定：「於過失罪有共同過失者，以共犯論」，第三十六條規定：「値他人之故意犯罪之際，因過失而助成其結果者，準共同正犯論，但以其罪應論過失者爲限。」及民國十七年之舊刑法第四十七條之規定：「二人以上於過失罪有共同過失者，皆爲過失正犯。」承認過失犯之共同正犯之存在❶；但民國二十四年之現行刑法將上開條文予以刪除，然實務上對過失共同正犯則均採否定說，有二實例足以說明之：

　　⑴最高法院四十四年三月二十四日臺上字第二四二號刑事判決（中華民國裁判類編刑事法第二冊第三七八頁），謂：「……上訴人甲家有畜鴨，與乙在其住宅門外共製糒糒時，鄰舍雞鴨與其所畜者群集四周在於啄食其製糒餘屑一節，復爲上訴人等所不否認，已見其製糒環境不盡衛生，爲細菌淵藪與傳播機會，且其製妥後欠缺注意遮蓋放置，更使蟑螂、蠅、鼠爲細菌之傳播，是上訴人等對此應注意並能注意而不注意，致食品傳有細菌，即應負過失之責任……惟查刑法第二十八條之共同正犯，以實施犯罪行爲者有共同故意爲要件，若二人以上同有過失行爲，縱皆於其過失行爲均應負責，然亦無適用該條之

　　之存在，如郭衛、王覲等氏；王覲之主張尤爲積極，氏謂：除過失共同正犯可以成立以外，另過失教唆犯、過失從犯亦可成立過失共犯，故認將來修改刑法之時，宜將過失共同正犯、過失教唆犯及過失從犯之共同過失，併列規定，以便適用，請參照郭衛　刑法學總論　第二一七頁至第二一八頁；王覲　中華刑法論　第六五一頁至第六五九頁。

❶ 民國十七年舊刑法雖與暫行新刑律均有過失共犯之規定，但二者範圍不同。暫行新刑律規定，除過失共同正犯以外，其他之共犯亦可成立共同過失；且暫行新刑律亦對故意共犯與過失共犯設爲明文，此二者皆爲民國十七年舊刑法所無，民國十七年舊刑法所規定者，僅爲過失共同正犯而已。

可言。」

　　(2)司法院三十一年院解字第二三八三號解釋（司法院解釋彙編第四冊第一八八八頁），謂：「二人以上因共同之過失發生犯罪者，應各科以過失罪之刑，不適用刑法第二十八條條文，其判決主文亦無庸爲共同過失之宣示。」

　　(四)結論

　　過失犯能否成立共同正犯，夙爲學者之所聚訟，實務運用亦乏定論，然則學者及實務上採取肯定說者，業已日見增多，良以過失共同正犯之承認，足以解決刑法上過失犯之甚多問題之故也。一般言之，如承認過失共同正犯，即有下列效果：

　　1.避免刑法推定之規定

　　德國一八七一年刑法第二百二十七條第二項規定：「前項規定結果（按即重傷害或死亡結果）之一，係由數行爲所爲，各行爲並非單一，而係同時，則應對此侵害負擔刑責，處五年以下重懲役。」日本現行刑法第二百零七條規定「同時犯與共犯例」謂：「二人以上加暴行於他人而致傷害之情形，不知傷害行爲之輕重或何人發生傷害之結果，雖非共同者，仍依共犯之例處斷之。」⑫此二立法例，係因在理論上否認過失共犯，乃不得不在法條上另定明文，推定同時過失，藉以解決

──────────

⑫　德國及日本刑法對於結果加重犯之成立，認爲至少行爲人須對加重結果有過失之情形，始足當之，故係採故意過失競合說。此自德國一九七六年刑法第十八條「犯罪特別結果之加重」，謂「法律就犯罪之特別結果加重其刑者，此加重規定對於正犯或共犯，至少關於犯罪結果，須犯罪人具有過失，始適用之。」之規定，可以知悉（德國一八七一年刑法第五十六條亦同此規定）。前此所指德國一八七一年刑法第二百二十七條第二項及日本刑法第二百零七條之規定，均係就其加重結果之共同犯罪之推定，即因其爲過失犯而推定應共負刑責之特別規定也。

此種情形之處罰，然則如此推定規定，掛一不免漏萬，對於其他過失共同犯罪，則無適用之餘地，故如承認過失共犯之成立，即可避免此種推定規定，而得適用自如。

2.預防舉證困難及處罰偏差

二人以上因共同過失行為造成法益侵害結果之犯罪，如認此二人以上均為單獨之過失犯罪，則必增加甚多舉證困難，甚或產生處罰偏差。試以實例說明如下：甲乙二人相約上山打獵，二人同將前方之人誤以為物，竟持相同廠牌之手槍，同時加以射擊，致人於死亡，其成立過失犯罪，固無疑問，然如認其為單獨正犯，則其犯罪人究為甲或乙？舉證自生困難，處罰亦將有所偏差，是故解決此一情形，惟有承認過失共犯之成立，始克迎刃而解。

3.加重共同行為者之責任

刑法對於業務上過失有加重處罰之規定，蓋以業務行為本身含有危險性，故應提高其注意義務，使其負擔更重之刑責；外國立法例甚至有對重大過失處以較重刑罰之規定，此皆因其行為之可罰性較重所致。準此而言，二人以上共同行為，其危險性亦較大，如非加重刑責，不足以喚醒其更為注意，過失共同正犯之承認，實有加重行為人責任之意義，使其提高注意義務，庶免過失結果之發生，此對犯罪發生之預防，不無裨益。

過失共同正犯之承認，雖足以解決上述問題，故有主張承認過失共同正犯之必要者。然如承認過失共同正犯，則過失共同正犯之理論基礎何在？此為必須解決之問題。如前所述，過失共同正犯肯定論，有自行為共同說（即主觀說）立論，有自無視於共同正犯之特性立論，有自意思連絡為中心立論，有自過失犯之本質立論。然而，自行為共同說立論者，仍不能解決過失犯之共同過失行為，實致過失共同正犯及過失同時犯之界限不清；自無視於共同正犯之特性立論者，將共同

正犯與單獨正犯同視，而導致共犯無用論之結論，亦非所宜；自意思連絡爲中心立論者，則於解釋意思連絡時，每須借重其他方式，迂迴說明，實有不當。比較言之，雖以自過失犯本質而立論者，較能適切說明過失共同正犯之性質，即數行爲人共同對於預防結果發生未盡防免之注意義務，致發生犯罪之結果，而認定過失共同正犯之成立，並以之爲過失共同正犯與過失同時犯之區別標準，較爲可採，然此仍非可以周全說明過失共同正犯之本質。是以在理論上，似仍難有堅實之立論，足以認定可以成立過失共同正犯。

第二款　過失犯與共犯

共犯之成立，可分廣義與狹義言之。廣義之共犯，係包括共同正犯、教唆犯及從犯。狹義之共犯，則僅爲教唆犯及從犯二者。過失犯與共同正犯之關係與過失共同正犯之理論及實務，已於前款論及，本款乃就狹義共犯之觀點，探究過失犯與教唆犯、從犯之關係以及理論及實務之見解。

過失犯能否成立共犯，學說上頗有爭議。主否定說者，以犯罪共同說爲根據，認爲共犯之成立須行爲人間有共同犯罪之認識，以犯罪之認識爲其要件，即共犯以故意犯爲限，過失犯旣無犯罪之認識，亦無發生意思連絡之可能，故過失共犯無存在之餘地。採肯定說者，以行爲共同說爲根據，認爲共犯僅以共同行爲之認識爲要件，不必皆有共同犯罪之認識，故數人之共同行爲有過失者，無論其爲共同過失，或僅一方有過失，均可成立共犯之關係，故除可成立過失共同正犯外，教唆犯及從犯均有成立過失犯之可能❶。分別說明如次：

❶ 日本學者木村龜二本於行爲共同說之立場，除主張過失犯之共同正犯外，並主張過失犯亦可成立教唆犯與從犯，參照木村龜二　刑法總論（昭和五十三年）　第三七四頁。此外，內田文昭則自社會的分工之立場，亦採肯定說。

第一項　過失犯與教唆犯

教唆犯（Anstiftung, provocation, instigation）係教唆原無犯罪決意之人，使其發生犯罪決意，進而爲犯罪行爲之實行。故教唆犯對於犯罪行爲之過程，係居於始作俑者之地位，雖其並未爲犯罪行爲之構成要件行爲之實施，但因居於教唆地位，故其惡性甚重。在吾國刑法第二十九條乃明定教唆犯應依其所教唆之罪處罰之。

教唆犯係對無犯罪決意之人教唆，使其產生犯罪決意，進而實行犯罪行爲之犯罪，其成立亦須具備主觀及客觀兩要件，即教唆之意思與教唆之行爲。過失教唆是否成立教唆犯，就教唆犯之主觀要件「教唆他人犯罪之意思」而言，學者韓忠謨以爲：「教唆犯在主觀方面須有教唆之故意，亦即共同加工於犯罪之意思，凡認識他人將因自己之行爲而發生犯罪之決意，並將進而爲犯罪之實行者，即係教唆之故意，至若因自己之過失致啓導他人發生犯意，或使他人有爲某種過失行爲之意思者，一般學說上雖有認之爲過失共犯者，但在我國刑法上均不成立教唆犯」❷。

學者周冶平亦認爲：「教唆犯既爲共犯之一態樣，故教唆者之教唆意思即爲共犯中共同加工於犯罪之故意，從而因過失而誘發他人犯罪之決心者，自不成立教唆犯」❸。我國實例上亦認教唆犯須有教唆之

參照氏著　過失と共犯　載於綜合判例研究叢書26　第一〇頁。另有因認過失有共同之實行行爲，故僅承認過失之共同正犯者，參照福田平　刑法總論（昭和五十九年）　第二〇一頁；或自共同義務之共同不履行之立場而承認過失之共同正犯者，參照團藤重光　過失犯と人格責任　載於日冲憲郎博士還曆祝賀　過失犯Ⅰ（昭和四十一年）　第八四頁。

❷　參照韓忠謨　刑法原理　第二七七頁。

❸　參照周冶平　刑法總論　第四〇八頁。

故意，並有使他人決意實施犯罪之認識，故認教唆犯，並無過失教唆

❹。

　　以上係就教唆犯本身是否成立過失犯，亦即有無過失教唆犯之存在，闡述學者及實務之意見，雖學者與實務多採否定說之見解，惟如過失教唆而造成法益之重大侵害，此等行為在法律之判斷上，是否應為不罰之行為？如均認其不成立犯罪是否合於事理？又其是否符合刑法對於教唆犯一向採行獨立處罰說之立場無違等，仍成為理論上有待深入探討之問題，惟今日在理論與實務均認教唆犯應具備教唆之故意，教唆人既無故意，即應認定其不構成犯罪，亦屬當前立法論下之當然結論。

　　惟另有一種情形，教唆犯係屬故意，但被教唆人所實施者，則為過失之行為。例如甲明知乙之駕駛技術不佳，而仍教唆乙開車，乙開車後因不慎撞及行人，甲之教唆有教唆他人實施過失傷害之意思，乙亦因甲之教唆而開車，但乙之決意係為開車，而非傷人（如係傷人，當然屬於故意之教唆），學者有主張教唆犯之成立要件，須以被教唆人因教唆人之教唆而產生犯罪之決意，始構成教唆犯，故認此種教唆他人為過失之犯罪行為者，仍不成立教唆犯❺。但教唆犯既已有教，唆

---

❹ 例如最高法院二十九年上字第二六六二號判例謂：「刑法上之教唆罪，係以故意唆使他人犯罪而成立」是。

❺ 參照洪福增　刑法之理論與實踐（民國七十七年）　第三二〇頁；另對過失犯之教唆是否成立教唆犯，在日本學界亦有明顯之對立；如牧野英一（見氏著　刑法總論下冊　第七三九頁）、宮本英脩（見氏著　刑法學粹　第四〇八頁至第四〇九頁）、木村龜二（見氏著　刑法總論　第四一二頁）、佐伯千仞（見氏著　刑法總論講義　第三五五頁）等，均主肯定說；而瀧川幸辰（見氏著　犯罪論　第二四一頁）、團藤重光（見氏著　刑法綱要總論　第三〇六頁至第三〇七頁）、安平政吉（見氏著　刑法總論　第三五五頁至第三五六

之故意，被教唆人亦已因教唆人之教唆而爲行爲，教唆犯之惡性業已
表露，似得以教唆犯論處，且教唆犯在實定法上僅以「教唆他人犯罪」
爲要件，故不問他人之犯罪係屬故意犯抑過失犯，教唆者均可成立教
唆犯；如再細繹刑法第二十九條第二項「被教唆人雖未至犯罪，教唆
犯仍以未遂犯論。」之規定，即不問被教唆人有無至犯罪之階段，教唆
犯應不能免於論罪科刑，益證教唆他人實施過失之犯罪行爲者，似應
成立教唆犯；惟如就教唆犯係教唆無犯罪意思之人使其發生犯罪之決
意言之，則被教唆人既無犯罪之決意，教唆者即與教唆犯之意義不侔，
因此，如認定成立過失犯之教唆犯，亦不無疑義。

　　第二項　過失犯與從犯

　　從犯，即幫助犯，亦即幫助他人犯罪之行爲。一般而言，從犯之
認定亦有主客觀之標準，主觀方面，須有幫助他人犯罪之意思；客觀
方面須有幫助他人犯罪之行爲。

頁）、植松正（見氏著　刑法概論　第三二五頁至第三二六頁）、青柳文雄（見
氏著　刑法通論　第三七九頁）、瀧川春雄（見氏著　刑法總論　第一九四
頁）、井上正治（見氏著　刑法總則　第二三一頁至第二三二頁）等則主否定
說，但否定說並非認過失犯之教唆犯均不應處罰。部分學者以被教唆人非因
教唆人之教唆而產生犯罪之決意，故不宜論以教唆犯，但因其對過失犯爲教
唆行爲，故通常可以成立間接正犯；但亦有分別情形成立者，即如教唆犯具
備正犯性，則成立間接正犯，否則即不成立間接正犯或教唆犯者。日本東京
高等法院曾爲判決認爲：「教唆犯係以教唆他人使生犯罪決意爲必要，是以在
觀念上即無法承認對過失犯可以成立教唆犯之餘地。」云云，而否定對過失犯
成立教唆犯之可能（參照東京高判昭和二十六年十一月七日判決特報第二十
五期第三一頁），但該國學者阿部純二則認判例既已承認過失共同正犯，則無
不可承認對過失犯教唆及從犯之理由。參照氏著　過失と共犯　載於刑法の
基本判例　別冊法學教室（昭和六十三年）　第七五頁。

過失犯有無發生從犯之問題，我國暫行新刑律第三十六條曾設規定為「值人故意犯罪之際，因過失而助成其結果者，準過失共同正犯論。但以其罪應論過失者為限。」舊刑法及現行刑法均予刪除。在日本主張犯罪共同說者，均主張過失從犯應不存在，主張行為共同說之木村龜二等教授則認有過失從犯存在之餘地，我國學者及實務上則均採否定之見解：

韓忠謨教授以為：「從犯除在客觀上須有幫助行為外，在主觀上並須有共同之犯意，亦即對於他人之犯罪，有共同加功之意思……故因過失而助成他人之犯罪行為，或因過失而助成他人之過失行為（一方過失共犯及雙方過失共犯），在我刑法上均不生從犯之問題」❻。

陳樸生教授以為：「從犯……既曰幫助他人犯罪，自指幫助他人犯故意之罪，並不認有過失犯之幫助」❼。

實務之見解則有：

㈠十八年院字第七四號解釋：「值人故意犯罪之際而有過失之事實，如依法應論過失罪，應認為獨立之過失犯」。

㈡二十年上字第一○二二號判例：「刑法上幫助之行為，須有幫助他人犯罪之意思，如無此種故意，基於其他原因，以助成他人犯罪之結果，尚難以幫助論」。

㈢二十年上字第一八二八號：「刑法第四十四條（舊）之幫助犯，非但行為之外形可認為幫助，且必須與正犯有犯意之聯絡。若幫助之人，誤信為正當行為，並無違法之認識，則其行為縱予正犯以助力，尚難遽令負幫助之罪責。」

理論上對於因過失助成他人之犯罪者，是否成立幫助犯？主犯罪

---

❻ 韓忠謨　刑法原理　第二八九頁；周冶平教授亦同此見解，參照周冶平　刑法總論　第四二五頁。

❼ 陳樸生　實用刑法　第一八○頁。

共同說者以為幫助犯乃幫助正犯犯特定之罪，故幫助行為必須基於故意而為之，因以否定過失幫助犯之觀念。主行為共同說者，則以幫助行為苟能徵表幫助者之危險性格即足，其出於故意或過失，並無區別之必要❽。但以刑法上對於從犯均認係從屬於正犯而成立犯罪，是以如故意幫助他人犯故意之罪者，固應成立幫助犯，此亦即我刑法第三十條所規定之本旨。惟如㈠故意幫助他人，而該他人係犯過失之罪者；或㈡過失幫助他人，而該他人係犯故意之罪者；或㈢過失幫助他人，而該他人係犯過失之罪者，應如何處理？則有待斟酌。按刑法雖規定幫助犯應有幫助之故意，且以幫助犯應從屬於正犯而受處罰，但其處罰亦不應重於正犯之處罰。故在㈠之情形，仍宜以與正犯相同過失犯處罰之；在㈡及㈢之情形，因行為人不具備幫助之故意，故不能認其成立從犯而受處罰❾。

第三節　過失犯與累犯

累犯謂犯罪經確定裁判，受一定刑罰之執行，在一定期間內，復犯一定之罪，依法加重其刑❶。刑法第四十七條規定：「受有期徒刑之

---

❽　參照本節❶。

❾　參照日本富良野昭和三十四年七月十四日簡易判決（下級判例集第一卷第七期第一六三九頁）。該判決謂：「對於無駕駛執照之人非法駕車之行為之幫助者，如被告未能認知駕駛人未取得駕駛執照，亦未為容認之幫助行為，即應解為不成立過失之幫助犯。」並參照楊建華　刑法總則之比較與檢討　第二七七頁及第二七八頁；又德國現行刑法第二十六條及第二十七條已明定教唆及幫助犯均應以故意犯為限。
　　參照本論文第二章第一節。

❶　參照韓忠謨　刑法原理　第三八三頁；周冶平　刑法總論　第六一二頁；大

執行完畢，或受無期徒刑或有期徒刑一部之執行而赦免後，五年以內再犯有期徒刑以上之罪者，爲累犯，加重本刑至二分之一。」依本條之規定，累犯之成立要件如下❷：

㈠前犯之罪須受有期徒刑以上自由刑之執行：至如雖曾拘束自由，而非執行徒刑，如前科罰金易服勞役、或曾經羈押、或受監禁處分、或受保安處分之執行者，皆非受刑法上徒刑之執行，自與累犯之條件不合。

㈡前科須受有期徒刑之執行完畢：或受無期徒刑，或有期徒刑一部之執行而赦免後再犯罪者。刑罰之效果，須於有期徒刑執行完畢，或徒刑雖未執行完畢而已受赦免，始足以測知。故倘於自由刑執行完畢，或服自由刑經赦免後再爲犯罪之行爲，足徵犯人之惡性深重，刑罰之教育功能尚未發揮，應以累犯加重論科。

㈢前犯之刑執行完畢或赦免後五年以內再犯罪者：其所以規定五年以內，蓋依刑事統計，再犯之情形以前科執行完畢五年內者居多，故自前科執行完畢或赦免以至後犯着手之時，其間如未逾五年者，即爲累犯。倘已逾五年而再犯者，足徵其人已受相當感化，即無再因前科而加重刑罰之必要。

㈣再犯有期徒刑以上之罪：因死刑與無期徒刑依刑法第六十四條不得加重，故累犯加重僅得適用於最重本刑爲有期徒刑之罪而已。

按累犯之規定，乃爲針對已受刑之執行而不知悔改向上，再行犯罪之惡性者加重處罰，以資預防再犯。現行刑法第四十七條對於再犯之罪係屬有期徒刑以上刑之罪，而不問出於故意過失，均可成立累犯，

谷實　刑法講義總論　第五〇一頁；團藤重光　刑法綱要總論　第四九七頁。

❷ 參照韓忠謨　刑法原理　第三八四頁；周冶平　刑法總論　第六一三頁至第六一六頁。

但累犯之加重，係以犯人之刑罰反應力薄弱爲其理論依據，如其再犯係出於故意者，固有適用累犯加重規定之必要；若因過失再犯者，尙難據以確認其刑罰反應力薄弱，祗宜以勸導改善等方式，促其提高注意力，避免再犯，不宜遽行加重其刑，故已送立法院審議之刑法修正草案，其第四十七條已修正爲「受徒刑之執行完畢，或一部之執行而赦免後，五年以內故意再犯有期徒刑以上之罪者，爲累犯，加重本刑至二分之一。」「依第九十條第三項免其刑之執行，而受強制工作處分之執行完畢或一部之執行而免除後，五年以內故意再犯有期徒刑以上之罪者，以累犯論。」❸即除第二項擴大至依第九十條第三項受強制工作處分者亦得爲累犯之基礎外，其第一、二項所定執行完畢或赦免後再成立累犯之再犯罪，均以「故意再犯」爲限，故「過失」之再犯，尙不成立累犯。

❸ 參照民國七十九年元月中華民國刑法修正草案第四十七條。日本現行刑法第五十六條對於累犯之成立要件仍維持如我國現行法第四十七條所規定之要件。該國一九七四年刑法改正草案亦未修正，就我國刑法修正草案加列再犯應以「故意」始克成立累犯，其規定較日本刑法及日本刑法改正草案爲優。參照大谷實　刑法講義總論　第五〇二頁；團藤重光　刑法綱要總論　第四九九頁；宮澤浩一　累犯　載於平場安治、平野龍一編　改正刑法の研究(昭和四十七年)　第二六二頁至第二七二頁。

第八章　過失犯與裁判上一罪

　　犯罪係指構成要件該當之違法且有責之行為，具備此等要件者，即為犯罪之行為而應受刑罰之科處，但犯罪有係為一犯意、一行為、侵害一法益；亦有由為一犯意、一行為而侵害數個法益；或為數犯意、數行為而侵害數法益等之各種情形，如為一犯意、一行為、侵害一法益之情形，固為單一之犯罪，並無疑義，但如為其他各種情形，則如何計算其罪數，即有不同之見解。學者之間，有㈠依行為人犯意多寡以確定罪數者，稱為犯意標準說❶；㈡依犯罪行為之個數認定罪數者，稱為行為標準說❷；㈢依侵害之法益或結果之個數以認定罪數者，稱為法益標準說❸；㈣依構成要件該當之次數以認定罪數者，稱為構成要件標準說❹；㈤依各種不同之標準以認定罪數者，稱為個別化說❺；

❶ 參照牧野英一　刑法總論上卷（昭和三十三年）　第七九九頁；木村龜二、阿部純二　增補刑法總論（昭和五十三年）　第九八頁；平場安治　刑法總論講義（昭和二十七年）　第一七二頁；並參照大判明治四十一年六月二十二日判決　刑錄第十四卷　第六八八頁。

❷ 參照下村康正　犯罪論の基本思想（昭和三十五年）　第二〇三頁；並參照大判明治四十四年十一月十六日判決　刑錄第十七卷　第一九四四頁。

❸ 參照宮本英脩　刑法大綱（昭和十四年）　第二一〇頁；瀧川幸辰　犯罪論序說（昭和二十二年）　第二五七頁；鈴木茂嗣　現代刑法講座第三卷　第二八七頁；並參照大判明治四十一年三月五日判決　刑錄第十四卷　第一六一頁。

❹ 參照小野清一郎　新訂刑法講義總論（昭和二十五年）　第二六五頁；植松正　再訂刑法概論Ⅰ總論（昭和四十九年）　第四二〇頁；佐伯千仞　刑法

日本判例多採構成要件標準說；但學說上則未以之爲通說。一般言之，犯罪成立要件當包括㈠犯意、㈡行爲、㈢行爲之客體、㈣行爲之情況、㈤行爲之結果、㈥法益之侵害等六者，但嚴格言之，亦可歸納其爲㈠犯意、㈡行爲、㈢結果三者，而於認定罪數時，如偏廢於一端，均不免於有所不周之處，是以應參酌犯意、行爲與結果等諸因素，據以認定犯罪之個數，始能得當❻。

據上所述，故意犯罪之個數，於認定上已有不同之標準，惟大體言之，因故意犯之犯意、行爲之爲一個或數個，已有甚多理論及實務予以闡明，故其認定標準當稱明確。至於過失犯，則因其係屬行爲人有注意之義務並有注意之能力，而竟疏於注意或懈怠注意而致結果發生，此種情形，究應如何認定其犯罪意思，已有其實質上之困難，而過失犯之行爲概念，亦有各種不同之理論，且如自晚近發展之目的行爲論言之，對於過失行爲亦無法爲適切之說明，是以關於過失犯犯罪個數之認定，遂不免發生困難，如就過失犯係爲某一心意不集中之狀態而由一個行爲致引起一個結果者，當可認定其爲一個過失犯罪，應

講義總論（改訂版　昭和四十九年）　第三七一頁；團藤重光　刑法綱要總論（改訂版　昭和五十四年）　第四一一頁；福田平　刑法總論（昭和五十九年）　第二七七頁；大塚仁　刑法概說總論（昭和六十一年）　第四二八頁；吉川經夫　改訂刑法總論（昭和四十七年）　第二七三頁；並參照最大判昭和二十四年五月十八日判決　刑集第三卷第六期　第七九六頁；最判昭和二十八年三月二十日判決　刑集第七卷第三期　第六〇六頁。

❺ 參照平野龍一　刑法總論（昭和四十七年）　第四〇八頁；西原春夫　刑法總論（昭和五十二年）　第三七一頁；前田雅英　刑法總論講義（昭和六十三年）　第四六三頁。

❻ 參照韓忠謨　刑法原理　第三四四頁；大谷實　刑法講義總論（平成二年三月）　第四四四頁至第四四五頁。

無問題；惟如係因一行爲所引起之數個結果，而行爲人竟因多數之過失，而此一過失行爲與彼一過失行爲間有若干之關連，或此一過失與彼一過失係屬性質相同，或觸犯同一犯罪構成要件時，其罪數究應如何確定？抑其是否成立想像競合犯、牽連犯或連續犯等之裁判上一罪，則有不同之見解，以下分別說明之。

第一節　過失犯與想像競合犯

一行爲而觸犯數罪名者，學理上稱之爲想像競合犯(Idealkonkurrenz)（刑法第五十五條前段）。所謂一行爲觸犯數罪名，即以一個犯罪意思，實施一個犯罪行爲，侵害數個法益，而該當於刑法分則中數個特定構成犯罪事實。例如投擲炸彈一枚，炸死路人一名，炸毀房屋一幢是。一個犯罪意思，此犯罪意思可能爲本質上的一個犯罪意思，亦可能屬於概括的或不確定的一個犯罪意思；至於一個行爲，則該行爲應屬於觸犯刑法各條所定之構成類型之行爲，所謂一個行爲，即爲行爲在自然的觀察或社會觀念上可認其係屬於一個之行爲❶，且所謂一個行爲，亦包括不作爲在內❷。至於所謂發生數個結果、觸犯數個罪名，即犯罪人之行爲、所發生之結果得於該當於數個犯罪之構成要件，故如採法益標準說以認定犯罪之個數者，則此一情形，當屬數個犯罪，但如採犯意標準說、行爲標準說或構成要件標準說，則想像競合犯應仍屬於一個犯罪，是以想像競合犯究爲實質上一罪或爲數罪，

---

❶ 參照日本最大判昭和四十九年五月二十九日判決　刑集第十八卷第四期　第一一四頁；並參照庭山英雄刑法判例百選總論（昭和五十九年）　第一九六頁。

❷ 參照日本最大判昭和五十一年九月二十二日判決　刑集第三十卷第八期　第一六四〇頁。

即有爭執，惟因其係一個犯意一個行爲所設之數個結果，爲求訴訟上之經濟及避免爭議，爰認其爲裁判上之一罪，而於法律上規定從一重處斷。

想像競合犯有同種想像競合犯與異種想像競合犯之分，前者係指所發生之數個結果觸犯同一法條，即均屬同一之犯罪類型，例如開車同時撞斃二人，如屬故意，則爲二個相同刑法第二百七十一條之殺人罪；如屬過失，則爲二個相當於刑法第二百七十六條之過失致死罪是；後者係指所發生之結果觸犯不同之法條，即爲不同之犯罪類型，例如開車撞斃一人、撞毀一物是。

想像競合犯之處罰係從一重處斷(刑法第五十五條)，但如屬同種的想像競合犯，因所觸犯之法條相同，刑罰本身並無重輕之分，是以所謂從一重處斷，即無實質之意義；惟在異種的想像競合犯，則因所觸犯者爲二以上不同之法條，故應擇定其較重處罰之規定而適用之，是以所謂從一重處斷之作用，於異種想像競合犯時，有其實益；在於同種想像競合犯之從一重處斷毋寧謂係以一罪論，尤較洽當。

想像競合犯之一行爲而觸犯數罪名者，只須其行爲係出於一個犯罪意思，即可成立。惟所發生之犯罪構成事實，行爲人是否已有認識，亦即是否以故意爲限，在理論上雖無甚多之討論，然有認因一個過失行爲，發生數個法益侵害之結果，致觸犯數個過失罪名，亦屬可能之事，例如誤觸槍枝扳機致槍彈連發擊斃、傷多人，其係以一過失行爲，觸犯數個過失致死、過失傷害罪名，即得認其成立過失之想像競合犯而應從一重處斷。我國實例亦承認過失犯之想像競合犯，其例如下：

㈠、上訴人駛船過急，將他船之乘客撞落江內溺斃三人，顯係一個過失行爲而觸犯數個罪名，應依刑法第五十五條處斷。(二十八年上字第二三七二號)

㈡、刑法第一百七十三條第二項之失火罪，雖含有侵害人之生

命、身體、財產等之危險，然因失火而致焚斃人命之實害，並非當然包含於失火罪責之內。刑法上對於失火燒燬有人所在之房屋，且致人於死者並無特別規定；行為人對於燒燬房屋既應負過失責任，則房屋內所住之人有焚斃可能，亦屬可預知之事實，自亦不能解免過失致人於死之罪責。此項情形，係一過失行為而觸犯刑法第一百七十三條第二項及第二百七十六條第一項之兩個罪名，應依刑法第五十五條從一重處斷。(三十年上字第二七四四號)

　　㈢、甲起意殺乙，置毒餅內送乙，乙未食，甲對乙自成預謀殺人未遂罪；如乙以該餅送丙食，丙食之，覺口麻腹痛，告之丁，丁嚐少許，丙大病，丁亦病，甲亦預見，而不違背本意，則甲對於丙丁亦有殺人之間接故意，應成立殺人未遂罪。若應注意並能注意而不注意；或雖預見之，而確信其不發生，丙丁既因食餅而病，則甲對於丙丁，自屬過失傷害人，應與預謀殺乙未遂之行為依刑法(舊)第七十四條處斷，若無上述之故意及過失，即對丙丁不成罪。(司法院院字第三五五號解釋)

　　實務上固多採過失犯得成立想像競合犯之立場，已如上述，但實際上言之，想像競合犯成立要件之一個犯意，當指故意犯之犯意，而不包涵過失犯之不注意之心理狀態在內；所謂之一行為，當指一故意行為，而不涵蓋過失之行為在內。故所謂過失犯之想像競合犯，實因其於客觀上已存在數個犯罪結果，即侵害數個法益、觸犯數個罪名，是以在實務上遂認之為裁判上一罪，為求訴訟上之經濟，遂依想像競合犯之例處斷之。故刑法中有關想像競合犯之規定，就其本質言，並非完全適用於過失犯。

第二節　過失犯與牽連犯

　　牽連犯係指犯一罪而其方法或結果更犯他罪名者（刑法第五十五條後段）。是以牽連犯必有二以上之犯罪行爲存在，而此二以上犯罪行爲之間，有其牽連之關係，始克成立牽連犯，且因牽連犯之最終者爲目的之行爲或發生之結果，對此有予助成之方法或手段，此於當事人之主觀意思並非重要，而於實際處理上則有予以簡化以求訴訟經濟之必要，是以刑法第五十五條乃明定牽連犯係從一重處斷。

　　牽連犯必有二以上之犯罪行爲，例如方法對於目的、或手段對於結果，亦即以某一方法之行爲達成某一目的之行爲，或由於實施某一犯罪類型而最後係爲達成某一犯罪類型之結果，例如爲竊取室內之物品，則不能避免侵入住宅之行爲是。惟其方法行爲與目的行爲間，或手段行爲與結果行爲間，究須具備如何之關係，始克成立牽連犯，此即學者所注意探討之牽連關係是，判斷此二者間牽連關係之存否，學說有㈠、客觀說：認爲應以通常之關係——亦即一般人在通常之環境可認其有牽連關係，即可成立牽連犯❶；㈡、主觀說：認爲應以行爲人之主觀意思，即以某一方法或手段之行爲與其目的或結果之間，其行爲人是否有意使其發生牽連關係，據以認定是否成立牽連犯❷；㈢、

❶　參照小野淸一郎　新訂刑法講義總論　第二七七頁；植松正　再訂刑法槪論㈠總論（Ⅰ）　第四三六頁；團藤重光　刑法綱要總論　第四三四頁；中義勝　講述犯罪總論　第二七四頁；福田平　刑法總論(昭和五十九年版)　第二八六頁；大塚仁　刑法槪說總論　第四四一頁；並參照大判明治四十二年十二月二十日判決　刑錄第十五卷　第二〇一二頁。

❷　參照牧野英一　日本刑法上卷　第五一三頁；木村龜二　刑法總論　第四一三頁。

折衷說：認為方法或手段之行為與目的或結果之行為間，除須具有因其性質通常即具牽連之關係外，尚須行為人有使其具有牽連之關係，始克認定其有牽連關係，而成立牽連犯❸，然因牽連關係係屬客觀歸責事由之二個犯罪行為間之關連性，亦即應以在客觀上認定二以上行為之間是否具有牽連關係，較為妥適，故應採客觀說❹。

　　牽連犯之成立，必須具備㈠、犯一罪為目的或結果；㈡、更犯之他罪名為目的之方法或結果之手段；㈢、方法與目的、手段與結果之間有牽連關係存在。所謂方法與目的，或手段與結果，在日本判例上，有侵入住宅罪與放火罪（大判昭七、五、二五刑集第十一卷第六八〇頁）；侵入住宅罪與強姦罪（大判昭七、五、一二刑集第十一卷第六二一頁）；侵入住宅罪與殺人罪（大判明四三、六、一七刑集第十六卷第一二二〇頁）；侵入住宅罪與竊盜罪、強盜罪（大判明四五、五、二三刑錄第十八卷第一六五八頁）等，至於認定其非屬方法與目的或手段與結果之牽連關係者，則有放火罪與詐欺保險罪（大判昭五、一二、一二刑集第九卷第八九二頁）；監禁罪與強姦致傷罪（最判昭二四、七、一二刑集第三卷第八期第一二三七頁）；監禁罪與傷害罪（最決昭四三、九、一七刑集第二十二卷第九期第八五三頁）；不正使用公印罪與受賄罪（最判昭二七、二、七刑集第六卷第二期第二〇八頁）等。另有專對犯罪之結果而就其與手段間認定成立牽連犯之例，諸如偽造公文書與行使偽造公文書罪（大判明四二、七、二七刑錄第十五卷第一〇四八頁）；明知不知記載罪與行使不實證書罪（最判昭四二、八、二八刑集第二十一卷第七期第八六三頁）；偽造公文書罪與詐欺罪（大判

❸　參照青柳文雄　刑法通論Ⅰ總論　第四三七頁；西原春夫　刑法總論　第三八〇頁；並請參照最大判昭和二十四年十二月二十一日判決　刑集第三卷第十二期　第二〇四八頁。

❹　參照大谷實　刑法講義總論　第四六〇頁；並參照本節❶。

明四四、一一、一〇刑錄第十七卷第一八七一頁）；偽造私文書罪與行使偽造私文書罪（大判明四二、二、五刑錄第十五卷第六六頁）等。類此情形，而認其不成立牽連關係者，如強盜殺人罪與湮滅罪證之放火罪（大判明四二、一〇、八刑錄第十五卷第一二九三頁）；強盜殺人罪與遺棄屍體罪（大判昭一三、六、一七刑集第十七卷第四七五頁）；殺人罪與毀損屍體罪（大判昭九、二、二刑集第十三卷第四一頁）；殺人罪與遺棄屍體罪（大判明四三、一一、一刑錄第十六卷第一八一三頁）等是。

我國實務對於方法與目的或手段與結果間，是否具備牽連關係而得否成立牽連犯，亦有若干實例可資說明；例如二十八年上字第二六四五號判例謂：「以傷害人身體之目的，將其人私行拘禁加以毆打，其拘禁行為，係圖達傷害目的之手段，即與刑法第五十五條所謂犯一罪而其方法之行為犯他罪名之規定相符，其先後實施者，既有拘禁與傷害兩個性質不同之行為，當然不能認為一行為而犯數罪。」二十九年上字第八四三號判例謂：「意圖姦淫而和誘未滿二十歲之女子脫離家庭，與行使偽造私文書兩罪名，有牽連犯關係……」六十八年臺上字第一九八號判例謂：「強姦婦女而剝奪婦女之行動自由時，是否於強姦罪外，另成立妨害自由罪，須就犯罪行為實施經過之全部情形加以觀察，除該妨害自由之行為已可認為強姦罪之著手開始，應成立單一之強姦罪外，應認係妨害自由罪及強姦罪之牽連犯。」等是。

牽連犯既係以犯一罪而其方法或結果之行為更犯他罪名為其成立之要件，故應有犯一罪為目的或手段，而另犯一罪為方法或結果，而此二者間具有牽連之關係。惟此二者究必屬於不同之犯罪，抑可以為相同之犯罪，亦即牽連犯之二以上犯罪，除為二以上之不同犯罪類型得以成立牽連犯外，如其屬於同種類之犯罪，能否成立牽連犯？即有無同種類牽連犯之問題？學者雖有認得有成立同種類牽連犯之可能

❺。但實際上如屬同種類之二以上犯罪，如非屬於連續犯，即應合併處罰，應無成立牽連犯之餘地。

牽連犯之成立之要件，已如上述，則其方法與目的或手段與結果之二以上犯罪間，是否均應屬於故意犯，始克成立牽連犯？遂不免有所爭論，如自此二以上犯罪係指犯罪之構成事實而言，即可以不論其是否爲故意之犯罪行爲，當可成立過失牽連犯；惟就牽連犯之本質言之，牽連犯既係以犯一罪爲其目的或手段，而行爲人在犯意上復另有方法或結果之犯意存在，是以以上之犯罪行爲均應以故意之犯罪，始克成立牽連犯，準此而言，則無過失牽連犯存在之餘地，當屬較爲妥適之見解。

第三節　過失犯與連續犯

連續數行爲而犯同一之罪名者，學理上稱爲連續犯(delictum continuatum, fortgesetztes Verbrechen)，亦即爲我國刑法第五十六條所規定之「連續數行爲而犯同一之罪名者，以一罪論。但得加重其刑至二分之一。」者是。連續犯究爲數罪抑爲一罪，固有若干之爭執，如採其爲概括一個犯意之爲認定標準者，自可解爲一罪，但實際上所謂概括犯意，似又可解析爲數個犯意所構成；且連續犯必有數個獨立之犯罪行爲，始克構成，而亦必爲有多數之結果，侵害數個法益，故不論採取行爲說或法益說，連續犯均屬於數罪，惟爲求訴訟上之經濟及保護犯罪人之利益起見，故在裁判上認係爲以一罪論，而將之依裁判上一罪處理，惟因其行爲多個，侵害之法益亦屬多數，因之，特規

❺ 參照大谷實　前揭書　第四六二頁；實務上亦有承認得成立同種類之牽連犯者，例如大判明治四十三年十一月五日判決　刑錄第十六卷　第一九四一頁是。

定為得加重其刑至二分之一。

連續犯之性質，係屬行為人基於概括之犯罪決意，反覆實施同種或類似之行為，而觸犯同一之罪名者，故連續犯必須具備上述犯意、行為及被害法益之三個要件，缺一不可，依此說明，其成立要件如下❶：

一、須基於一個概括之犯意

即行為人須對其將反覆實施之同種或類似之行為，概括的有所預見，是其犯罪之意思即綜合而成一個犯意決定。但其犯意所包含之犯罪次數或客體之多寡，則非所問。

二、須反覆為同種或類似之行為

即行為人對於同種或類似之行為，反覆作為，至於何謂同種之行為(Gleichartigkeit)或類似之行為（Ährlichkeit der Begehungsart），則需就各個行為之一般性質決定。其二以上行為間，固未必有場所或時間之區隔限制，但必出於諸多行為，否則如屬一行為發生數個結果、觸犯數罪名，則屬於刑法第五十五條上段之想像競合犯，而非連續犯；或如行為人係另行起意更犯他罪名，則為數罪併罰，亦非屬於連續犯。

三、須犯同一之罪名

即連續犯所觸犯者，須屬同一之罪名，所謂同一之罪名，實務上原指罪質相同者而言，甚至不問其章名是否相同。例如最高法院二十二年上字第二三八九號判例謂：「刑法第七十五條(舊)所謂同一罪名，係指罪質相同之罪而言。又曰以一罪論，其非單一罪可知。故凡連續數行為而犯罪質相同之數罪，均可構成連續犯。其罪有輕重時，自應

---

❶ 參照韓忠謨　刑法原理　第三六三頁；楊大器　刑法總則釋論　第三三四頁。

論以一重罪。」是故如最高法院十八年上字第八〇七號判例逐認：「搶奪與竊盜，均係因盜取他人之財產而成立犯罪行為，其本質毫無所異。若以概括意思而為搶奪及竊盜之行為，應以連續犯論。第一審依強盜、竊盜兩罪分別論科，原審未予糾正，其法律上之見解，顯有錯誤。」又如十八年上字第一二一五號判例亦認詐欺與恐嚇，係以同一之意思侵害同一性質之法益，故應依連續恐嚇論以一罪。日本大審院大正五年十二月二日判決亦認竊盜與強盜，應成立連續犯（刑錄第二十二輯第一八四〇頁）。學者牧野英一亦謂：「所謂同一罪質，祇有由法規之精神、犯罪之性質，考量定之。」瀧川幸辰則謂：「所謂同一罪名者，乃因一性質犯罪之意思，罪名同一與否，應從刑罰規定之精神及犯罪之性質等問題，以為論定。」❷因連續犯所規定之觸犯同一罪名，經如此擴張適用，以致對於犯罪人為不當之保護，而對被害人之保障不週，甚至與社會正義理念背悖，是以吾國民國六十六年修正前之票據法即曾於第一百四十二條明定票據上之犯罪排除刑法第五十六條連續犯之適用，而司法院大法官會議更於民國六十七年五月十二日作成釋字第一五二號解釋，予以限制。日本則於昭和二十二年法字第一二四號刪除其刑法第五十五條關於連續犯之規定。

　　吾國司法院大法官會議第一五二號解釋謂：「刑法第五十六條所謂『同一罪名』，係指基於概括之犯意，連續數行為，觸犯構成要件相同之罪名者而言。本院院字第二一八五號解釋關於『同一罪名』之認定標準及其成立連續犯各例，與上開意旨不合部分，應予變更。」本於此一解釋，最高法院民刑庭總會曾於民國六十七年六月十三日及六月二十日二次會議中予以闡述，並作成決議如下：

❷　參照牧野英一　傷害行為　殺人行為　連續犯　載於氏著　刑法研究第二卷第一〇〇頁；瀧川幸辰　刑法總論　第一八三頁；洪福增　連續犯之同一罪名　載於氏著　刑法之理論與實踐　第三九七頁至第四二五頁。

依照司法院大法官會議釋字第一五二號解釋，關於刑法及特別刑法上連續犯之適用範圍及其標準：

一、連續犯須基於概括之犯意，則：

旣遂犯、未遂犯、預備犯、陰謀犯；單獨犯、共犯（包括敎唆、幫助犯），如行爲人基於概括之犯意，連續數行爲而犯同一罪名者，當成立連續犯。過失犯無犯罪之故意，不發生連續犯問題。

二、連續犯須連續數行爲而犯同一罪名。依照司法院大法官會議釋字第一五二號解釋，所謂「同一罪名」，指構成犯罪要件相同之罪名而言，因之：

㈠在同一法條或同一項款中，如其犯罪構成要件不同時，不得成立連續犯。

㈡結合犯與相結合之單一犯（例如強盜故意殺人與殺人）不得成立連續犯。反之，結合犯與其基礎之單一犯（例如強盜故意殺人與強盜）則得成立連續犯。

㈢擬制之罪與眞正罪（例如刑法第二百二十一條第二項之準強姦罪與同條第一項之強姦罪，第三百二十九條之準強盜罪與第三百二十八條之強盜罪）不得成立連續犯。

㈣觸犯刑法之罪與觸犯刑事特別法之罪，或觸犯二種以上刑事特別法之罪，除其犯罪構成要件相同者外（例如竊盜與竊取森林主副產物）不得成立連續犯。

三、基上原則，關於得認爲同一罪名成立連續犯者，除上開一、及結合犯與其基礎之單一犯之情形外，尚有下列二種類型：

㈠屬於加重條件者：例如刑法第二百二十一條與第二百二十二條、第三百二十條與第三百二十一條。

㈡屬於加重結果者：例如刑法第二百七十七條第一項與第二項、第三百零二條第一項與第二項。

　　此外，實務上之態度亦爲之不變，如最高法院六十七年臺上字第二八四八號判例謂刑法第三百二十一條第四款之加重竊盜罪與第三百二十九條之準強盜罪不應成立連續犯；六十八年臺上字第三〇五六號判例認爲關於結合犯與其基礎之單一犯（如強劫而強姦與強劫）得成立連續犯；至結合犯與相結合之單一犯（如強劫而強姦與強姦）則不得成立連續犯等，使成立連續犯之情形，大爲減少。

　　至於連續犯是否限於故意犯？亦即過失犯有無成立連續犯之可能？此應自行爲人所謂概括犯意之本質觀察之，例如因不注意之故，缺乏犯罪認識，而連續爲某種犯罪構成事實，仍屬於刑法上之連續數行爲，如該行爲在刑法上有處罰過失之規定，則似應構成過失之連續犯，日本學者宮本英脩亦曾主張過失犯亦得成立連續犯❸。惟吾國實務上前述最高法院六十七年六月十三日及六月二十日民刑庭總會決議第一點即已敍明「過失犯無犯罪之故意，不發生連續犯問題。」學者鄭健才先生亦主張過失犯因不具備意或知之要件，故不應成立連續犯❹，是故如有連續數個過失之犯罪構成事實發生，亦僅能分別認定其過失犯罪之責任，而不得論以連續犯而適用刑法第五十六條。

---

❸ 參照宮本英脩　刑法大綱　第二一六頁至第二一七頁。

❹ 參照鄭健才　過失犯之可罰性　載於法令月刊第四十卷第十一期（民國七十八年十一月）　第四頁。

第九章　過失犯與緩刑及假釋

第一節　過失犯與緩刑

緩刑乃對初犯及輕微犯罪者，應受或已受一定程度以下之刑之宣告者，於一定期間內，暫緩其刑之宣告或其刑之執行之制度；倘犯罪者在該期間內行狀良好而無撤銷緩刑之事由時，即不再宣告或執行該刑罰，其效力相當於未受刑之宣告❶。

---

❶ 緩刑制度在立法例上有下列各種不同之主義：

　㈠刑罰宣告猶豫主義——此制盛行於英、美，故又有「英美主義」之稱。即對於特定情形下之犯人，在一定期間內，不為罪刑之宣告，如在此法定期間，犯人能保持善行，無特定事故發生，則期間經過後，即不為有罪之判決。又英美於實施之制度外，另設有保護司（probation officer），以監督受緩刑者，並隨時考覈其改善之成績。

　㈡執行猶豫主義——此制通行於歐陸諸國，故又有「大陸主義」之稱。即對於特定之犯人，雖為罪刑之宣告，但於一定期間內，暫不執行刑罰，在此法定猶豫期間內如無特定之事由發生，則期間經過後即不再執行刑罰。至緩刑期滿，不執行刑罰之法律性質如何，復分下列二派：

　　1.條件附特赦主義——宣告緩刑後，在緩刑期間內如無特定事故發生，則期間經過後，其所宣告之刑罰即免除執行，至於有罪之宣告則依然存在。

　　2.條件附罪刑宣告主義——緩刑宣告後經過一定之猶豫期間未被撤銷者，不僅免除其刑之執行，且其有罪之宣告亦失其效力，與自始未受罪刑宣告者同。近代多數國家，多採取本制，我國刑法亦同。

按緩刑制度係基於刑事政策之要求而設計，其作用在於：

㈠避免短期自由刑傳染惡習之弊端，此乃受短期自由刑之宣告者，多為惡性不深之初犯或輕微犯罪之人，一旦置諸監獄或其他衆多罪犯聚集之所，必因耳濡目染諸多犯罪劣行而敗壞本性，是則未收改善之效而流弊已生，故採緩刑制度，乃現代刑事政策所謀補救之道，且功效最著者。

㈡緩刑可保全犯罪者之名譽及自尊，使其不因行為之偶然失檢，致身陷囹圄而身敗名裂，終至自外於社會、家國。緩刑制度因可猶豫其刑之執行或宣告，故一旦具備緩刑宣告之要件（我國刑法第七十四條），即得受緩刑之宣告，並於緩刑期滿，未受撤銷宣告之處分(刑法第七十五條) 時，即可產生緩刑之效力而認其與未宣告同（刑法第七十六條)，因此得以保全其名譽，增益犯罪者淬勵奮發、遷善改過之心。

我國現行刑法第七十四條規定「受二年以下有期徒刑、拘役或罰金之宣告，而有下列情形之一者，認為以暫不執行為適當者，得宣告二年以上五年以下之緩刑，其期間自裁判確定之日起算：一、未曾受有期徒刑以上刑之宣告者。二、前受有期徒刑以上刑之宣告，執行完畢或赦免後，五年以內未曾受有期徒刑以上刑之宣告者。」司法院院解字第二九一八號進而解釋「刑法第七十四條各款所謂受有期徒刑以上刑之宣告，係指宣告其刑之裁判確定者而言。」而最高法院二十五年非字第三一三號判例亦闡明「判決前已經受有期徒刑以上刑之宣告，即不合緩刑條件，所謂受有期徒刑以上刑之宣告者，祇須受刑之宣告為已足，是否執行在所不問。因而前受有期徒刑之宣告，雖經同時諭知緩刑，苟無同法第七十六條失其刑之宣告效力之情形，仍不得於後案

以上參照韓忠謨　刑法原理　第四七二頁及第四七三頁；另參照大谷實　刑法講義總論　第五二八頁。

宣告緩刑。」是以依據現行刑法第七十四條規定，前因過失犯罪而受有期徒刑以上刑之宣告，不問已否執行或甚至於已經宣告緩刑，於後犯之案件，即不得宣告緩刑。

　　過失犯既肇因於行為人之不注意，則其惡性自不若故意犯之重大，而且過失犯又以偶發性之犯罪為多；基於上述二項刑事政策之考量，對過失犯更應酌採緩刑制度以收鼓勵自新之效。我國刑法修正草案第七十四條，即基於「過失犯之惡性較故意犯為輕微，且以偶蹈法網者居多；而緩刑制度，既為促使惡性輕微之被告或偶發犯、初犯改過自新而設，自應擴大其適用範圍，使其及於曾因過失犯罪而受徒刑以上刑之宣告者」，故乃分別於刑法修正草案第七十四條第一項第一款及第二款規定得宣告緩刑之情形為：一、未曾因故意犯罪受有期徒刑以上刑之宣告者。二、曾因故意犯罪受有期徒刑以上刑之宣告，執行完畢或赦免後，五年以內未曾因故意犯罪受有期徒刑以上刑之宣告者。本條項之兩款規定，「使曾因過失犯罪，受徒刑以上刑之宣告及曾因故意犯罪，受徒刑以上刑之宣告，執行完畢或赦免後，五年以內再因過失犯罪，受徒刑以上刑之宣告者，均屬得適用緩刑規定之範圍」❷。

　　受緩刑之宣告者，如在緩刑期內行為不良，顯見無法收緩刑之實效，而具備刑法第七十五條第一項，或第九十三條第一項、第三項所定撤銷緩刑宣告之原因時，即由受刑人所在地或其最後住所地之地方法院檢察官聲請法院裁定撤銷原緩刑之宣告（參照刑訴法第四七六條）。緩刑宣告經撤銷者，仍須執行裁判時所宣告之刑罰。唯過失犯之情形，因其犯行非出於行為人之本意，不足據以判別行為人素行之良窳，故刑法第七十五條第二項特別規定，緩刑期中倘因過失犯罪者，並不受撤銷緩刑宣告之處分。刑法修正草案就緩刑宣告之撤銷仍延續

---

❷　參照中華民國刑法修正草案第七十四條說明欄

原規定之精神，然爲求法條體系之一致性，及配合修正草案第七十四條之內容，而有修正草案第七十五條第一項之規定：「受緩刑之宣告而有下列情形之一者，撤銷其宣告：一、緩刑期內因故意更犯罪，受有期徒刑以上刑之宣告者。二、緩刑前因故意犯他罪，而在緩刑期內受有期徒刑以上刑之宣告者」。

第二節　過失犯與假釋

假釋，謂對於已受自由刑之執行，在執行中確有悛悔實據之受刑人，在一定條件下，暫時停止其刑之執行，准其離開監獄，在假釋期中倘無撤銷事由，則尚未執行之刑期視同已執行之制度。

依我國現行刑法第七十七條規定「受徒刑之執行，而有悛悔實據者，無期徒刑逾十年後，有期徒刑逾二分之一後，由監獄長官呈請司法行政最高官署，得許假釋出獄。但有期徒刑之執行未滿一年者，不在此限。」是以假釋之條件爲(1)犯人已受徒刑之實際執行；(2)須有悛悔實據；(3)無期徒刑執行逾十年有期徒刑執行逾二分之一。具備上述要件，則由監獄長官呈報司法行政最高官署，得許假釋出獄，在假釋中並依刑法第九十三條之規定交付保護管束❶。

按假釋制度係基於刑罰經濟之考慮，並爲貫徹教育刑之精神，倘受刑人在刑之執行中確已深具悔改之意，爲免因刑期延宕而阻其改過向善之忱，遂於執行達一定刑期後，准其暫時放免出獄，倘受假釋者能持續保持善行，則在所餘刑期或其他法定期間經過後，即不再執行其刑。

---

❶ 參照韓忠謨　刑法原理　第四八三頁；大谷實　刑法講義總論　第五三五頁以下。

　　假釋制度之設，旨在鼓勵悛悔向善；倘受刑人於假釋期間內復爲犯罪之行爲，足證其或已動搖改過遷善之意念，或貌似悔改，實係企圖僥倖出獄，此等情形，誠無再加寬宥之必要，於是而有假釋撤銷之制。假釋撤銷之原因，在我國刑法第七十八條第一項規定應撤銷之原因爲「假釋中更犯罪，受有期徒刑以上刑之宣告者」；又第九十三條第二項、第三項則規定違反假釋中保護管束規則情節重大者，得撤銷假釋。依刑法第七十八條第二項之規定，在假釋期間內因故意而犯罪者，足以表現其怙惡不悛之劣根性，而應撤銷其假釋；至因過失而犯罪者，以其惡性較輕，縱對其假釋期中之過失犯宣告有期徒刑之刑，亦不得撤銷其假釋。唯刑法修正草案爲使假釋撤銷之規定體例一致，乃分別規定必要撤銷與裁量撤銷之原因；在後者，於假釋中因過失更犯罪，其情節較重致受有期徒刑之宣告者，乃係行爲人未能徹底悔悟自新之表徵，足見行爲人一再危害社會，如任令其繼續假釋而無補救之道，則不但有悖獎勵自新之假釋原旨，且有對社會公衆形成危害之虞，故將其列爲「裁量撤銷假釋之原因」，其條文規定於修正草案第七十八條之一，其第一項第一款規定「假釋中有下列情形之一，足認仍應執行其刑者，得撤銷其假釋：一、假釋中因過失更犯罪，受有期徒刑之宣告者」❷。

---

❷　參照中華民國刑法修正草案總說明第十二頁——修正重要原則第四十二項。

第十章　過失犯與保安處分

第一節　保安處分在現代刑罰制度上之地位

　　保安處分（Sicherungsmassnahme），謂國家以防衛社會爲目的，基於公權力之作用，對於無刑罰適應性或有特殊危險性之特定行爲人，依法律規定所爲之特別預防處分❶。保安處分爲大陸法系國家之產物，蓋十九世紀後半期，因經濟發達、社會結構丕變，導致家庭組織崩潰，致失業、遊蕩、懶惰、精神病等不正常心態所引發之犯罪案件激增，其中尤以累犯、常習犯、少年犯等對社會安全產生嚴重影響，僅以舊有之刑罰手段，已不足以應付實際需要，乃另謀遏止犯罪之有效對策，遂有保安處分制度之產生。

　　保安處分首次較有系統納入刑法體系者，厥爲史托斯（Prof.Carl Stooss）於一八九三年爲瑞士起草之刑法預備案。其後，歐陸各國多予採行，初時特別注重流浪者及酗酒者之禁戒及精神病人之監護等，此又以一九〇二年挪威刑法之規定爲其表率。因此，近代刑事制裁遂一改過去以刑罰爲唯一刑事制裁手段之應報刑主義❷，而產生所謂「雙

---

❶ 參照韓忠謨　刑法原理　第四九四頁；周冶平　刑法總論　第六三四頁；團藤重光　刑法綱要總論　第五六四頁；大谷實　刑法講義總論　第五五〇頁以下。

❷ 參照韓忠謨　現代刑罰制度之實質及其發展趨勢（上）載於法學叢刊第五十三期　第八頁。

軌制」（Zweispurigkeit），將保安處分與刑罰並列於刑法中；惟嚴格
區分其性質與作用，即認刑罰乃對過去犯行所加之懲罰，而保安處分
則與懲罰無關，純係對危險人格者所爲之矯正保護措施。

　　探雙軌制之刑事立法例，尙可區分爲倂科主義與代替主義。採倂
科主義者，係刑罰與保安處分得予倂科，其執行之順序，時以刑罰爲
先，時以保安處分爲先❸。採代替主義者，基於承認刑罰與保安處分
兩者之相互替代性，認執行其一即有代替另一種執行之效力❹。此外，
另有折衷倂科主義與代替主義之「宣告雙軌制，執行一元化」主義
（Zweispurigkeit im Urteil, Einspurigkeit im Vollzüge），亦即宣
告時刑罰與保安處分一併宣告，唯僅執行其一，是以雖採雙軌制，然
實際運用上則具一元化之色彩❺。

　　探雙軌制者，以瑞士刑法草案爲典範，其於刑罰之外，並輔以保
安處分，對犯罪人固仍以課刑事責任爲原則，但對無責任能力人及具

---

❸ 義大利一九三〇年刑法對保安處分之規定以周密細緻著稱於世。該法保安處
　分規定於刑法總則第八章，與同法總則第二章所定之刑罰分列二章。保安處
　分章又分兩部分：第一部分爲對人之保安處分，第二部分爲對物之保安處分。
　在第一部分又特設通則，揭櫫保安處分之基本法則，其主要內容涉及保安處
　分之法律根據，運用基準及執行原則等，對人權之保障十分周到。

❹ 例如日本昭和三十六年改正刑法準備草案即認保安處分與刑罰有互相替代之
　性質，其重要之規定爲：「刑罰執行完畢後，已無執行保安處分之必要者，法
　院得將保安處分撤銷之。反之，因保安處分之執行，而無執行刑罰之必要者，
　法院得免除刑罰全部或一部分之執行」。

❺ 參照高仰止　刑法之理論與實用（民國七十五年八月三版）　第六〇六頁：
　「一元論（主義）者，即認刑法之目的，爲社會防衛一元論性質之論述，亦
　即不認爲刑罰與保安處分有本質上之區別。易言之，認爲刑罰有保安處分之
　性質，或保安處分有刑罰之性質，二者有合一之傾向，祇須保留其一即可
　……」。

特殊習性之犯人，則分別就其危險性而施以保安矯正之處分❻。至今世界各國多倣效其制，即刑罰以道德責任爲本質，以社會責任爲目標；保安處分則純以防衛社會爲目標，可謂進步之法制。我國刑法亦從之。

第二節　我國保安處分制度

我國近代刑法對保安處分設明文規定者，始自清末刑律。大清刑律，已引入歐美保安處分之規定。民國初肇，乃將該刑律草案中與民國體制相牴觸之條文刪除，由大總統頒爲暫行新刑律；其中有關未滿十二歲人得施以感化教育，精神病人得施以監禁處分等規定，已具保安處分之型態。民國十六年國民政府遷都南京，著手修正刑律，於民國十七年公布，是爲舊刑法；其中規定少年犯除施以感化教育外，並得令其監護人、保佐人繳納相當保證金，於一定期間內監督其品行；又關於心神喪失及精神耗弱人之施以監禁處分等❶，雖無保安處分之名，然已具保安處分之實，唯適用對象僅以少年犯及精神病者爲限，範圍稍嫌過狹。

舊刑法施行後，正值各國刑事思潮捨應報刑理論而就目的刑論，即適逢以改善教育爲中心之新派理論蓬勃發展。我國乃順應此一情況進行修法，於民國二十二年十二月完成刑法修正案初稿，其中已明白將保安處分納入❷，初稿再經修正，於民國二十四年一月一日公布，

❻　參照韓忠謨　前揭文　載於法學叢刊第五十五期　第一三頁。

❶　參照舊刑法第三十條、第三十一條及第九十四條。

❷　我國現行刑法於民國二十二年完成之修正初稿中，有關保安處分者有九種，曰感化教育、監護、禁戒、強制工作、保護管束、驅逐出境、喪失公務員資格、公布判決及沒收等，後經修改，將喪失公務員資格及沒收二項，列入刑罰之內；公布判決一項，列入刑事訴訟法中；另增訂強制治療一項，合計爲

同年七月一日施行，即爲現行之刑法，其中關於保安處分，已設有專章，於第一編總則第十二章明定保安處分爲七種: ㈠感化教育處分; ㈡監護處分; ㈢禁戒處分; ㈣強制工作處分; ㈤強制治療處分; ㈥保護管束處分; ㈦驅逐出境處分。另於其他特別法中，亦有類於保安處分之規定，例如少年事件處理法第四十二條之管訓處分及專對竊盜犯與贓物犯宣告保安處分之竊盜犯贓物犯保安處分條例; 另於肅清煙毒條例及檢肅流氓條例中，亦有相類之保安處分規定。

第三節　過失犯與保安處分之關係

保安處分，原有行政法上保安處分與刑法上保安處分之別。通常所謂保安處分，爲刑法上之保安處分，且專指對人之保安處分而言❶。行政法上保安處分，係爲維持社會秩序所執行之行政處分; 凡行使保安警察權而對特定人或特定物所施之特定處分，皆屬行政法上之保安處分範疇❷。刑法上保安處分，則係國家基於公權力，依法對犯罪行爲，或其他類似行爲而具一定危險性之人，以特別預防其犯罪爲目的所實施之矯治、教育、醫療或保護等方法，而由法院宣告之公法上處

現行刑法中之七種。

❶ 廣義之保安處分，除對人之保安處分外，尚包括對物之保安處分。所謂對物之保安處分，即爲防止犯罪而爲對物所採取之排害處分，例如沒收，在性質上應屬對物之保安處分，但我國刑法規定其爲從刑之一種; 惟一般所謂對物之保安處分，因其科處之標的爲財產，故又可稱爲對財產之保安處分。我國刑法並無此等規定，唯得於各種行政法規中發現其存在，例如社會秩序維護法第十九條及藥事法第八十八條是。

❷ 參照韓忠謨　刑法原理　第四九五頁; 高仰止　刑法之理論與實用　第五八九頁。

分❸。

　　基於上述保安處分之定義，可知保安處分之特性爲：㈠係對具一定危險性之人所加之處分，並不以刑法上之犯罪人爲限；㈡係以特別預防爲目的之處分，著重於防止受處分人之犯罪或再犯，故祇須具有將來之危險性，即得宣告保安處分；若無將來之危險性，縱有犯罪行爲，亦可不受保安處分之宣告。簡言之，保安處分係針對具危險性並有犯罪或再犯可能性之人所爲之宣告，故具有目的性及機宜性。至於過失犯是否有宣告保安處分之必要，確有加以論究之必要。

　　自犯罪學之實證研究得知，大多數之過失犯罪者在日常社會生活中，與不犯罪之普通人口並無差別，且無論在個人、家庭或社會因素方面，多與故意犯罪者大不相同，而不屬所謂之「固有犯罪人」❹；再就刑法理論而言，大多數之過失行爲，常因欠缺行爲的不法或結果的不法（見第四章第二節）而不能成立過失犯罪；亦即若干構成要件該當之過失行爲，常因欠缺違法性或有責性，而不成立過失犯；再就刑法之規定而言，過失犯又以實害犯居多，以其具有危險性而科以犯罪責任者，僅散見於公共危險罪章之中，故就過失犯之犯罪性質而言，因其鮮具嗣後再犯之危險性或可能性，故似無宣告保安處分之必要。

　　唯就交通過失犯罪而言，當前快速動力交通工具之大量使用，係爲過失犯罪之主要來源。現今刑法對交通過失所致之傷害或死亡結果，仍多以刑事刑罰爲制裁之手段，亦即以交通過失所產生之實害犯爲處罰對象。但在各種交通法規中，對於道路交通事故除課以刑罰外，亦處以行政罰❺；行政罰又有違章及違法之別。違章者，依道路交通管

❸　參照高仰止　前揭書　第五九〇頁。

❹　參照林山田　論過失犯罪　載於政大法學評論第二十四期　第二九頁、第三〇頁。

❺　參照民國六十五年八月二十六日交參字第〇七七七〇號函發布施行之道路交

理處罰條例之規定，其處罰方式有罰鍰、吊扣執照或牌照、吊銷執照或牌照、禁止駕駛等項（參照該條例第三十三條、第三十五條及第六十一條）。在違法方面，倘違反交通規則並構成犯罪行爲者，警察或公路主管機關應依職權送該管法院檢察官偵辦（社會秩序維護法第三十八條）；該行政罰之對象，亦以實害犯爲主。但爲確保利用道路交通者之生命、身體與財物之安全，並減少其受交通過失行爲之侵害，對交通過失行爲之處罰，不應再侷限於實害犯之領域，而應擴充及於危險犯，除將危險性較高之交通過失危險行爲，如酒醉駕車、嚴重違反交通優先權等之過失危險行爲加以犯罪化❻外，對該類型之交通過失危險犯，亦得採擷若干相關保安處分之立法例，以爲將來修正對過失犯，尤其是交通過失犯採行保安處分制度之參考，諸如義大利法之禁止涉足酒店或酒類販賣處所處分；德國法之禁止於相當期間內從事一定職業，或取銷駕駛執照，或收容於禁戒機構；日本法之禁斷處分等是。

通事故處理辦法第二條：「所謂道路交通事故，係指汽車或動力機械在道路行駛狀態中，與其他車輛或人或物因過失而相撞，或本身行駛不當，機械故障致人於傷亡或毀損之犯罪」。

❻ 參照林山田　前揭文　第二九頁。我國刑法修正草案第一百八十五條之三已倣德國刑法第三百十六條酒醉駕車罪之規定而規定酒醉駕車之處罰，其條文爲：「服用酒類或其他相類之物過量致意識糢糊，不適於駕駛動力交通工具而駕駛者，處一年以下有期徒刑、拘役或三千元以下罰金。」「因而致人死傷者，依有關死傷各條之規定處斷，並加重其刑至二分之一。」

第十一章　交通過失、醫療過失、公害過失、企業過失、監督過失

過失犯罪與故意犯罪構成整體之犯罪，但過失犯罪之理論及實務上之運作，較少受人重視，學者恩吉斯（Engisch）甚至稱過失犯理論為犯罪理論中之私生子，蓋以往昔人類生活單純，往來不多，故對於行為多就所發生之結果予以論斷，自甚簡明；但自工業革命以來，交通及機械工具推陳出新，對人類之生活產生鉅大之影響，而高速率、高數量、高品質之科技化要求，亦與日俱增，此一發展，雖一方面改善人類之生活、豐富人類之世界，但另一方面則破壞自然環境、製造污染，且對他人之生命、身體、財產等造成侵害，尤以近年以來劇增之交通事故、鉅大之產業公害、食品、衛生事故等之發生，均形成無可彌補之損失，故如何求取工商發展與社會公益之調和，雖係政策上重要考量之事項，惟因此類侵害多出自過失之行為，且大體係由企業或經營者所造成，故如何進一步瞭解各種重要之過失犯之情況及其理論上及實務上之狀況，實有助於過失犯新理論體系之建立，爰於以下分就交通過失、醫療過失、公害過失、企業過失與新近發展之監督過失分別予以說明之。

第一節　交通過失

交通機動車輛之運用，一則予人生活之便利，一則予人生命之威脅；後者，即指因使用高速交通工具，而導致交通事故與日俱增。故如何維持高速交通工具之發展，並使人命之傷亡減至最低，雖以道路

交通工程之改善，交通教育之普及，乃至交通法規之制訂等，均不失為良策；但以法律之立場，則應從交通事故肇事者之刑事責任着手，檢討現行法令缺失，提出興革建議，冀對交通事故之處理有所助益。

交通事故（尤指道路交通事故），固有故意與過失肇事之不同；惟一般言之，仍以過失居多，而過失事故，係指汽車或動力機械在道路行駛狀態，因過失行駛或機器故障，而與其他車輛或人物撞擊，致人死傷或物品毀損❶。道路交通事故究其肇事原因，約可歸類為三❷：

㈠汽車駕駛人之疏忽：例如超速、酒醉駕車、車輛失控（機械故障或人為因素）等。

㈡違反管制或管制方式之缺陷：前者如汽車駕駛人或其他參與者違反號誌管制或指揮；後者如道路交通設備不良、號誌不清等。

㈢行人或乘客之過失：如行人不依行人穿越道、地下道或天橋而闖越馬路；或乘客在車未停妥即搶先下車；或車輛行駛中將頭、手伸出車外等。

駕駛車輛攸關自己或他人生命財產之安全，法律為保障個人之權益，並維持交通工具之運作，乃於交通法規中特設罰則以提高車輛駕駛人及其他參與交通者之注意義務，如有違反致人傷亡或其他重大損害者，除課以行政罰外，另處以刑事罰。所謂行政罰，乃對違反行政法上之義務者所科處之制裁。我國對交通事故肇事者所科處之行政罰，如道路交通管理處罰條例第八條之規定，由公路主管機關或警察機關處罰之，其內容除罰鍰外，另輔以吊扣、吊銷執照、牌照，或禁止駕駛等（該條例第十二條、第十七條、第二十七條第二項等）；如違反交通規則並構成犯罪者，依該條例第十條之規定，應移送司法機關處理

❶ 參照西原春夫　交通事故上信賴原則（昭和四十八年　成文堂）　第五九頁。

❷ 參照溫耀源著　論道路交通事故之刑事責任　載於刑事法雜誌第二十四卷第一期　第二頁至第一四頁。

。我國刑法對駕駛人因駕駛行爲所致之死傷事故，除蓄意以汽車爲殺傷工具，應依殺人、傷害或毀損之故意犯論處外，其餘因過失所致者則依刑法第二百七十六條第一項或第二項過失致死罪，或依第二百八十四條第一項或第二項過失傷害罪處斷，其規定之範疇略顯狹隘。

　　按刑法理論係基於「危險分配」與「信賴原則」之法理，肯定汽機車駕駛之注意義務範圍應予縮小❸❹。雖然目前我國法院仍多將過

---

❸ ㈠德國於西元一九三五年前，法院對汽車司機過失責任認定之判例頗爲保守，
　以爲汽車司機不能期待其他交通參與者採取合於秩序之正確態度，而應隨
　時注意他人從路旁突然闖入車道之情形，故駕駛人注意義務之範圍極廣。
　惟自一九三五年後之判例，則僉以汽車司機可信賴其他交通參與者可能採
　取遵守交通規則之態度，故無隨時注意他人有無違反交通秩序可能之必要，
　而使汽車駕駛人之注意義務的範圍縮小甚多。

　㈡日本判例在二次大戰前對汽車司機過失責任之認定亦較爲保守，但戰後則
　轉變爲對交通機械速度之注重，因而縮小交通駕駛員之注意義務的範圍。

　參照周冶平　汽車事故與刑事責任　法學叢刊第二十五期　第二一頁。

❹ 參照最高法院下列二則刑事判決：

　㈠七十年臺上字第六九六三號判決

　　「汽車駕駛人應可信賴參與交通之對方亦將同時爲必要之注意，相互爲遵
　守交通秩序之適當行爲，而考慮對方將會有偶發的違反交通規則之不當行
　爲之義務」。

　㈡七十四年臺上字第四二一九號判決

　　「雖駕駛人應可信賴其他參與交通之對方亦能遵守交通規則，同時爲必要
　之注意，謹慎採取適當之行動，而對於不可知之對方違規行爲並無預防之
　義務。然因對於違規行爲所導致之危險，若屬已可預見，且依法律、契約、
　習慣、法理及日常生活經驗等，在不超越社會相當性之範圍應有注意之義
　務者，自仍有以一定之行爲避免結果發生之義務。因此，關於他人之違規
　事實已極明顯，同時有充足之時間可採取適當之措施以避免發生交通事故

失責任歸於駕駛，惟一般均依普通過失罪論處，縱或有科以業務過失罪責者，但量刑上往往從輕；且無論駕駛人之疏忽程度，或依客觀情事觀之，有達已可證明係屬未必故意之程度，而仍僅論以過失罪者；復以刑法第二百八十七條之過失傷害罪係屬告訴乃論，一般民眾往往不知告訴或私下和解，致頑劣司機不知警惕，一再違法，甚至草菅人命，此乃現今交通事故劇增之另一重大原因❺。

以我國現行法律制度觀之，交通行政法規雖對違反道路交通安全規定者科以行政罰，但其規定至為零散，且因刑法未就交通危險行為予以明顯界定，以致未能遏阻交通犯罪之產生，亦無法應付日益劇增之道路交通事故。因此，我國刑法應參考英、德立法例，以交通規定之違反，在性質上已具有犯罪之性質而非單純秩序之違反者，即應明定刑罰之科處。故在刑法修法之方向，對於嚴重危害人命、身體或財產之交通行為如酒醉駕車、危險駕車、疏忽駕車及其他重大違法行為等，應予犯罪類型化，增列有關之犯罪類型及其處罰，即合理分配參與道路交通者之刑事責任外，對不宜再從事駕駛行為之駕駛人，亦可考慮增列保安處分及從刑之規定，以剝奪或限制其駕駛許可，並施以道路交通安全規則之再教育處分，以達刑法維護社會及個人法益之雙重目標。

人類對於過失犯之重視，可謂始自交通過失犯罪。往昔雖亦有對過失致人於死或致死傷罪之研究或規定，但均稍嫌簡陋，縱以吾國之古律完整如唐律者，對於一般過失致死傷罪，亦僅有簡單之規定，而往昔依傳統的過失犯理論以解決交通過失之問題，尚不發生困難，迨於近世交通工具發達，數量大增以及高速化之要求，故常造成大量之

之結果時，即不得以信賴他方定能遵守交通規則為由，以免除自己之責任」。
另參考道路交通安全規則第一○二條第一項第二、六款。
❺ 參照溫耀源著　前揭文　第二二頁。

事故或事故中大量傷亡之事例，交通過失犯罪，遂引起重視，傳統過失犯理論於解決此一問題時，已有不足，遂有重新檢討之必要，故有新過失犯理論及信賴原則之產生，在往昔對交通事故所採行之舊過失犯理論，以及過失犯理論之發展，均已於第三章中詳細說明，不再贅述。本節僅就為解決交通事故應運而生之信賴原則之相關問題，加予討論分析。

第一款　信賴原則之發展

曩昔對於交通事故之責任認定，均依傳統過失犯理論，認為行為人（駕駛人）於行為時，具有注意之義務，並有注意之能力而不注意，致發生結果時，即構成刑法上之過失，此在社會結構單純，動力交通工具稀少之固有農業社會，固可適用，惟交通為一切建設之母，尤以二十世紀以後，動力交通工具之發展，一日千里，其性能之改進，日新月異，而數量快速增加，如再依照傳統之過失犯理論追究其責任，則每一事故之發生，均可追究駕駛人之責任，勢必阻礙工商業之發展，影響人類生活之品質，是以德國判例在一九三〇年代首創「信賴原則」，據以妥適處理交通事故，日本在其四分之一世紀後（一九五五年），亦引進此一原則，吾國法院則於民國六十五年（一九七六年）始見最高法院出現類此之判決❻。此一原則之產生，實與新過失犯理論有其密切不可分之關係。以下分別敘述之：

一、德國

德國以往對於交通事故之判決，亦均採取嚴格之態度——認為只以要求道路利用者之考量，係超越「日常生活經驗之可能者」（nach

---

❻　參照林勳發著　交通刑法之研究　載於刑事法雜誌第二十一卷第一期　第六六頁至第六八頁；另參考道路交通安全規則第一〇二條第一項第二、六款。

der gewöhnlichen Erfahrung des Lebens möglich) 之範圍，始不負過失之責任❼，一九三五年十二月九日聯邦最高法院判決（RGSt. 70,71）始確認如駕駛人可信賴其他交通參與者亦同將遵守交通規則，則無需顧慮他人突然違反交通規則之必要，該判決遂確立嗣後發展之「信賴原則」（Grundsatz des Vertrauensschutzes），該判決係對某一被告於某日下午六時許，駕駛車輛沿市內電車之路基行駛前進，電車軌道寬五・九公尺，並高於汽車車道，被告之汽車行抵橋前一・五公尺處，在其前方之二成年人，自電車軌道走下，致與被告車輛相撞，而致一死一重傷。柏林地方法院以「被告在此天氣晴朗、視野良好之時間，如能充分注意，即可適時留意電車軌道上之二人，且可自該二人之態度等推知彼等欲在自己前方穿越汽車道，並可採取鳴放喇叭等預防措置，因而認定被告成立過失致死及過失致傷罪。」但聯邦最高法院則認「汽車駕駛人雖對步行者有違反交通規則之情況，應有心理上之準備，然對駕駛人之此項要求，亦應於考量日常生活上之要求及汽車交通之本質、特性及重要性等之配合，而在可以容許之限度內，始為適當，蓋以汽車駕駛人並無將所有行人之可能不注意之情況皆予考量之必要及可能，是以如就當時之全部情況，經深思熟慮，判斷該行人必不至如此不注意時，則行為人應係已盡其注意義務。一般而言，在白晝且流量不大、視野良好之市區，汽車駕駛人對於成年人不願接近自己車輛而突自電車軌道上走下汽車道之情況，實無予以考量之必要」云云，而改判被告為無過失。

上述判例首創信賴原則之精神後，該國聯邦最高法院（Reichgericht）及第二次世界大戰後之聯邦最高法院（Bundesgerichtshof）即不斷依此生活上當然可以信賴之原則作成判決。此當係當時德國交通

---

❼ 參照西原春夫　交通事故上信賴の原則　第八七頁。

工具之激增及車輛之高速化，實務上所當然必須因應之態度，惟以理論之初創，故在適用上仍受限制，其限制之一爲除駕駛人本身之行爲應符合交通規則，否則縱以他人之行爲係屬突然發生者，因駕駛人本身已違反交通規則，則駕駛人仍應負過失之責；其二爲駕駛人對結果之發生需無預見可能性，如有預見可能性，則仍不免於過失責任，是以如對老者、兒童、殘障者之可能違反交通規則，則應特別予以注意，否則仍無信賴原則之適用❽。

　　西德聯邦最高法院最先採用信賴原則之判決爲一九五二年七月八日刑事第一庭之判決，該判決謂：「一般情形，在無特別理由之情況下，汽車駕駛人對於成年人不合理之態度或有不能預期之違反交通之行爲，並無預期之必要；否則將擴大汽車駕駛人之注意範圍，且依現代快速行駛之交通情況言，此亦屬無注意之可能，蓋以步行者自人行道進入快車道，常僅係數秒或僅爲不足一秒之時間，於此短暫時間內欲求及時刹車，除非汽車緩慢行駛，否則即無法爲之，……故如在無特別應注意之情形下，汽車駕駛人對參與交通之人突然而爲之行爲，因無預見可能性，故不負任何責任。」❾。

　　至一九五四年七月二十四日聯邦最高法院與刑庭聯合總會決議時，已使用「可以信賴」及「信賴原則」之文句，該總會之決議，遂奠定交通事故信賴原則之基礎，其重點有七：

　　1.駕駛權人亦須遵守交通規則，即有隨時注意不危及他人之義務，故速度之高低應隨情況而異，非謂均得以高速度向前急駛。例如在城鎮中限制速度乃屬必要，又於穿越道路時，亦應注意減速。

　　2.倘主張幹道駕駛人不得信賴支道使用人將尊重其駕駛權，而

---

❽　參照周冶平　汽車事故與刑事責任　載於法學叢刊第二十五期　第二三頁。

❾　BGHSt 3-49；並參照西原春夫　交通事故上信賴の原則　第九五頁。

認爲幹道駕駛人須保持隨時可停車之速度通過叉路口，則駕駛人之速度將大受影響，則致行駛於幹道之車輛，將與駛於支道者，毫無分別。

3.條文之解釋不可過分拘泥於文字，交通規則第十三條第二項之眞正意義並非如一般之解釋，所謂係在課優先行駛權人以減速通過路口之義務，而係與此相反，即在限制有等候義務者之行動。又若交通規則第九條第二項僅基於「不可預見的，有等候義務之交通參與人之漠視他人駕駛權」之可能性，遂課該他駕駛人以低速進行義務，則該規定誠屬令人費解。蓋如此則交通規則所致力之流暢交通之目的，即無由達成，且其與支配駕駛權之信賴原則亦背道而馳。

4.最高法院亦課駕駛優先通行人以較大注意義務。實則，令駕駛權人在原則上對不可預見之有等候義務者之違反交通性負有注意義務，似略嫌擴張。況法院裁判已有不符交通實際之弊，故應提倡與此不同之見解，以符趨勢。

5.或以爲信賴原則之適用乃屬不顧人命且忽視交通安全云云，此實係毫無道理之主張。固然，令駕駛人普遍減速可於某方面減少二車相撞之危險，但於其他方面則相對地出現新危險。例如人口稠密之大都市中，街上車輛連接不輟，倘課駕駛人以各種不合理之注意義務則尤將造成道路上之靜止狀態，妨害流通，而車隊之中斷，更能刺激有經驗之司機從事超車行爲而引起危險。此不唯足以破壞交通之流暢性，且將違反街道之效能。又對於已夠廣泛之駕駛人注意範圍更加擴張，亦屬過分要求。是以最後乃有基於他人之損害交通規定之故，而免除駕駛人責任之規則與裁判。此不僅不致產生如反對意見所謂「有減弱駕駛人責任感」之弊，且適得其反，即加強「信賴原則」之運用，更可杜絕有等候義務者蔑視交通規則之亂闖行爲。

6.或以爲不令駕駛人保持極緩慢速度行車，則有等候義務之人將永不得毫無危險地穿越道路，而遇視線受障礙之環境時，亦將有「以

速度換取危險之可能性」。此亦非的論。蓋前已言之，駕駛人並非對他
人有視若無睹之權利，僅無須過分小心而已；至於處在情況不明顯之
地勢，須保持可停車之速度一點，由於面臨危險，駕駛人應不致冒險
超速。最後，當有人自支道出現而造成可能互撞之危急局面時，幹道
駕駛人自然必須減速且及時停車。

　　7.倘未違反一般注意義務，則應視行為人有無顧及特殊之已知
之危險情況而為論斷。

　　至此，德國有關信賴原則可謂已經明確建立，其後之理論發展與
實務運作，均本於上述之說明而不斷推進，並均能妥適運用，故對交
通過失之處理，有甚大之裨益❿。

　　二、日本

　　日本早期對於交通事故之判決，亦採嚴格之態度，大多基於傳統
之過失犯理論，而認駕駛人應負過失之責任，但對火車、電車等高速
交通工具，則多少考慮其特性，而有若干從寬處理之判決，惟大體言
之，當時之判決仍與今日信賴原則之精神相去甚遠，例如大審院大正
三年三月一日判決謂:「在行駛中之電車前方道路,行人如欲穿越線路,
必須選擇無衝突之時期，始能進入線路，如有衝突之危險時，行人必
須佇立電車線路之旁側，待電車通過後，再進行路線；電車司機並無
將進行中之電車停止，讓行人先行進入線路穿越通過後再行繼續前進
之義務。換言之，預防『在進行中之電車前面穿越線路所發生之衝突
的危險』之責任，主要在於行人。欲穿越線路之行人，常應為避免此
種危險而為週到之注意；蓋電車既被公認為交通工具，則不僅各個人
皆應為避免妨礙其進行之行為，同時，電車之操縱進退，因不如行人

---

❿　參照翟唗霞　刑事上信賴原則之理論與實務　載於刑事法雜誌第十六卷第五
　　期　第四六頁至第四八頁。

動作之自由；故行人應儘可能的預防與之衝突之危險，俾使電車之進行能通暢無阻，此在都市交通上係屬必要者也。」本判決因認電車係屬高速交通工具，無法即刻停止，故認爲「在進行中之電車前面穿越線路所發生之衝突的危險」之責任，應由穿越之行人負責。但依大審院大正十三年九月十一日之判決，則仍認電車駕駛人應隨時保持注意，並維持即時可以停車之速度，並對所發生之結果認仍應負過失之責，該判決謂：「五歲上下之幼兒，通常無理解電車危險之能力，不自覺危害之迫切，而在電車軌道內行進，亦非稀有之事例。從而電車駕駛人在操縱電車之際，在其前方電車軌道附近見有幼兒徘徊或佇立時，爲預防危害，應爲特別週到之注意，乃其業務性質上當然之義務，故駕駛員應不斷注意該幼兒之姿勢態度及其他情況，雖不鳴警鈴，仍須適度緩急，一方面採可得隨時停車之處置，一方面行進。若以無操縱電車經驗能力之駕駛見習員代自己操縱電車，自己從旁指揮監督之，在此場合，以停止該見習員之操作，由自己自任操縱爲宜。幼兒之保護者，放任幼兒在沿電車軌道之街路嬉戲徘徊，雖不免於不注意之責；然電車駕駛人業務上之注意義務，則不因而有所消長。又交通機器之電車機能之發揮，應與電車從業者業務上遵守並行不悖，以其遵守義務爲反乎電車公用之目的，可謂不當。」本判決仍認駕駛者須隨時注意車前狀況，保持隨時停車之速度前進，否則如有致人於死傷，則仍難辭過失之責。此外，對於汽車駕駛人亦要求其爲更高之注意，如昭和十年七月六日判決謂：「汽車駕駛人，無論在何情形，均應就避免與他人衝撞爲最妥適之業務上注意義務。」其後之判例亦均有類似之主張。

　　第二次世界大戰後，日本始漸受德國之影響發展信賴原則，至昭和四十一年十二月十日該國最高法院始爲明白適用信賴原則之判例，該判決謂：「被告駕駛之汽車，行至未施行交通整理之十字路口，在車道中央附近，於右轉彎之中途，引擎暫時停止，於再度發動引擎而以

時速約五公里之速度(步行者之速度)，向前進行，此際作爲汽車駕駛
人而言，如無特別情由，則應解爲僅以『信賴自右方駛來之其他車輛，
必能遵守交通規則，並採取適切的行動，以迴避與自己的車輛相撞』
之情形，而爲駕駛即已足，並無必須預想可能有敢然違反交通規則，
突然闖至自己汽車前面之車輛，而須顧及右側之安全，以防止發生車
禍於未然之業務上的注意義務。」❶此一判例，遂成爲日後最高法院相
繼採用之原則。

　　另於昭和四十二年十月十三日該國最高法院判決亦確認機車事故
適用信賴原則，該判決謂：「(上略)所有車輛駕駛人，如皆遵守交通
規則而爲適切之行動，且彼此如能互相信賴從事駕駛者，則不特可防
止發生事故於未然，並足以發揮車輛具有高速度交通工具之效能。故
當論定車輛駕駛人應負注意義務之際，必須就此點加以充分的考慮。
本案被告駕駛第一種摩托車，在視野廣闊且無其他車輛往來之直線道
路上向南行駛，爲進入其道路右側幅度約二公尺之小路，在中央線之
稍左，一方面顯示右轉彎之手勢，一方面以每小時約二十公里之速度
開始向右轉彎時，如信賴自後方駛來之其他車輛駕駛人，或皆遵守交
通法規，並減低速度以待自己之車輛向右轉彎後再繼續以安全的速度
及方法前進者即已足，並無必要預想駕駛第二種摩托車之被害人（該
人因觸撞被告摩托車之右踏板，翻倒路上，頭部受傷，延至翌日死亡）
可能敢於貿然違反交通規則，以每小時六十至七十公里高速度闖至中
央線右側，自右後方急速駛進超越自己之車輛，而顧慮其安全，以防
止發生事故於未然之業務上的注意義務。至被告未依照道路交通法第
三十四條第三項規定，於向右轉彎時，必須在轉彎之前，事先儘量靠

---

❶ 參照日本最高法院昭和四十一年十二月十日刑集第二十卷第十期第一二一二
　　頁。

近道路之左端，並應沿着十字路口之側端緩行，而係自中央線之稍左，即開始向右轉彎，有觸犯該法第一二一條第一項第五款之規定，然此與認定被告有無注意義務，並無關係。」（刑事判例集第二十一卷第八期第一○九七頁）

實際上日本法院對於交通事故適用信賴原則，非僅限於電車、汽車駕駛人與乘客或行人之間，在該國東京高等法院昭和二十八年十二月十七日（判例時報第二十二卷第三十頁），亦擴及車掌責任之認定，該判決謂：「汽車車掌已對進行中公車之外部狀況予以注意，並於開車門前注意乘客之狀況，有一乘客突然自其站立之處所自入口處跌出，對此跌落受傷者，不能謂有過失。」另昭和四十一年六月十四日最高法院之判決（刑集第二十卷第五期第四四九頁）則亦擴及車站服務員之適用，該判決認為在車站為整備或引導旅客之站務員，對於酒醉旅客下車時，已自其步行姿勢及行為態度之外觀有所瞭解，並為充分注意，使其不致發生在電車之接觸或路線上跌落之危險發生，即不應再責其另負該酒醉旅客是否有其他萬一之狀況出現或掉落之可能的注意義務云云。可見交通事故中適用信賴原則，已至為普遍。

三、我國

我國學者多年以來，即不斷對於信賴原則有所介紹，但實務上則係在民國六十五年之後，始逐漸採行此一原則，較早之判例，仍多維持傳統之見解，認行為人既有預見構成犯罪事實之義務及可能，而竟欠缺應為認識之心理緊張狀態，以致不認識，故應負過失之責任。例如最高法院二十四年上字第一六九六號判例謂：「上訴人充當汽車司機，駕駛公共汽車，在某街附近將某甲壓傷身死，雖係以某甲突由馬路橫過為注意力所不能及，並警察已作放行手勢，即可照常行駛相辯解；然上訴人行車通衢，對於路上行人之有無，已應為相當之注意，況據上訴人自稱，看見被害人在前，則避免發生危險並非不能注意之

事。至警察作放行手勢爲指揮交通之一種手段，而途中有無發生危險
之可能，仍應由行車之駕駛者爲充分之注意，自難以一經警察作放行
手勢，即可不負注意之責任。」最高法院三十二年上字第一六六四號判
例：「被害人由馬車跳下，橫汽車路跑過，亦屬不無過失。雖上訴人欠
缺注意停車不及，將其撞傷身死，是爲被害人致死之主要原因，不能
影響於上訴人犯罪之成立；然被害人既與有過失，自應量處較輕之
刑。」最高法院三十八年臺上字第一六號判例：「汽車司機有隨時警戒
前方，預防危險發生之義務，而於落雨之後，公路右側塌陷左臨深塘
之情形下，尤應注意能否行車，有無危險，乃漫不注意，貿然前駛，
以致發生覆車壓斃人命情事，過失之責，自難諉卸。」

　　就上述判例觀察，係在民國四十年以前之判例，其時我國交通狀
況並未迅速發展，汽車數量尚少，以汽車作爲高速度交通工具之需求
較爲低微，而於道路交通安全規則、道路標幟及設備暨其他社會條件
等，亦均未趨完善，尤其關於道路交通敎育、道德亦未養成，是尚未
至可以適用「信賴原則」之程度，實例不適用「信賴原則」，應無有何
不妥，但如將我國最高法院前二判例與德國一九三五年十二月九日聯
邦最高法院之判決對照以觀，可見我國當時尚未採行信賴原則，實已
落後德國甚多。

　　其後多年，吾國法院仍未採行信賴原則，例如下列各判決：

　　㈠五十六年臺上字第七六九號判決：上訴人業汽車司機，駕駛
三輪貨運汽車，與牛車相遇，疏於注意減速避讓，致汽車與牛車以極
接近之距離通過，使站在牛車前面橫木上之被害人受汽車通過影響，
翻跌倒地，頭蓋內出血不及救治死亡。無論係基於氣流震盪之物理因
素，抑係基於恐懼之心理因素所致，其係受汽車緊迫通過之影響，則
甚明顯，應認上訴人有因業務上之過失致人於死行爲。

　　㈡五十六年臺上字第二五一六號判決：上訴人身爲司機，對於

路上行人之安全，負有特別注意之義務，眼見迎面兩車因欲超越，雙雙疾馳而來，隨時有發生危險之可能，自應提高警覺，緩慢行駛，以備應變，竟而疏忽，未作隨時剎車之預備措施，迨來車之被害人橫臥路中，剎車不及，將之輾斃，即屬就其應注意並能注意之事而未注意，自應負過失致人於死之責任。

㈢五十六年臺上字第二四二八號判決：上訴人駕駛計程車在麥帥公路行駛，途見被告在路中舉手攔車，乃未加注意，採取安全措施，仍快速駛過，一時不及避讓或剎車，致撞及被害人因傷致死。死者雖在路中央被撞，本身亦有過失，但上訴人事先既見到死者攔車，乃未採取安全措施，亦無解於刑責。

㈣五十七年臺上字第三四七六號判決：汽車司機有隨時警戒前面、預防危險發生之義務，如發現有碰撞之可能，即應緊急作妥善之避讓，以策安全，縱令被害人之機車有違規超載行駛於快車道上，且有稍為踰越公路之中線，亦不過為其自己亦有部分過失而已。被告之車前視線既無障礙，預防危險避免碰撞為其所應負之義務，其又能清晰看見該機車相向駛來，而其駕駛之卡車左前（燈）部竟撞及機車肇事，致被害人等四人死亡，並不能因被害人亦有部分之過失存在，而阻卻被告應負之刑事責任。

㈤五十九年臺上字第四○○一號判決：上訴人於天雨行車，既未按照道路交通安全規則減速慢駛，注意車前情形，又不依章隨時控制適宜速度，乃竟以六十公里時速駕駛，終於撞斃行人，該被害人雖經查明係精神恍惚、行止無常之人，然既無法證實係出於自殺行為，上訴人仍難辭其過失之刑責。

及至民國六十五年，最高法院作成六十五年臺上字第三四二二號判決，謂：「刑法上過失致人於死罪，必以行為人有應注意之義務，按其當時情節能注意而不注意，且與被害人之死亡，有相當因果關係，

始行成立。駕駛人在某種情況下應減速慢行，作隨時停車之準備者，旨在避免刹車不及撞及迎面而來之人車，貨櫃拖車長達數十公尺，如果死者駕駛機車自後違規超車，是否爲上訴人當對所能注意避免，不無疑問。」始見開始對於過失責任之認定，從駕駛人是否能預見事故之發生，同時並斟酌被害人之因素，但此一判決，與信賴原則之精神，仍然相去甚遠。

　　吾國法院在交通過失之判決中最先出現「信賴」二字者，當推七十年臺上字第六九六三號判決，該判決謂「汽車駕駛人應可信賴參與交通行爲之對方，亦將同時爲必要之注意，相互爲遵守交通秩序之適當行爲，而無考慮對方將有偶發的違反交通規則之不正當行爲之義務。」本判決已將信賴原則之眞諦闡述無遺，對於其後實務上之運用，有極爲積極之正面作用。其後七十四年臺上字第四二一九號判決進一步說明信賴原則之適用，該判決謂「汽車駕駛人雖可信賴其他參與交通之對方亦能遵守交通規則，同時爲必要之注意，謹愼採取適當之行動，而對於不可知之對方違規行爲並無預防之義務。然因對於違規行爲所導致之危險，若屬已可預見，且依法律、契約、習慣、法理及日常生活經驗等，在不超越社會相當性之範圍應有注意之義務者，自仍有以一定之行爲避免結果發生之義務。因此，關於他人之違規事實已極明顯，同時有充足之時間可採取適當之措施以避免發生交通事故之結果時，即不得以信賴他方定能遵守交通規則爲由，以免除自己之責任。」此外，復就不能僅以信賴他方定能遵守交通規則，即主張自己責任之免除，而作成七十二年臺上字第五二五八號判決，該判決謂：「查參與交通之人，除應依道路交通安全規則爲一般之注意外，尙有依實際情況而異之特別注意義務。雖駕駛人應可信賴其他參與交通之對方，亦能遵守交通規則，同時爲必要之注意，謹愼採取適當之行動，而對於不可知之對方違規行爲並無預防之義務。然因對方違規行爲所導致

之危險，若屬已可預見，且依法律、契約、習慣、法理及日常生活經驗等，在不超越社會相當性之範圍應有注意之義務者，自仍有以一定之行為避免結果發生之義務。因此，關於他人之違規事實已極明顯，同時有充分之時間可採取適當之措施以避免發生交通事故之結果時，即不得以信賴他方定能遵守交通規則，以免除自己之責任。」經由上述各有關判決之闡釋，吾國法院對於信賴原則之適用，已告確立，其後之判決，均依循上述判決之原則而為，信賴原則之適用，已無任何爭議矣❷。

---

❷ 我國交通事故刑事案件中，採行信賴原則者，日漸增多，在下級審法院適用之例尤多，茲舉下列各例說明之：

(一)臺灣臺北地方法院六十六年度交訴字第六號梅爾郝伯特（Hubert Maier）過失致死案，判決認為：按駕駛人信賴行人有遵守交通法規之注意義務，而在自己車道上正常行駛，嗣因被害人突然違規之行為，切入快車道內，使駕駛人無法閃避，以致肇事，按其情節，認駕駛人無注意之義務，即不負過失責任，此謂之「信賴原則」；本件車禍發生係在晚上十時，加上對方車燈照射，視界不清，被告依規定以六十公里左右之速度在本車快車道內行駛（剎車痕最長為十五‧四公尺，換算時速在五十五公里以下），被害人係自左邊跑步橫切快車道等情，不惟經被告供述甚詳，且經證人羅水仙於檢察官偵查中證述明確，並有肇事現場圖在卷可證，足見本件車禍係因被害人嚴重違規突然切入快車道所致，被告在當時係屬正常駕駛，應認有上述原則之適用，遂判決被告無罪❿。本案與最高法院二十四年上字第一六九六號判例及同院三十二年上字第一六六四號判例之事實相似，惟本案認為應適用信賴原則；最高法院前開判例則認為應由行車之駕駛者為充分之注意。故應負過失責任，本案因適用信賴原則故判決被告無罪。

(二)臺灣新竹地方法院檢察處七十三年偵字第二三七六號張○○過失致死案：本案事實係被害人站立在高速公路上，為被告撞斃。不起訴處分書之理由為：「按行人不得進入高速公路，高速公路交通管理規則第十七條第一款定

有明文。而過失犯之成立則以應注意，並能注意而不注意為犯罪構成要件。查被害人站在高速公路左線車道一一一一三二九號自用小客車附近等情，業據告訴人、被告、證人彭○華、彭○鋒供述明確，並有道路交通事故調查報告表(一)(二)及照片二張可證。在高速公路上，被告以八十公里以上之速度行駛，依常理推斷，不該有行人在路上出現，其驟然發現站在公路上之被害人，實非被告所能注意及避免車禍之發生，自難令負過失致死之罪責，臺灣省竹苗區汽車肇事鑑定委員會及臺灣省汽車肇事覆議鑑定委員會亦採相同認定，有臺灣省竹苗區汽車肇事鑑定委員會竹鑑字第七三一○○號鑑定意見書及臺灣省汽車肇事覆議鑑定委員會七十三年五月二十三日交覆字第七三○四七八號函可憑」。本案雖未明示信賴原則，惟理由係以信賴原則為基礎。

(三)臺灣新竹地方法院檢察處七十三年偵字第四三五四號吳○○過失致死案：本案被告駕駛營業大貨車沿公路右側幹道行駛，途經交叉路口，被害人駕駛機車從左側支道闖越紅燈，被告煞車不及，撞倒機車，被害人死亡。不起訴處分書認為：「按駕駛人駕駛汽車，應遵守交通號誌之指示，道路交通安全規則第九十條定有明文。被告在右側幹道行駛，信賴左側支道之被害人不致違規闖越紅燈，致剎車不及撞倒機車，其對於違反號誌行進之機車，並無注意義務，亦非其所能注意，自無過失可言，臺灣省竹苗區汽車肇事鑑定委員會及臺灣省汽車肇事覆議鑑定委員會亦採相同認定，有該會竹鑑字第七三二○九號鑑定意見書及第七三○九二八號覆議意見書在卷足憑」，本件處分書已明白揭示適用信賴原則。

(四)臺灣新竹地方法院檢察處七十四年偵字第二二六三號童○○、羅○○過失致死案：本案被告童○○、羅○○駕駛汽車在高速公路上行駛，被害人乘坐之汽車追撞前車，致被害人摔落路面，為被告等相繼輾過。不起訴處分書指出：「按刑法上之過失犯，以對於結果之發生，有防止之可能，為要件之一。

查被告童○○、羅○○於凌晨一時十五分許，駕駛汽車在高速公路依規定速度行駛，於視線不良情形下，猝遇被害人被拋落路面，致輾壓而過，對於結果之發生，實難加以防止，自無過失可言」，此即依照信賴前車應保持

第二款　信賴原則與預見可能性

德日及我國有關信賴原則之理論已日趨成熟，在實務運用上亦日漸增多，其對往來交通之便利，人類生活之改善，裨益不少，依其理論及實務，在交通過失方面已逐漸形成一定之法則，甚至予以固定之公式，即「……於其時，汽車駕駛人，並無其他特別情事，而可以信賴其他車輛遵守交通法規避免發生撞擊之適切行為而駕駛車輛，該被撞車輛如係違反交通法規……而此車輛依其通常之狀況行駛，……則此車輛未能防止事故，亦不負業務上之注意義務」云云。且依上述各例，則行為人雖未預見，但仍不否定行為人有預見可能性存在，但如採行新的新過失犯理論之危懼感說，則行為人之危懼感仍然存在，則何以信賴原則得否定行為人之過失責任？其理論依據安在？其學說有二：

一、預見可能性之免除

本說認為行為人適用信賴原則，不負過失責任，係因直接排除行為人之預見可能性，亦即因行為人信賴其他之人均能遵守生活上所共應遵守之法則，則行為人即無須超越此一社會生活上所應盡之注意義務而為注意，其既無此預見，則當然不必進而負迴避結果發生之義務，故其行為即無過失可言；本說直接免除行為人之預見可能性，固賦予信賴原則有力之依據，惟何以於一般情形仍可認知其有預見可能性，惟於適用信賴原則時，則否定其預見可能性？顯然未能有一致之標準；學者甚至將預見可能性予以細分為事實上之預見可能性與刑法上注意義務之預見可能性，而認信賴原則所免除者為第二種預見可能性，據

（承前頁註）

安全距離，不致追撞；及高速公路上不應有人拋落。本案與最高法院五十六年臺上字第二五一六號判決事實類似，但結論卻不相同。

此說明信賴原則之不構成刑法過失責任之依據,但此種主張又嫌混淆,適用上亦未必妥切❸。

二、注意義務之免除

本說認爲行爲人於行爲時仍然具備預見可能性,但因信賴其他之人將與自己相同遵守有關之規定,即他人亦將符合社會生活所必須之注意,故在一定條件下得予免除行爲人之注意義務,本說並未直接否定行爲人之預見可能性,即基本上仍認行爲人與其他人同均具有預見可能性,只因行爲人之信賴,乃減輕或免除行爲人之注意義務而已,本說固較符合實際,惟何以行爲人已有預見可能性存在,但於適用信賴原則時,則免除注意義務?則又不易爲圓滿之說明。

然則如前所述,近年交通發達,工商業蓬勃發展,高速交通工具之利用,人類發明創作不息,如僅以行爲人有預見之可能即論以過失之犯罪,則行爲人將有動輒得咎之苦,但一般人之法益亦不能不予照顧,是以有關過失犯之理論,乃自傳統之過失犯理論發展至新的過失犯理論,遂使結果無價值之觀念進入兼顧行爲無價值,以求適切平衡行爲人與社會間之共同生活利益,尤其對於交通事故創爲信賴原則,更屬此一精神之具體表現,而依傳統過失犯理論抑新過失犯理論,實均不能排除行爲人之預見可能性,但因行爲人旣已盡自己之注意能力與注意義務,則行爲人對於結果之發生之避免,亦已盡一般人所應盡之注意義務,是以如自免除注意義務之點而言,毋寧可謂較能符合刑

---

❸ 參照洪福增　論過失之新動向──兼論信賴原則　載於氏著　刑事責任之理論　第三六四頁;西原春夫　前揭書　第二一頁。西原春夫以在交通事故中,駕駛人均有不安感或危懼感,極易成立過失,故以信賴原則排除其預見可能性,並參照氏著　信賴原則と預見可能　載於ジユリスト第五五二期　第三三頁。

法客觀上之要求❶。

第三款　信賴原則在其他過失行爲中之適用

信賴原則旣係本於危險分配之法理，基本上與可受容許危險之原則有其相同之作用，即在限制過失犯之成立，以符合現實社會生活之需要，故其對交通便利有正面之作用，然則近年以來，工商業普遍發展，吾人在生活上要求更高之生活條件，故須積極鼓勵創作發明，亦須運用各種科技以改善生活品質，於其同時，必然犧牲某種程度之法益或安全，此外，如關於重大之醫療行爲，除常由多數醫師共同診治外，亦須借諸其他協助之人如麻醉人員及護士等之共同努力，始克爲之，似此工商業發展，常須有一定之規則以規範行爲人之行爲，或須經由多數人之共同行爲，以達成一定之目的，而此種目的之行爲復爲現實生活中所必需者，其具體之事，如建築工程、醫療手術，甚至於工廠等，均與人類生活息息相關，其型態復與交通工具有其相似之處，對其所發生之過失事故，如工廠之食品、藥物公害、醫療過失或企業組織體之過失等，能否適用信賴原則以免除其過失責任，在理論上有不同之見解：

一、持肯定說者，認爲工廠之食品、藥品、醫療等與交通在性質上同屬爲改善民衆生活，提高生活條件所必需之設施或行爲，在交通事故旣可發展並適用信賴原則，在食品藥品公害或醫療事故時，即無排除適用信賴原則之理由。本說自食品藥品公害等之本質而認亦應適用信賴原則，固亦言之成理。然就實際上言之，縱以交通事故，亦未必因其屬於改善人類生活之理由，即當然均可適用信賴原則❶；況以

---

❶ 參照西原春夫　前揭書　第二二頁；洪福增　過失論　載於氏著　刑事責任之理論　第三一五頁以下；同氏著　論過失之新動向──兼論信賴原則　載於氏著　刑事責任之理論　第三五二頁以下。

交通事故以外之各種事故，其情形各有不同，如一體適用信賴原則，將對一般民衆權益之保障，有其不週之處。

二、持否定說者，認爲交通事故適用信賴原則，係經長期理論與判例之發揚，逐漸形成此一原則，在此一原則係針對交通事故之特性而形成之原則，其他之食品、藥品公害或醫療事故，性質既與交通事故未盡相同，考量之重點亦不一致，故應由該食品衛生或醫療行爲之本質與社會之需要，逐漸經由理論與實務之充實，而形成若干之原則，因此主張無需適用信賴原則。

學者對於上述肯定及否定之見解，類多採取肯定之見解❶⑥，此一方向，固屬甚是，然則交通事故經多年來理論之探討以及實務之運作，實已具備相當現實之基礎，故信賴原則在交通事故之運用上，亦甚暢順，甚至於政府亦本於此一發展而制定甚多之行政法規，且在行政指導上不斷推動交通安全教育，故在一般民衆之心中，參與交通者應如何適切爲交通之活動，已無太大爭論；但對於公害或醫療等問題，則常因個案之不同而有不同之條件或後果，如一體適用信賴原則，恐亦未必符合社會之需要，是以日本學者大谷實曾對組織體之過失適用信賴原則時提出以下三點應予考量之事項❶⑦：

❶⑤ 參照西原春夫 信賴原則と預見可能性 載於ジュリスト第五五二期 第三二頁。

❶⑥ 參照西原春夫 交通事故と過失の認定（昭和五十年 成文堂） 第二六頁以下；橋木光雄 道路交通法と刑法等との交錯（昭和五十八年 立花書房）第九七頁；森下忠 自動車事故の刑事責任（一九七五年 有信堂） 第一八六頁。

❶⑦ 參照大谷實 危險の分配と信賴の原則 載於藤木英雄編 過失犯——新舊過失論爭 第一二四頁以下。日本實務上仍有甚多否定信賴原則之例；例如㈠森永奶粉事件 參照氏著 食品中毒事故に關する過失と信賴の原則 載於氏著 過失犯の理論 第一八三頁以下。㈡日本沙利度寶邁度藥品公害事

　　一、組織體或共同醫療行為，如未能明確劃分權責及確實為防止災害發生之行為，亦即如不能自減少或消除等觀點為危險分擔者，則不能適用信賴之原則，而應自業務之總其成者或監督者之客觀的預見可能性之觀點以認定其事實。

　　二、業務分擔者之專門能力亦應予以考量。例如參與醫療行為人除醫生外，其他護士、見習生、麻醉師、X 光師等，或高度科技化企業內部人員之個人技能、經驗等，對其具此資格或能力之客觀的可信度；如對其有所疑義時，則應自客觀的預見可能性之觀點，以確定其對結果之迴避義務以及除去危險性程度之監督義務或檢點義務，其於能力或資格上能否適當執行業務之考量，亦當然與上述同。

　　三、就業務之性質言，如危險程度高者，其注意義務亦較廣，則適用信賴原則之範圍必較狹窄。

　　大谷實教授上述有關企業組織體適用信賴原則應考量之事項，於食品或藥品公害等亦當同其適用。

第二節　醫療過失

　　現代醫學進步，治療技術與藥劑發明亦日新月異，小至各種新藥品之發現，大至人體心、肝、肺等重要臟器之移殖，不但對疾病著有療效，並可撲滅、抑制病菌之傳染，更使以往認為絕症之病人，獲得再生之機會。然醫學之進步，係由無數病理與臨床實驗之失敗所換得之成果，且任何一種新藥或新技術之發明，亦同時伴隨著已知或未知之危險；因此，為防止發生醫療事故，就醫師之職業道德而言，自應

　　件　參照藤木英雄　西獨サリトマイド裁判　載於同上書　第二二九頁以
　　　　下；板倉宏　藥品公害と刑事責任　載於氏著　企業犯罪の理論と現實　第
　　　　一二六頁至第一三七頁。

由其負擔較高之注意義務，使醫療危險減至最低；就法律觀點而言，如何不使醫師因負擔過高之注意義務而瞻前顧後，不敢有所作爲，致危及病人，甚至阻礙醫學進步，故亟須對醫師之醫療事故責任承擔與可容許之醫療行爲風險有所界定，俾兼顧病人之權益與醫學之發展。

　　一般醫療事故發生之原因，約可歸納爲下列數種❶：

　　㈠密醫：即無照行醫，亦即未取得合法醫師資格，而實際從事醫療醫護之工作，此乃最容易發生醫療事故之類型❷。

　　㈡注射事故：發生醫療事故次多者爲注射事故，其因過失而導致死傷之原因，又可歸類爲：

　　1.注射方法之過失：如注射時誤打坐骨神經部位，導致休克死亡或局部神經壞死，而影響肢體之正常功能❸。

　　2.注射器消毒不善：醫院現已多採使用一次即丟棄之塑膠針筒，故若因消毒不善致生事故，應由製造廠商負責。

---

❶ 參照曾隆興　醫療過失之研究　載於刑事法雜誌第二十八卷第五期　第七頁至第一二頁；米田泰邦醫療行爲と刑法（昭和六十年　一粒社）　第一一八頁。

❷ 參照淺田和茂　主體別過失　載於醫療事故の刑事判例　中山研一、泉正夫編著（一九八四年　成文堂）　第二〇九頁以下。

　我國醫師法第二十八條明定「未取得合法醫師資格擅自執行醫療業務者，處一年以上三年以下有期徒刑，得併科新臺幣三萬元以上十五萬元以下罰金。其所使用之藥械沒收之。但合於左列情形之一者，不在此限：一、在中央衛生主管機關認可之醫院，於醫師指導下實習之國內醫學院、校學生或畢業生。二、在醫療機構於醫師指示下之護士、助產士或其他醫事人員。三、合於第十一條第一項但書規定者。四、臨時施行急救者」、「犯前項之罪因而致人傷亡或死亡者，應依刑法加重其刑二分之一，並負損害賠償之責。」對未取得合法醫師資格者執行醫療業務之民刑事責任，已有明確之規定。

❸ 參照石原明　注射、預防接種と過失　載於醫療事故の刑事判例　中山研一、泉正夫編者（一九八四年　成文堂）第七五頁以下。

3.注射藥物質量誤失：因注射藥物之質量有誤致病人死傷者，是否應由醫師負責，須視具體狀況而定，倘醫師對病情診斷無誤，亦已對症下藥，僅以製藥廠商之製造缺失，或助理人員之過失執行而致不幸之結果，自不應由醫師負責。

4.過敏體質：以注射盤尼西林導致對此等抗生素過敏之病人發生病變者最爲常見，故國內醫師於使用盤尼西林時應依規定❹，注意下列三種狀況：⑴病人對藥物有無過敏反應；⑵注射該抗生素後，應留醫觀察有無過敏反應；⑶應備急救藥物，以供病人發生過敏現象時使用。

㈢診斷錯誤：醫師負有細心診斷之義務，然醫師若已詳加診斷，但仍發生誤診之情形，亦仍應負過失責任，則不無可資討論之餘地。按合法之醫學診斷雖均輔以精密之儀器與檢驗設備，然最後之判斷則有賴醫師個人之經驗與學識；且各種疾病之初期症狀亦甚多相似，常使醫師不易判斷，有時甚且病人之亡故，亦無從查明真正死因，是以應就個別之案件而論究醫師責任。

㈣手術誤失：對病人施行外科手術而失敗者，醫師未必應負過失責任，如癌症病人若施以外科切除手術，一般往往較諸僅以藥物治療者樂觀❺，倘醫師能預見手術之各種後果，並徵得病人或其家屬之同意而施行手術，縱然手術失敗而致病人死亡，亦不能令該醫師負責。

醫師從事醫療工作，最終目的在於濟世救人❻，故舉世之醫師均享有崇高之社會地位，倘知其養成過程之艱鉅，亦可知其絕非浪得虛名。唯因醫事技術與醫藥用品之發明利用，均在功效之後潛存危機，

---

❹ 參照內政部五十五年臺內衛字第二〇五一八一號、第二〇八六二九號函。

❺ 參照米田泰邦　手術と刑事責任　載於醫療事故の刑事判例　中山研一、泉正夫編者（一九八四年　成文堂）　第一三七頁以下。

❻ 參照上田健二　醫療行爲の意義　載於醫療事故の刑事判例　中山研一、泉正夫編著（一九八四年　成文堂）　第一九頁。

如某種新抗生素之發現，雖可能似奇蹟而救活垂死病人，然因其特殊甚或未可知之副作用，又往往可致體質特異者死亡；近世以來，醫療糾紛之案件與日俱增，因此，在何種情形下，醫師應就醫療事故負起過失責任，應予慎重考量。

採舊過失犯理論者，認爲倘醫療行爲與病人之死傷有因果關係，而醫師就該結果亦有預見之可能，並應預見，而未預見；亦即應注意、能注意而不注意者，即應負過失責任。此種認定過失之方式，對於本身即具危險性之醫療工作者，無異課以事實上之絕對責任，其扼殺醫師救人之熱忱與阻礙醫學之發展至鉅，不庸贅述。

採新過失犯理論者，係以「可容許之危險」的法理，矯正舊過失犯理論之弊端，認爲醫療行爲係以治療疾病爲目的，而採行現時醫學所認定之診治方式，倘能具備：㈠治療目的之存在；㈡手段及方法之妥當性；與㈢病人之承諾三要件，則該醫療行爲即具備適法性，醫師原則上不需對失敗之治療行爲負責❼。

採新過失犯理論者，於認定醫療事故之責任歸屬時，亦須同時考慮醫師是否已盡注意義務，並爲迴避結果發生之行爲。因此，以具體案件判斷醫師有無過失責任時，應考量下列三種情況：

㈠、醫師之注意能力，雖因其養成教育與國家考試制度而擁有一般性之基準，然個別醫師之注意能力，常因其專門科別、年齡、經驗、技術，甚至醫療環境之差異而有所不同（例如醫師法第十一條但書規定：無醫師執業之山地、離島、偏僻地區或有急迫情形，爲應醫療之需要，得由地方衛生主管機關指定醫師採取通訊診療，此種客觀環境之限制，必會影響醫師之注意程度，而使醫療效果深受影響。

❼ 參照饗庭忠男著　醫療事故の焦點（一九八二年　日本醫事新報）　第七頁至第一一頁；內田文昭　醫療行爲の分擔と過失犯の成否　載於ジュリスト第四二七期　第三八頁。

㈡、醫師在緊急情況下實施醫療行爲時，其注意能力自比通常情形爲差。

㈢、醫療行爲是否適當，仍應尊重醫師之自由裁量，若某病症有數種治療方式(例如手術之部位、麻醉之方式或緊急救治之方法等)，則應允許醫師有選擇之裁量權，而不能因該醫師採行甲法失敗，即以其未選擇乙法而認定有過失❽。

第三節　公害過失

我國行政院環保署所擬定之「公害防治基本法」草案第二條，將公害定義爲：「因人爲因素致危害國民健康或破壞生活環境之事實」，其內容包括空氣污染、水污染、土壤污染、噪音、震動、放射性污染等破壞環境並有礙生存之形態。日本公害犯罪處罰法第二條第一項所定之「因事業活動或其他人爲活動所附隨之空氣污染、水質污染、土壤污染、噪音、震動、地層下陷、惡臭等致危害人體健康及生活環境者，即爲公害」。一般而言，所謂「公害」，即指因企業活動所伴隨發生之惡害而言。在高度工業發展之社會，廢棄物之產生亦與日俱增，甚而逐漸危及人類所賴以生存之自然環境。因此，近代各工業國乃紛紛立法對公害加以管制，或採行政罰予以即時防制；或併採刑事罰，即對造成嚴重公害而危及他人生存之行爲人除科以行政處罰之外，並

❽ 參照饗庭忠男　前揭書　第一五頁至第一八頁。有關日本醫療糾紛事件，請參照唄孝一、宇都木伸、平林勝政編　醫療過誤判例百選　ジュリスト別冊平成元年六月第一〇二期；西村宏一、石川明責任編集特集　〈醫療訴訟の現狀と展望〉　判例タイムズ第六八六期　一九八九年臨時增刊；小泉明、園田荒一、中野進、唄孝一編　日本の醫療——これから　ジュリスト　總合特集一九八六年第四四期。

論以刑事制裁，如此公害犯罪遂成爲現代犯罪類型之一，而公害刑事法亦逐漸納入刑法之範疇。

　　公害犯罪，主要係因工業社會之無限量發展所致；而個人之因素，主要係由於污染之行爲人本身道德低落，因疏忽、輕率、不誠實或不道德，致生公害事故者❶。至其他因素，則有係因污染行爲主體並不認識污染生活環境爲一種犯罪行爲，而一般民衆對公害之危險性亦往往認識不清，且常認爲事不關己，致公害犯罪日益猖獗，甚至一發不可收拾❷。

　　我國刑法將公害犯罪列入公共危險罪之範疇。一般而言，公害犯罪之概念與傳統刑法之概念仍有相當差距；就時間而言，公害犯罪乃現代工業社會之產物，而傳統刑法卻係早於公害犯罪問題發生之前即已存在，故刑法自無法涵蓋其制定後之新犯罪類型；另就侵害對象而言，公害犯罪之侵害對象係社會生活之存續與不特定公衆之生命、身體、財產等，此與傳統刑法之以個人爲防禦中心者不同。而在違法性方面，公害行爲常具有超法規之阻卻違法事由，亦即基於「被容許之危險行爲」之理論，其危害若非達一定程度而生不便於公衆生活之結果，亦無法認定該公害行爲具有違法性，此又有異於傳統類型之犯罪

---

❶　例如一九七二年日本水俣病（痛痛病）案例，即因礦廠排放含汞廢水於海灣內而污染水質，致汞積存於魚體內，再由漁民捕獲供人食用，致生中毒症狀，即係該廠因疏忽及無視其公害所致。參照板倉宏　水俣病刑事判決をめぐって　載於氏著　現代社會と新しい刑法理論（一九八〇年　勁草書房）　第二七七頁以下。並參照藤木英雄　公害犯罪（一九七五年　東京大學出版會）第二頁；同氏著　公害犯罪と企業責任（昭和五十年　成文堂）　第一頁以下。

❷　參照黃隆豐著　論公害犯罪　載於刑事法雜誌第二十三卷第二期　第一八頁至第一九頁；藤木英雄　公害犯罪　第六頁以下。

行為。此外，有關犯罪行為主體之責任能力及行為人認定之問題，亦是公害犯罪與傳統犯罪類型無法相容之重大原因。公害犯罪大都源於企業活動，而企業活動又多以法人組織運作，在本質上係屬法人行為；然法人究竟有無犯罪能力或刑罰能力，學說上亦有爭議，若採肯定之見者，則公害犯罪之制裁對象不能處罰法人，則勢須以實際操縱企業活動之人員，兼及企業內部之上級監督主管，甚或政府監督機關之人員，如此勢須採取共謀共同正犯論與共同意思說之概念，以解決認定此數種不同身分人間犯意聯絡之困難❸。又當公害行為嚴重危及公眾之生命或身體健康時，常因歷經長期時空之累積，致使公害行為與結果間之因果關係之追蹤旣複雜且困難，故乃另採「疫學的因果關係說」或「因果推定原則」❹，以補充傳統相當因果關係說之不足，同時亦可避免企業組織藉口「工業機密」，而對犯罪調查及搜證工作採取不合作之態度，而妨害事實眞象之發現。

關於公害犯罪之違法性及有責性問題，傳統刑法理論在違法性方面，專就行為之客觀面加以判斷，晚近則另輔以主觀之違法要素判斷；而在公害犯罪之違法性，其理論則傾向於將二者置於同一客觀標準而

❸ 參照邱聰智著　公害與刑事責任　載於刑事法雜誌第十六卷第五期　第六八頁至第七〇頁；板倉宏　公害と刑事責任　載於氏著《企業犯罪の理論と現實》　（昭和五十年　有斐閣）　第七五頁以下。有關日本公害犯罪之各相關法律及其說明，參照前田宏　公害關係罰則概說（昭和四十六年　立花書房）。

❹ ㈠所謂「疫學」，乃研究社會集團傷病蔓延之前因後果，並探究其自然與社會條件間之關係，從而求其防治對策之學問。

　㈡日本公害犯罪處罰法第五條規定：「工廠或事業場因生產運作，排出污染物達到對公眾生命或身體造成危險之程度，而有害人體健康時，於因其所排出而生該危險之區域內，推定為該工廠或事業場所排出者」。

予判斷，即以國家或各級地方政府，因時地之實證考察所制定爲「環境基準」，此一基準爲各種不致損害人類生理健康之汚染最高容許限度，並以之作爲認定加害行爲之行爲人有無違法性之判斷標準❺。在行爲人之有責性，即故意過失方面，因公害之產生，一般雖係經過相當期間始生危害，然企業者當初未必意識到其行爲將於日後產生重大危害，故大多尙難繩之以故意犯之罪責。又責任之本質以對行爲人有期待可能性爲前提，故若無期待可能性，則無法論究行爲人之故意過失責任。因此，在公害防治設備非現行科技方法所能圓滿解決，或非企業體之經濟能力所能負擔，而國家亦爲法或不願推展防治汚染工作，或工作人員於企業活動中已盡其注意能力爲減低排放汚染源之措施，而仍無法避免危害之發生時，傳統之過失犯論或新過失犯論均無法爲是項規範，於是而有新的新過失犯論，即危懼感說之主張，甚至有學者提倡「企業組織體責任制」，認爲公害犯罪過失責任之認定，宜摒棄往昔觀念而將企業視爲一整體，使企業組織體因未盡防止公害發生，或怠於盡善後補救之義務，致使公害發生或擴大，而應負過失責任❻。另外英美所採行之刑事「無過失責任」原則亦有參酌採行之必要。

　　公害防治乃現代工業社會環境保護之首要工作，唯因公害犯罪型態與傳統刑法之犯罪類型大不相同，是以關於公害防治之立法實應跳脫傳統刑法理論之窠臼，而就其特殊犯罪型態重加整編使之類型化，或將其納入刑法修正之範疇，或另制定公害犯罪處罰條例，對於公害程度輕微，未達侵害公衆生命、身體、財產之程度者，則予行政處罰，

---

❺　參照西原道雄　公害に對する私法救濟の特質と機能；牛山積　現代の公害法（一九七六年　勁草房）　第五八頁；加藤一郎　公害法しくみ（一九七一年　有斐閣）　第六頁。

❻　日本學者板倉宏氏提倡此說最力。氏著有「企業犯罪の理論と現實」、「事業主の刑事責任」、「法人に關する處罰の基本問題」等論著。

並令其限期改善，俾能兼顧國家經濟之發展與生存環境之保護❼。

---

❼ 我國刑法修正草案參考西德刑法第三百十條ｂ、第三百十一條ａ、ｂ及原子
能法有關規定已增列第一百八十七條之一，第一百八十七條之二分別規定放
逸核能、放射線及無正當理由使用放射線等之犯罪類型，對於核能及放射源
所能致之公害已有明文，其條文如左：

(一)第一百八十七條之一

　　放逸核能、放射線，致生公共危險者，處五年以下有期徒刑。

　　因而致人於死者，處死刑或無期徒刑；致重傷者，處無期徒刑或七年以上
　　有期徒刑。

　　因過失犯第一項之罪者，處二年以下有期徒刑、拘役或五千元以下罰金。
　　第一項之未遂犯罰之。

　　不依法令製造、販賣、運輸或持有核子原料、燃料、反應器、放射性物質
　　或其原料者，處五年以下有期徒刑。

(二)第一百八十七條之二

　　無正當理由使用放射線，致傷害人之身體或健康者，處三年以上十年以下
　　有期徒刑。

　　因而致人於死者，處死刑、無期徒刑或十年以上有期徒刑；致重傷者，處
　　無期徒刑或七年以上有期徒刑。

　　第一項之未遂犯罰之。

　　另並參照奧地利刑法第一百八十條、第一百八十一條對水污染及空氣污染
　　之處罰規定，而增列第一百九十一條之一；對於投棄、放流、排出或放逸
　　毒物或其他有害健康之物而污染空氣、土壤、河川或其他水體，致生公共
　　危險之處罰規定，並對廠商、事業場所負責人或監督策劃人員因事業活動
　　犯之者，增設較重刑度之明文，並設有結果加重犯及過失犯之處罰，此為
　　對於空氣、土壤及水污染公害之處罰規定。其條文如左：

第一百九十條之一

　　投棄、放流、排出或放逸毒物或其他有害健康之物，而污染空氣、土壤、
　　河川或其他水體，致生公共危險者，處五年以下有期徒刑。其由廠商、事

業場所負責人或監督策劃人員，因事業活動而犯之者，處七年以下有期徒刑。

因而致人於死者，處無期徒刑或七年以上有期徒刑；致重傷者，處三年以上十年以下有期徒刑。

因過失犯第一項之罪者，處六月以下有期徒刑、拘役或五千元以下罰金。

此外，刑法修正草案復注意及於食品公害，故除修正第一百九十一條之規定，擴大其適用之範圍外，更增列第一百九十一條之一，對於他人公開陳列、販賣之物品滲入、添加或塗抹毒物、或將已滲入、添加或塗抹毒物之物品混雜於公開陳列、販賣之物品之處罰規定，並增設結果加重犯及未遂犯之處罰規定。其條文如左：

㈠第一百九十一條

製造、販賣或意圖販賣而運輸、儲藏或陳列妨害衛生之飲食物品或其他物品者，處二年以下有期徒刑、拘役或科或併科一萬元以下罰金。

犯前項之罪，其物品不問屬於犯人與否，沒收之。

㈡第一百九十一條之一

對他人公開陳列、販賣之飲食物品或其他物品滲入、添加或塗抹毒物或其他有害人體健康之物質者，處七年以下有期徒刑。

將已滲入、添加或塗抹毒物或其他有害人體健康物質之飲食物品或其他物品混雜於公開陳列、販賣之飲食物品或其他物品者，亦同。

犯前二項之罪而致人於死者，處無期徒刑或七年以上有期徒刑；致重傷者，處三年以上十年以下有期徒刑。

第一項及第二項之未遂犯罰之。

　　刑法修正草案第一百九十三條違背建築術成規罪除擴大其適用之範圍外，並增列第二項結果加重犯及第三項過失犯之處罰規定，其條文如左：

第一百九十三條

工程設計人、承攬人或監工人，於設計、營造或拆卸建築物時，違背建築技術成規，致生公共危險者，處五年以下有期徒刑、拘役或三萬元以下罰金。

因而致人於死者，處無期徒刑或七年以上有期徒刑；致重傷者，處三年以

上十年以下有期徒刑。

因過失犯第一項之罪者，處六月以下有期徒刑、拘役或五千元以下罰金。

　就上述刑法修正草案之規定觀察，第一百八十七條之一放逸核能、放射線致生公共危險罪、第一百九十條之一役棄、放流、排出或放逸毒物等而污染空氣、土壤或水體罪及第一百九十三條違背建築術成規罪三者，設有處罰過失犯之規定，其他之犯罪類型則尚未處罰其過失犯，此固屬立法政策之考量。就整體言之，刑法修正草案已對公害犯罪寄予較高之重視。民國八十年五月九日公布施行之水污染防治法修正條文，已對違反水污染有關規定明定刑事處罰，其條文爲第三十二條至第三十七條，茲錄載如左：

第三十二條

違反第二十六條第一項未立即採取緊急應變措施或不遵行主管機關依第二十六條第二項所爲之命令，因而致人於死者，處七年以下有期徒刑，得併科新臺幣三十萬元以下罰金。致重傷者，處五年以下有期徒刑，得併科新臺幣十五萬元以下罰金。

第三十三條

依本法規定有申報義務，明知爲不實之事項而申報不實或於業務上作成之文書爲虛偽記載者，處三年以下有期徒刑、拘役或科或併科新臺幣三萬元以下罰金。

第三十四條

事業無排放許可證，且其排放廢水所含之有害健康物質超過放流水標準者，處負責人三年以下有期徒刑、拘役或科或併科新臺幣三萬元以下罰金。

前項有害健康物質之種類，由中央主管機關公告之。

第三十五條

違反第三十條第一項未經省（市）主管機關許可，將含有害健康物質之廢（污）水注入於地下水體或排放於土壤者，處三年以下有期徒刑、拘役或科或併科新臺幣三萬元以下罰金。

第三十六條

事業不遵行主管機關依本法所爲停工或停業之命令者，處負責人一年以下有期徒刑、拘役或科或併科新臺幣三萬元以下罰金。

第四節　企業過失

　　犯罪係爲紊亂社會生活秩序，侵害私人權益及公共利益之現實狀態，除由單獨之自然人之行爲所引致者外，另因法人組織或企業體所造成之加害行爲，亦所在多有；廣義言之，此亦屬法人或企業體犯罪之現象❶。

　　法人或企業體之侵害行爲，有係因法人爲達其企業目的所進行之活動，而違反社會相當性或可容許之危險程度，致生危害公共安全或國民利益、健康者；亦有係因企業內部管理不當或各部門操作、維護之違誤所致（如具有危險性之機械或設備，未經檢查合格而使用；或在水質、水量保護區內污染水質；或添加違法食品添加物致危及消費者身體健康等之公害事件）者❷。對於此等法人侵害法益之行爲，在

不遵行主管機關依第四十九條所爲停止作爲之命令者，處一年以下有期徒刑、拘役或科或併科新臺幣三萬元以下罰金。

第三十七條

法人之負責人、法人或自然人之代理人、受僱人或其他從業人員，因執行業務犯第三十二條、第三十三條、第三十四條第一項、第三十五條或第三十六條第二項之罪者，除依各該條規定處罰其行爲人外，對該法人或自然人亦科以各該條之罰金。

❶ 參照藤木英雄　法人の刑法　載於法學ヤミナー第二六二號　第五六頁；板倉宏　企業犯罪の理論と現實（一九七五年　有斐閣）　第二〇頁以下；板倉宏　現代社會と新しい刑法理論（一九八〇年　勁草書房）　第四四頁。

❷ 參照陳樸生　企業犯罪與組織責任　載於軍法專刊第二十五卷第一期　第一六頁至第一七頁；熊倉武　勞働災害と過失犯　載於氏著　刑法學の理論と實踐（一九六七年　敬文堂）　第三五九頁以下；朱石炎　略論非自然人之處罰規定　載於法令月刊第二十四卷第五期　第八頁、第二〇頁。

採大陸法系之理論，以其欠缺行爲意志任意性之基礎，不能加以倫理之非難，故多認法人不能爲犯罪主體；惟在法人爲行政法上之行政義務主體時，如法人違反行政上之義務，亦有受刑事制裁之可能。但處罰法人之依據如何？則有不同之見解，過去採轉嫁罰之規定，認係由法人企業體代位替其代表人或其他從業人員負其責任；現今採兩罰之規定，則認行爲人與企業體係各本其行政法之目的性而各設處罰之制，是以雖否定法人之犯罪能力，但亦肯定法人之刑罰能力矣。至於英美刑法則因甚早即承認法人爲犯罪之主體，故其對於法人之處罰，係基於公共安全、公共秩序及社會福利等目的論之考慮，並發展出絕對責任或無過失責任理論，而對法人本身直接科以刑責❸。

法人或企業組織體在本質上與自然人不同；在行爲上又具獨有之特性，在接受刑罰之方式及反應，復異於自然人，是以考量法人之犯罪及其處罰，即不能完全依循適用於自然人犯罪之傳統的犯罪理論體系及其處罰之方式，尤其目前有關法人或企業組織體之犯罪規定，大多散見於各種有關之行政法規，而各行政法規均具一定之行政上目的，依現行體制，各行政法規共同適用之行政程序法或行政基本法亦付闕如，是以無法就行政規定爲適切之統合，單獨制定行政刑法總則，當有其相當之困難性存在；惟吾人如能把握法人或企業組織體之構成性質，就此型態所常發生之公害犯罪或經濟犯罪，予以深入探討，再據以釐定法人或企業組織體之行爲、違法及有責等諸情況，就現行刑法及實質刑法之規定，參照行政刑罰之目的性，予以深入探討，彙整爲法人或企業組織體之一般原理原則，以供處理時之準繩，實亦爲當前之急務，而就此原理原則實施若干時日之後，即應進行法人或企業組

❸ 參照陳樸生　法人刑事責任與我國立法之趨向　載於刑事法雜誌第二十一卷第二期　第三頁。

織體犯罪處罰之總則規定，嗣後再就其他實質刑法所涉之行政法上之
犯罪規定予以重新彙整，據以執行，始克竟功❹。

第五節　監督過失

　　所謂監督過失，係指二以上有從屬關係之人，即監督者與被監督
者之間，由於被監督者所實施之故意或過失之行為，而追究監督者之
刑事過失責任之謂。在於企業犯罪之中，對於執行業務之被監督人之
行為，企業中之何人應負擔如何之責任，本即屬不易究明之事，而監
督人應負責之理由何在？監督人之行為與發生之結果之因果關係如

---

❹　參照藤木英雄　法人と刑法　第六〇頁。吾國銀行法第一二五條規定「違反
　　第二十九條第一項之規定者，處一年以上七年以下有期徒刑，得併科新臺幣
　　三百萬元以下罰金。」「法人犯前項之罪者，處罰其行為負責人。」則又回復處
　　罰行為負責人，而非處罰法人，此一立法型態，與早期之立法不同。如藥事
　　法第八十七條所規定之「法人之代表人、法人或自然人之代理人、受僱人或
　　其他從業人員，因執行業務，犯第七十二條至第七十六條之罪者，除依各該
　　條規定處罰其行為人外，對該法人或自然人，亦科以各該條之罰金刑。」之兩
　　罰規定，顯有不同（飼料管理法第三十三條、食品衛生管理法第二十二條第
　　二項、農藥管理法第四十七條、化粧品衛生管理條例第二十七條第三項等亦
　　有相同之規定）。此外，如稅捐稽徵法第四十七條規定：「本法關於納稅義務
　　人扣繳義務人及代徵人應處徒刑之規定，於左列之人適用之：㈠公司法規定
　　之公司負責人；㈡民法或其他法律規定對外代表公司之董事或理事；㈢商業
　　登記法規定之商業負責人；㈣其他非法人團體之代表人或管理人。」第五十條
　　規定：「本法對於納稅義務人之規定，除第四十一條規定外，於扣繳義務人、
　　代徵人、代繳人及其他依本法負繳納稅捐義務之人準用之。」則有處罰法人、
　　負責人及行為人之三罰規定。是以行政刑法之規定及處罰方式仍嫌不一，實
　　有統合之必要。

何? 應追究至如何層級之監督人? 有無其他更爲適宜之制裁方式等,遂成爲爭論之問題。

　　監督過失問題之發生, 實係因近年以來, 諸多食品、藥品公害、污染公害、錯誤醫療、爆炸事件、旅郵火災等, 造成多數人權益受損, 人命傷亡之重大事件, 而此等事故之發生, 常與設施不良、防災訓練不足或監督者之錯誤指導有其關連, 是以引起諸多之注意。然自傳統刑法之立場言之, 一般之刑法理論實無法適用於監督過失, 然則判例中已逐漸採用監督過失之觀念, 以解決問題❶❷。

---

❶ 例如熊本水俣病判決 (一審熊本地方法院昭和五十四年三月二十二日——判例時報第九三一卷第六頁; 二審福岡高等法院昭和五十七年九月六日——判例時報第一〇五九卷第一七頁) 等產業公害; 森永奶糖砒素中毒事件 (一審德島地院昭和三十八年十月二十五日——刑集第五卷第九一十期第九七七頁; 二審高松高等法院昭和四十一年三月三十一日——高刑集第十九卷第二期第一三六頁; 上訴審最高法院昭和四十四年二月二十七日——判例時報第五四七節第九二頁; 發回更審昭和四十八年十一月二十八日——刑裁日報第五卷第十一期第一四七三頁); カネミ油症事件(福岡地院小倉分院昭和五十三年三月二十四日——判例時報第八八五卷第一七頁)等藥品食品公害事件; 大洋百貨公司火災事件 (熊本地院昭和五十八年一月三十一日——判例時報第一〇六九期第三一頁); 有馬溫泉滿月城火災事件(神戶地判昭和五十三年十二月二十五日——判例時報第九三五卷第一三七頁) 等百貨公司、旅館火災事件; 千葉錯誤大採血事件 (一審千葉地判昭和四十七年九月十八日——刑裁月報第四卷第九期第一五三九頁; 二審東京高判昭和四十八年五月三十日——刑判月報第五卷第五期第九四二頁); 北大電氣手術刀事件(一審札幌地判昭和四十九年六月二十九日——刑裁月報第六卷第六期第七四二頁; 二審札幌高判昭和五十一年三月十八日——刑集第二十九卷第一期第七八頁); 醫院事務員誤取藥品事件 (函館地判昭和五十三年十二月二十六日——判例時報第九二五卷第一三六頁) 等醫療過失事件; チソニ五井工廠爆

　　監督過失與往昔兩罰規定對於事業主之處罰有所不同，以往對事業主之處罰，通說均認係事業主對從業人員之未盡其選任、監督或有關其他違反行為防止等之必要之注意，因此追究事業主本身之刑事責任❸；此一情形之過失，應可認定事業主就結果之發生未為防止之必要行為，故已違反具體的注意義務，即其未盡對於從業人員之選任、

炸事故（千葉地判昭和五十四年五月十一日──刑裁月報第十一卷第五期第四四〇頁）、信越化學工廠爆炸事故（新潟地裁昭和五十三年三月九日──判例時報第八九三卷第一〇六頁）等之工廠災害事件；新四木橋事故（東京地判昭和五十四年六月二十五日──判例時報第九四一卷第六頁）等之土木災害事件等。

❷ 新近有關監督過失之研究文獻，有土本武司　過失犯の研究──現代的課題の理論と實務；小島喜久雄　監督業務上の過失責任（上）（下）　警察學論集第三十七卷第五期；山中敬一　ガス爆發事故と刑事責任　ジュリスト第八四〇期；前田雅夫　ガス爆發事故と過失責任　ジュリスト臨時增刊　昭和六十年判例解說；吉田敏雄　熱量變更計畫最高責任者　監督過失──北ガス一酸化碳素中毒死傷事件判決（札幌地判昭和六十一年二月十三日）に寄せて　ジュリスト第八六七期；松宮孝明　川崎がけ崩水實驗事故判決　法學教室一九八七年八月號；佐藤文哉　監督過失──火災事故を素材として　刑法の基本判例別冊法學教室（昭和六十三年十月）等；此外，尚有名和鐵郎　監督過失　載於別冊　ジュリスト刑法判例百選 I 總論第二版；板倉宏　監督過失　載於藤木英雄、板倉宏合編　刑法の爭點新版，亦為重要之參考資料；另土本武司　過失犯理論の動向と實務（四）（五）　載於警察研究第五十四卷第七期第八期（昭和五十八年七月、八月）；及井上祐司　監督者の刑事過失について㈠㈡　載於九州大學法政研究第四十八卷第一期第二期（昭和一九八一年九月、十二月）等，亦均屬最為重要之文獻。

❸ 例如最大判昭和三十二年十一月二十七日判決刑集第十一卷第十二期第三一一三頁；及最判昭和四十年三月二十六日判決刑集第十九卷第二期第八三頁等判例是。

監督或為防止違反行為之必要的注意義務，故有抽象的「疏忽」或「疏
忽之狀態」，故應負擔過失之責任；而在監督過失，則認其與汽車駕駛
人相同，應對具體的被害結果之發生有違反防止其發生之具體的注意
義務時，成立過失(具體的過失)；但汽車駕駛人之違反注意義務，於
監督過失時，則指監督者應對被監督者之行為為不使其結果發生之適
當措置，此為監督過失之特點。此外，在於兩罰規定之事業主，其無
從防止從業人員之故意行為，但對從業人員之過失行為，則仍應負過
失責任❹；在於監督過失之情形，被監督者為故意之行為，監督者亦
無責任可言，但被監督者如有過失之行為時，是否應追及監督者之過
失責任？則為爭論之焦點所在。

第一款　監督過失與過失犯理論

監督過失係屬刑法中新生之理論，是以在實務上有採取肯定之見
解者，如森永奶品砒素中毒事件在發回更審後之第一審判決（德島地
判昭和四十八年十一月二十八日刑裁月報第五卷第十一期第一四七三
頁──判決確定）認定工廠代理廠長兼製造課課長有監督過失，而論
罪科刑。該判決中並明白採用新的新過失犯論之危懼感說，亦即採認
新的過失理論以及企業組織體責任論，而判定監督過失之責任；此外，
如日本阿亞洛吉路鹽素瓦斯外洩事件之第一、二審判決、有毒油症事
件之第一、二審判決、大阪天六瓦斯爆炸事件判決、窒素水俁病事件
之第一、二審判決、北海瓦斯事件判決等，均係採行危懼感說以確定
刑事責任❺；此外，對於監督過失採否定之判決者，則排斥危懼感

---

❹ 日本有關人的健康之公害犯罪處罰法第四條即規定從業人員如有違反同法第
　三條規定成立過失犯時，則事業主亦予處罰。

❺ カネミ油症判決見❶；大阪天六瓦斯爆炸事故判決（大阪地判昭和六十年四
　月十七日判例時報第五六七卷第八六頁──判決確定）。此外，在川治太子旅

說，而採行具體的預見可能說，例如白石中央醫院上訴審判決，即否定第一審法院所採取之以危懼感說爲基礎而論處醫院院長責任之判決，而改採具體的預見可能說撤銷原審判決。此外，在川崎崖崩塌實驗事故確定判決中明白指稱危懼感說「使業務上過失責任之成立範圍不當擴大，並失去明確之認定基準，故不足採。」❻

　　有關過失犯之理論，以往均採行傳統的過失犯理論，及至近代爲

社火災事件（發生於昭和五十五年十一月，死四十五人，傷二十二人）之第一審判決（宇都宮地判昭和六十年五月十五日判例時報第五五七期第一○六頁）處董事長禁錮二年六月（緩刑三年），董事長之妻爲事實上最高負責者即執行業務之董事，則處實刑二年六月，直接失火之作業人員則處禁錮一年六月（緩刑三年），上訴至第二審，東京高院判決認爲執行業務之董事，綜理全部業務，負有實質上防火防災之業務，即應對從業人員指示並爲確保旅客身體生命安全之一切措施，其怠於管理火災自動報知設備，即有直接過失責任，故維持第一審法院之判決（東京高判昭和六十二年二月十二日判例時報第六三八卷第二五三頁）。又新日本飯店事件(昭和五十七年二月發生，死三十三人，傷二十九人）之第一審判決，亦認其董事長僅顧營利，而無視消防當局之勸告、命令，竟怠於設置防火設備，故宣告禁錮三年之實刑（東京地判昭和六十二年五月二十日）；千日公寓火災事故(昭和四十七年發生，死一一八人，傷四十二人）之上訴審判決撤銷第一審判決（大阪地判昭和五十九年五月十六日判時一一三三期第二○頁），改判管理權原者過失責任(大阪高判昭和六十二年九月二十八日，判時一二六二期第四五頁)；又大洋百貨公司火災事件，第二審亦撤銷第一審判決認定監督者之過失責任（福岡高判昭和六十三年六月）等判決，均爲肯定監督過失之判決。

❻ 白石中央醫院火災事件，第一審判決爲札幌地判昭和五十四年一月二十八日，刑裁月報第十一卷第十一期第一五五五頁，第二審判決爲札幌高判昭和五十六年一月二十二日刑裁月報第十三卷第一、二期第一二頁；川崎事件爲橫濱地判昭和六十二年三月二十六日第一審判決即告確定。

因應科技之發展以及交通之發達，乃有採取新過失犯之理論之趨勢，是以在過失行為之概念上有所改變，尤其認為過失所應重視者，非僅在於結果之無價值，亦應兼及行為之無價值，是以過失之問題，不僅係屬有責性之問題，抑且與構成要件該當性及違法性有關，因之，自傳統僅重視主觀的預見可能性，進而重視行為人之客觀的注意義務，而針對行為人是否已盡迴避結果發生之義務，據以認定有無過失之責任，其於現今社會之需要，及平衡行為人與被害人之權益，堪稱妥適，故為多數學者所採；惟日本學者則自新過失犯理論更創為新的新過失犯理論，以擴大注意義務之範圍，此一學說，原為少數說，但於認定監督過失之成立時，如非採取危懼感說，則甚難有周妥之說明，是以於肯認成立監督過失之判例，危懼感說遂成為多數說❼。此一現象，殊值吾人注意。

第二款　監督過失之因果關係

肯定監督過失之存在，即係承認其為過失犯罪之一種，然則犯罪之成立，必須行為與結果之間有其因果關係存在。一般過失犯之因果關係因係存在於行為人及其行為所發生之結果之間，但監督者之過失則係由於他人之過失行為介入，亦即係由被監督者所為之直接行為，而須由監督者同負責任，是以監督者之過失似可解為：「係對他人(即被監督者)過失行為防止義務之違反」，如此，可見其與其他一般過失犯之性質截然不同。

就自己之行為與該行為所發生之結果論述其因果關係，屬於一般因果關係之範疇，但對自己之行為與結果之間介入他人之行為，即因被監督人之行為所引起之結果時，如何認定其因果關係存在，即有進

---

❼ 參照板倉宏　現代型犯罪と刑法の論點（平成二年六月）　第一一八頁。

一步探究之必要。一般言之，監督者自己之過失行爲與他人行爲之介入，有二種情形：其一爲介入之被監督者之行爲係爲故意行爲；另一爲介入之被監督者之行爲係爲過失之行爲。在於前者，因介入之故意行爲完全支配結果之發生，亦即監督者原來之過失行爲對於結果之發生毫無影響，故監督者不負任何責任，但如結果係因監督者之過失行爲所引致之部分結果，就該結果部分，監督者仍有其過失之責任，亦即可認其因果關係仍然存在；在於後者，因被監督者之過失行爲所引起之結果完全係因監督者之過失行爲所引起，故監督者亦應負過失之責任。但此一情形，是否即謂監督者之過失與被監督者之過失之競合而共負過失責任，則仍存有疑義❽。

　　監督過失責任係以監督者對於被監督者所爲之過失行爲而負過失責任，其與一般行爲之型態不同，是以欲探究監督者之過失責任，即有先肯定監督者之過失行爲與被監督者之行爲所發生之結果間因果關係存在之必要。就一般之情形言，因果關係之學說有條件說、原因說及相當因果關係說等，晚近之理論及實務多採相關因果關係說，惟不問對於因果關係所採行之學說爲何，吾人均認因果關係係屬行爲與結果間之經驗的判斷，是以重在「因果經過通常性之有無」之問題，據此即可謂過失犯之行爲如在客觀上有因預見可能之情事而發生此一結果，而在經驗上可爲如此之認定時，即認其有因果關係存在。易言之，過失犯之因果關係，應係所發生之具體結果已包含於當初行爲中之危險之實現的概念中，故可爲「危險實現」之判斷❾。如此推演，則監督者之過失行爲，即已包含有最初之「危險實現」之內涵，雖其係經

---

❽　土本武司　過失犯理論の動向と實務㈤　警察研究第五十四卷第八期（昭和五十八年八月）　第二六頁；並參照日本最決昭和四十七年四月二十一日判決判例時報第六六六卷第九三頁。

❾　參照井上祐司　行爲無價値と過失犯論（昭和四十八年）　第一五五頁。

由被監督人之過失行為而實現，但仍可認定其有因果關係之存在。

惟過失犯之因果關係係本於行為人違反一定之注意義務致發生過失之結果，此有二方面之意義，其一為如已盡此義務則可迴避結果之發生；其二為因其有迴避結果發生之可能，故刑事科處係對其注意義務而為。在於監督過失之型態，甚多屬於不作為之過失犯罪，在純正不作為犯係以法令要求作為義務之違反為其成立要件，其依據已至明顯，而其因果關係亦甚明確。在於不純正不作為犯，因其不作為與作為等價，而應受非難，其因果關係之認定，前已言之，於此不贅。在於監督過失之監督者過失行為，雖係經由被監督者之過失行為，最後始發生犯罪之結果，但監督者之過失行為與結果之間，仍可本於客觀的相當因果關係理論予以解決❿。

第三款　監督過失與過失之競合

監督過失既係為監督者對被監督者之過失行為所致之結果，因監督者亦有過失行為，故令監督者亦負過失之責任，則其究係本於事業主而對企業之從業人員所為之犯罪行為負責，抑係本於其自己之責任負責？此外，監督者與被監督者間究係成立共同正犯或共犯之責任？抑係另一種之責任型態？其理由安在，均有進一步探討之必要。

監督者雖亦係因其監督上之過失行為而應負監督責任，但其與企業犯罪之事業之因代位、轉嫁或兩罰而負擔責任者不同，前已言之（參照本節序言），不再贅述，於此僅就監督過失與過失競合之問題予以分析。

依照日本學者西原春夫之見解，過失競合可以區分為對向的競合

---

❿ 土本武司　過失犯理論の動向と實務㈤　警察研究第五十四卷第八期（昭和五十八年八月）　第二九頁。

與併行的競合二者，加害者與被害者過失之競合爲對向的競合；共同加害者間過失之競合爲併行的競合。前者以交通事故爲多，監督者之過失責任則應屬後者，故僅就後者再予敍述。在併行的競合中又可因時點之不同，而分時點不同數人之過失爲縱的競合以及時點相同數人之過失爲橫的競合；亦可就過失行爲之依存性而爲區分，如各行爲人之行爲可各自爲結果發生之獨立原因時爲併存的競合，但如僅一方之過失對結果之發生有獨立性且其可防止他方對於結果之發生者，則屬重疊的競合。準此分類，則監督者與被監督者間，當屬重疊的競合關係，亦即監督者如爲妥適之行爲，則被監督者即無過失行爲，而監督者亦無監督過失可言，是以監督者實立於具有獨立性之地位，監督者與被監督者之間，因具備長期上下屬從之關係，故亦屬於累積之競合關係❶。是以監督者與被監督者間，並非刑法總則所規定之共同正犯或敎唆犯或從犯，而似應自成一格，發展成爲監督者之獨立犯罪型態❷。

第四款　結　語

監督過失在理論上之發展及實務上之運用，均屬近年來之事，其於運作上，因監督者之責任係經由被監督者過失行爲之介入，遂致在外觀上仍爲間接之行爲，與傳統之行爲概念顯然不同，而遭致疑義；此外，因監督者既係於被監督者有過失行爲始能追究監督者之責任，

❶　西原春夫　監督責任の限界設定と信賴の原則　法曹時報第三十卷第二期第四頁；土本武司　過失犯理論の動向と實務㈤　警察研究第五十四卷第八期（昭和五十八年八月）　第三六頁。

❷　日本判例大體上均以監督者之過失責任應屬過失犯之單獨正犯，參照❶所引各例。林幹人　監督過失の基礎　平野龍一先生古稀祝賀論文集上卷（一九九〇年九月三十日）　第三五七頁。

故其應如何負擔責任及其責任之範圍，亦引起甚多爭論。然因現實社會中，企業之經營，常因監督者之指導或行爲致引發重大侵害之後果，其實際行爲之從業人員（即被監督者）僅能依循監督者之指示或提供之條件爲其行爲，如僅令被監督者之下級幹部負其責任，而經營者或監督者逍遙法外，則有實際上由腦部發號施令，而手足依其指令動作，但「頭部無罪而手脚有罪」之譏⓭，故實有積極研究發展之必要，以使監督過失之適用更臻合理而有效。在日本方面，已有相當之文獻及判例，可供研究之參考⓮。

⓭ 參照土本武司　過失犯理論の動向と實務㈤　警察研究第五十四卷第八期（昭和五十八年八月）　第一八頁。

⓮ 日本學者林幹人亦於其「監督過失の基礎」一文之結語呼籲應儘早爲詳細深入研究以解決此一問題。此外，佐藤文哉則將監督過失分爲直接介入型之監督過失與間接介入型之監督過失二者，並認直接介入型之監督過失完全不適用信賴原則，但間接介入型之監督過失則可有限度的考量適用信賴原則，並謂有關火災事故以外之監督過失之相關問題之判定至爲困難，但氏認爲監督過失之問題之最終極之點，亦係在於如何求其符合業務上過失致死傷罪之保護目的爲止。參照氏著　監督過失──火災事故を素材として──載於刑法の基本判例　別冊法學敎室（昭和六十三年十月）　第四八頁至第五一頁；並參照氏著　監督過失の基礎　平野龍一先生古稀祝賀論文集(上)（一九九〇年九月）　第三二七頁以下；其有關立法建議載於第三五八頁至第三五九頁。

吾國刑法修正草案第一百九十條之一第一項明定：「投棄、放流、排出或放逸毒物或其他有害健康之物，而污染空氣、土壤、河川或其他水體，致生公共危險者，處五年以下有期徒刑。其由廠商、事業場所負責人或監督策劃人員因事業活動而犯之者，處七年以下有期徒刑。」其第三項並規定過失犯罪之處罰。依其第一項後段之規定，實已隱含監督責任之意義在，惟其實際運用上，恐尙不能以監督責任課之。且如依日本判例之發展情形觀之，監督責任似宜先適用於過失之事故，始較恰當。

第十二章 結 論

　　過失犯與故意犯均屬刑法所規範之犯罪，且同屬自有人類以來即已存在之反社會行為，故均應受刑罰之制裁，然因遠古時代人類生活單純，有關侵害他人權益之行為，可自自然所發生之事實分別加予制裁或容許私相報復。及至民智大開，成立國家，設官分職，奠定典章制度，即已對於人之心意狀態，有其不同之處遇，同時對於過失所致侵害之結果，亦有不予處罰者，尤其十八世紀工業革命之後，機器發明推陳出新，自動化設備日新月異，更以甚多新產品之創新變革，乃致人際關係複雜，尤以高速度、高效能自動機器之利用，以及新產品之推廣，遂造成各種危險之不斷發生，對於他人之生命、身體、財產等法益，產生莫大之影響，亦形成急劇增多之過失犯罪，刑法理論為解決前述問題，乃有三個階段之發展，第一階段係完全重視結果發生而自結果主義立論；第二階段已漸注意故意與過失之區別，但特別注意故意之處罰；及至最近之第三階段始開始注意過失之屬性、過失犯之成立要件及過失犯之處罰等。此一發展，當可使德國學者恩吉斯（Engisch）所云「過失之犯罪理論係為刑法理論之私生子」一語，成為歷史之陳跡❶。

　　然則近年以來，學者對於過失犯理論之研究，仍多借重已具規模之故意犯理論，而乏自有單獨體系，此於傳統之過失犯理論中，尤其

---

❶ 參照本書第一章第一節。Engisch, *Untersuchung über Vorsatz und Fahrlässigkeit im Strafrecht* ,1964；邦子邦雄、小橋安吉合譯　刑法における故意、過失の研究（一九八九年　一粒社）　第二九一頁以下。

灼然；蓋依傳統過失犯理論，故意與過失在構成要件該當性、違法性之要素中並無不同，二者之差異，僅在於有責性中之責任條件而已，亦即依傳統過失犯之見解，故意與過失，只因在責任條件中，故意係明知並有意使其發生、或容認犯罪構成事實發生之心意態度；而過失係爲應注意並能注意而不注意、或預見其發生而確信其不發生之心意態度；前者惡性較大，因此應受較後者爲重之刑罰科處，是以根據傳統過失犯理論，過失犯仍然寄生於故意犯之中，而非自有之理論體系。迨於第二次世界大戰前後，德日學者對於日益增多之過失犯罪，認爲依照傳統過失犯理論僅注意行爲人對於結果發生之預見義務，未免發生或動輒得咎或倖而免責之弊端，認其有違責任原則，故非可採，爰認過失犯罪除須注意行爲人對於結果發生已否盡其預見之義務外，尤應對於行爲人有無盡其避免結果發生之義務，據以認定是否成立過失犯，此即爲對於過失犯之性質，自結果的不法而移轉至兼顧行爲的不法，使過失犯之本質愈加彰顯，並對過失犯之成立要件，有更爲合理之調整，此一新過失犯理論之主張，使過失犯之問題，非但在責任之中有與故意犯相同之地位，同時在違法論中，亦幾可分庭抗禮，同受重視，最近更有主張過失犯之行爲本質即與故意犯有所不同，故應在構成要件該當性、違法性、有責性三者，分別論述故意犯及過失犯之不同要件及其成立，始爲恰當之見解❷。

自上述發展情況觀之，過失犯在今日犯罪數字上之陡增，其寄託於故意犯理論而發展之理論，實已不足肆應。因之，本文乃就目前有關過失犯之相關見解，自過失犯之發展史及現在刑法理論之架構，予

---

❷ 參照林山田 刑法通論 第二四四頁；都築廣已 刑法解釋論における故意と過失 載於一橋論叢第八十八卷第三期（一九八二年） 第三七六頁至第三九〇頁；洪福增 新舊過失犯之爭論——兼論危懼感說 載於刑事法雜誌第三十一卷第二期（民國七十六年） 第九三頁。

以彙整分析，冀望將來建立可資解決過失犯問題之體系，惟新理論之建立，實非一蹴可及，爰綜合前述過失犯之發展及其理論，分㈠過失犯與故意犯之基本差異；用以說明過失犯適用故意犯理論之困難性；㈡過失犯客觀化趨勢；以明瞭過失犯發展之情形；及㈢建立過失犯新理論體系之芻議等予以分析，期對將來理論之發展及實務之運作，提供一愚之得。

第一節　過失犯與故意犯之基本差異

各國刑法有對過失犯與故意犯之定義及其處罰在總則編併列規定者；有對故意犯規定較爲詳盡，而對過失犯僅爲簡略之規定者；亦有僅規定故意犯，而將過失犯與其他應處罰之犯罪以「特別規定」一語涵蓋者，不一而足❶。然則不問其規定之型態如何，故意犯與過失犯有其顯然之差異性存在，有如下述：

一、本質上不同

故意犯係行爲人對於構成犯罪之事實，明知並有意使其發生或容認犯罪構成事實之發生之謂；而過失犯則指行爲人應注意、並能注意而不注意或確信犯罪構成事實不發生而竟發生犯罪構成事實之謂。在於傳統之過失犯理論，認爲二者屬於行爲人於犯罪時之不同之心理狀態，只以其惡性大小不同而異其處罰；然自目的行爲論之立場言之，故意係朝向目的而發展之行爲，過失則無此一要素；即以傳統之因果行爲論言之，故意亦係重其「知」與「欲」，過失則重在結果之發生，而所謂「過失」之心理狀態，固可謂係「不注意」之心理狀態，但何謂「不注意」，則又有各種不同之見解在，惟無論採行何種見解，均難

---

❶　參照本書第二章第一節。

認其與故意之「知」及「欲」有何相同之處，是以故意犯與過失犯在本質上即有顯著之不同。

二、要件上不同

故意之犯罪，係行爲人基於對於構成犯罪事實之認識及希望，所爲之犯罪意思決定，表現於身體之動靜，並對法益發生影響或有影響之虞之行爲，其意義至爲明確，且其成立必須具備構成要件該當性、違法性、有責性之要件，亦爲歷來學說及判例之所共認；過失之犯罪，依吾國刑法第十四條之規定，固可定義爲行爲人雖非故意，但應注意並能注意而不注意，致發生犯罪構成事實，或確信其發生而竟發生犯罪構成事實之情形。準此定義，則過失犯既缺乏「知」及「欲」之要件，則如何據以確認其爲刑法上之行爲？以及其是否得適用犯罪一般成立要件客觀要件之構成要件該當性、違法性，以及主觀要件之有責性？此均爲有待探討之問題：

㈠就行爲槪念言：刑法上之行爲係指行爲人基於犯罪決意，表現於身體之動靜，對於外界發生影響者。故行爲可區分爲1.犯意發動；2.陰謀；3.預備；4.實行等四個階段，並以着手爲實行之開始、預備之結束。此一行爲槪念，在解釋故意犯時，固無問題；此外，依傳統因果行爲論之見解，於解釋過失犯時，雖採取迂迴之方式，但大體尙能爲多數學者所接受；惟近年發展之目的行爲論，對於過失犯行爲槪念之解釋，則常捉襟見肘，難於圓滿說明❷，此種現象，已可見對於過失犯理論之重視及發展，致其於行爲槪念上與故意犯之行爲槪念將漸生歧異。

㈡就構成要件該當性言：故意行爲之符合刑法分則所定犯罪類

---

❷ 參照韓忠謨 刑法原理 第一一一頁；林山田 刑法通論 第七九頁；大谷實 刑法講義總論 第一〇二頁。

型之概念，而有其危險性或實害性之性質，可爲明確之認定，尤其故意犯罪之因果關係問題，經由歷來有關因果關係學說之闡釋，亦已有其一定之軌跡可尋，在理論上及實務上均多採行客觀的相當因果關係說理論；但過失犯罪之多樣化及大量化以後，尤其對於公害過失、醫療過失、交通過失等新型過失犯罪之因果關係問題，如完全依賴傳統刑法理論之因果關係理論，據以認定，即有不週，是以乃不斷另闢蹊徑，以期建立合理之過失犯因果關係理論，以期妥善適用。

　　㈢就違法性言：過失犯之違法性與故意犯之違法性均未明定於法條之中，如照傳統過失犯理論，在違法性範疇中，過失犯與故意犯並無不同，但何以並無不同，則乏明確說明；而在新過失犯理論，則因過失已自結果無價值轉移至兼及行爲無價值之觀念，故認過失非僅在責任方面與故意有所不同，即在違法方面，亦與故意犯截然不同，遂提倡過失犯之客觀化，或主張過失犯的違法觀；此外，就刑法所定之阻卻違法事由言，亦未必均能適用於過失犯❸，是以過失犯客觀化或認爲過失犯兼有違法要素之主張，愈爲強勁之時，其與故意犯之差異性亦愈大。

　　㈣就有責性言：不問傳統過失犯理論或新過失犯理論，均認故意犯與過失犯有其截然之差異。傳統過失犯理論認爲過失犯與故意犯在責任中，因其心理上認知之程度有顯著之不同，故應受輕重不同之評價；新過失犯理論，則認故意犯有其一定之注意範疇，而過失犯則已將注意對象自預見結果之義務加入迴避結果發生之義務，擴大其範圍。惟無論傳統過失理論或新過失理論，均認於責任範疇中，過失犯與故意犯之不同。

　　三、犯罪型態上不同

---

❸　參照本書第四章第二節。

在理論上，雖有部分學者認過失犯有成立未遂犯、共同正犯及共犯、累犯或裁判上一罪之可能，惟在實務上及多數學者則認過失犯並不適用於未遂犯、共同正犯及共犯、累犯或裁判上一罪之規定。此一情形，反面言之，當係刑法總則有關未遂犯、共同正犯及正犯、累犯或裁判上一罪等多係基於故意犯之立場而設之規定，故於過失犯適用時，即有所扞格。

四、處罰上不同

刑法總則第二章第十二條開宗明義規定「行為非出於故意或過失者，不罰。」「過失行為之處罰，以有特別規定者，為限。」而在刑法總則編及其修正案中，已就過失犯成立累犯及其緩刑、假釋間之關係有所調整，是以將來適用於過失犯之限制將逐漸減少；此外，在刑法分則中，亦對過失犯罪之成立要件及其處罰，有若干之修正，是以過失犯之處罰，有別於故意犯，可謂獨幟一格。

綜合上述，可見過失犯與故意犯有其基本之歧異，故表現於理論上、法律上及實務上之情況自有不同。且基本上言，以往有認過失犯係故意犯之弱化的犯罪類型[4]；惟晚近學者則多認過失犯應為具有其固有性格，而可與故意犯不同之另一種犯罪類型[5]。即認有建立過失犯新犯罪理論體系之必要。

第二節　過失犯客觀化趨勢

往昔人類生活單純，犯罪之類型亦甚簡明，每一犯罪行為均可個別予以判斷，然自工商業發達之後，犯罪行為逐漸成為在方法上之多

---

[4] 參照鄭健才　過失犯之可罰性　載於法令月刊第四十卷第十一期　第三頁。
[5] 參照林山田　刑法通論　第二四五頁；甘添貴　刑法總論講義　第九四頁。

樣性與在數量上之龐大性，爲規範人類之行爲，乃制定諸多之法令，以資依循。例如原子能法第二十六條、民用航空法第三十五條至第四十三條，鐵路法第五十六條至第六十一條，公路法第五十八條至第六十三條，工廠法第七條、第四十一條、第四十三條，勞工安全法第五條、第六條，礦場法第十三條、第十六條、第十八條至第二十一條、第二十八條，礦場安全法第十條至第二十五條，建築法第六十三條、第六十六條至第六十九條、第八十四條，藥事法第五十八條，食品衛生管理法第十條、第十一條、第十五條、第二十一條，狩獵法第十二條、第十三條，道路交通管理處罰條例第八十九條至第九十三條、第九十四條、第一百十四條，警械使用條例第七條、第八條等諸法律規定之條文。此外，尚有經由法律授權或各主管機關依其職權訂定之命令，以交通來往之鐵公路爲例，在鐵路方面除鐵路法之規定外，所訂定之子法有㈠鐵路修建養護規則、㈡鐵路機車車輛檢修規則、㈢鐵路運送規則、㈣鐵路行車規則、㈤地方營、民營及專用鐵路監督實施辦法、㈥鐵路平交道防護設施設置標準及費用分擔規則、㈦鐵路行車及其他事故賠償暨補助費發給辦法、㈧鐵路行車人員技能體格檢查規則、㈨鐵路專用側線修建及使用規則、㈩電線經過鐵路裝置規則、㈩一臨近電化鐵路設施防護辦法、㈩二鐵路軍事運輸條例及其施行細則；在公路方面，除公路法之規定外，訂定之子法有：㈠公路修建養護管理規則、㈡汽車客運規則、㈢汽車貨運規則、㈣汽車運輸業管理規則、㈤汽車運輸業審核細則、㈥汽車運輸業客貨運運價率則、㈦公路經營業管理規則、㈧公路用地使用規則、㈨專用公路管理規則、㈩遊覽汽車管理辦法、㈩一汽車租賃業管理辦法、㈩二個人經營小客車出租業小貨車運輸業管理辦法、㈩三道路交通安全規則、㈩四道路交通標誌線號誌設置規則、㈩五道路交通事故處理辦法、㈩六促進道路交通安全獎勵辦法、㈩七汽車委託檢驗實施辦法、㈩八高速公路交通管制規則、㈩九民用航空機場客運汽

車管理辦法、㈩高速公路兩旁附着物取締辦法等二十餘種法規。上述規定，對於有關鐵公路之設備、行車安全等，已爲至爲詳盡之規定。

上述各該法令所規定之安全規則，係明文規定行爲人之注意義務者，此外，尚有依習慣或社會經驗而逐漸形成之各種不成文規則，亦對行爲人具備若干之拘束力，此等規則之發展，使行爲人之注意義務漸有客觀之規矩可循，是以部分學者遂主張過失犯罪應予客觀化，即依各該規則之規定據以認定行爲人有無違反其注意義務，進而認定其應否成立過失犯罪❶。淺見以爲以今日人類交往之頻繁，各種事務均將逐漸形成行爲之準繩，必須訂定各種之準則或規則，殆爲時勢必然之歸趨，惟以目前言之，似尚不足以言過失犯罪之全部客觀化，其理由有二：

一、訂定之規則未能涵蓋各種事務：即不能以有限之法條規範無窮之事務，況以今日科技發展，一日千里，而法規之制定，常須曠日費時，故有云「法律一經制定，即已落在時代之後」，誠哉斯言！是以法令永遠無法涵蓋全部之事務，是以違反規則之規定者，固然大多屬於過失犯罪之範圍；但縱無規則之訂定，如行爲人有注意之能力，亦有注意之義務，而不注意竟致發生結果者，仍不能謂其不成立過失之犯罪。

二、完全遵守相關之規則者，並非當然不成立過失犯罪：訂定規

---

❶ 參照都築廣已 過失犯における客觀注意義務の具體化について 載於一橋論叢 第八十四卷第二期（一九八○年） 第二○四頁至二一九頁；大谷實刑法講義總論 第一九四頁至第一九五頁；林山田 刑法通論 第二五○頁；並參照日本大判大正七年四月十日判決 刑錄第二十四卷 第三一七頁；最判昭和三十七年十二月二十八日判決 刑集 第十六卷第十二期 第一七五二頁。

則之目的，在於提供行為人應作為或應不作為之準繩，是以違反規則者，類多成立犯罪(尤其多屬過失犯)，惟完全遵守規則而漠視結果之發生，雖在理論上可認其已盡規則上之注意義務，但實際上則其未盡防免結果發生之義務，是以行為人仍應負過失之責。準此，可見過失犯之注意義務，仍應兼顧行為人之主觀面及客觀面之注意義務，據此斟酌注意義務，始能契合過失犯之本質❷。

第三節　建立過失犯理論新體系

根據上述分析，過失犯與故意犯有其本質上之歧異，以致發展達百年以上之刑法犯罪理論——以故意犯為基礎之犯罪理論，適用於過失犯罪時，即有諸多無法解決之問題發生，而學者迂迴予以解釋適用，仍未能圓滿說明，是以有認過失犯罪應予以客觀化，即將人類生活所涉之重要事項，如交通往來、建築設施、醫療行為，乃至於工廠運作等，均明定若干應遵守之規則，使行為人之行為有其準繩，即行為人得依客觀所要求之注意義務，充分防免結果發生，在認定行為人是否構成過失犯罪時，即可依據其是否違反該等規則之規定以確定之，如此，行為人之行為義務已明定於法條之中，其是否已盡防止結果發生之義務，亦至為明確；然則，此種理論在行為人確已依照規定，盡其防免結果發生之時，固有適用之餘地，若行為人雖已盡其規則上之義務，而結果之不發生並非無可防免者，則該行為人仍有防免之義務，

---

❷ 參照我國最高法院二十四年上字第一六九六號判例。該判例謂雖警察已做放行手勢，並非即可照常行駛，此時發生事故，行為人仍應負注意之責任云云。並參照日本大審院昭和五年七月十五日判決　法律新聞報三一五八號；大審院昭和十四年十一月二十七日判決　大審院刑事判例集第十八卷　第五四四頁。

否則將有鼓勵行爲人爲過失犯罪構成事實之虞，且以如規則之規定未盡合宜，則造成之侵害將無法補救，亦非法令規定之本旨；故判例中曾明白說明非因行爲人已遵守規則之規定，即可當然免責❶，實屬至當。是以所謂過失犯罪之客觀化，實尙有若干未能克服之問題在；因之對於過失犯罪，應建立如何之新理論，遂成爲當前最重要之課題。

　吾國學者林山田教授對於過失犯之體系，曾於所著刑法通論中予以重新編排，在其序言中已明述「本書係採納現今歐陸刑法學之犯罪理論，以故意之作爲犯、過失之作爲犯、故意或過失之不作爲犯等三大犯罪類型爲經，並以構成要件、違法性、罪責等三大犯罪要素爲緯，架構體系。」提出過失犯之新犯罪論體系之新架構，並提出對過失犯罪之立法與司法之建議。在刑事立法方面建議㈠修正過失定義之規定爲「行爲人因怠於依客觀情狀及其個人情況所應爲，且係其能力所及之注意，致在主觀心態上毫無認識之情狀下，實現構成要件者，爲過失。」及修正有認識之過失爲「行爲人雖預見構成犯罪事實之發生可能性，但因高估自己之能力或低估行爲之危險性而確信其不致發生，終至實現構成要件者，亦爲過失。」㈡增訂重大過失之規定：即仿德日立法在分則中採取重大過失與業務過失併列之立法方式，以規範重大過失犯罪；㈢修正過失致死與致傷罪之規定：即將刑法第二百七十六條修正爲「因過失行爲致人於死者……」「從事業務之人因業務上過失行爲致人於死者……」，並修正第二百八十四條爲「因過失行爲致人於傷者……」「從事業務之人，因業務上之過失行爲致人於傷者……」；㈣增設免除特定過失行爲之刑罰規定：即將過失行爲人因其過失行爲致其

❶　參照日本大審院大正三年四月二十四日判決（刑錄第二十四卷　第六一九頁）；該判決明示負有特殊危險業務之人仍應遵守法律上或習慣上必要之一般注意義務，其僅遵守取締規則，尙不足以免責；並參照我國最高法院七十二年臺上字第五二五八號判決。

父母、配偶、子女、兄弟、姊妹等至親於死或傷者，或過失行為人因其過失行為雖致他人於死或傷，但其自身亦同時受重傷者，均宜衡量而為其免除其刑之規定；㈤增設過失危險犯之規定：即增設交通往來過失、酒醉駕車或其他如導致核能或放射性物質外溢之公共危險，或過失爆炸爆裂物等之危險犯，均納入刑法予以規範；㈥增設有關食品與藥物之製造等過失犯：對於食品、藥品、化粧品等之製造、加工、販賣等行為之過失，均宜明定處罰條款；㈦增設禁止駕駛作為處罰手段；以禁止駕駛（Fahrverbot）之刑罰手段，作為隨附徒刑與罰金等刑之一種從刑；㈧增設過失犯與故意犯分界監禁之法律依據：因過失犯本質上與故意犯不同，可謂不屬於所謂之犯罪人，故應分界監禁，以免感染惡習。在刑事司法方面，則建議㈠修正純以具體結果而認定過失犯罪之錯失：目前若干在過失犯罪之刑法理論言，屬於欠缺行為不法或結果不法者，仍為實務認定為過失犯罪，對於民眾權益之保障不週，亦無法建立所有民眾均應守法之紀律，故應改正此種作法；㈡過失犯之處刑宜儘量使用罰金與緩刑：除一再違法之過失犯及情節特別重大之過失犯外，宜儘量以罰金或緩刑作為過失犯處罰之手段，避免過失犯罪人在監獄執行徒刑❷。上述建議，實已至為具體而可行❸。

❷ 參照林山田 刑法通論 第二七七頁至第二八四頁；洪福增 過失論 載於氏著 刑事責任之基礎 第二五七頁至第三五一頁，其對過失犯新體系之建議，請參照第三一九頁。

❸ 景玉鳳女士於中興大學法律研究所碩士論文 新舊過失理論之比較一文之結論中提出㈠修正過失犯定義規定；㈡修正過失致死或致傷罪之規定；㈢修正以結果無價值取向的過失認定；㈣修正刑法第十二條，俾使結果加重犯及兩罰規定有所依據；㈤信賴原則的採行等五點具體建議。參照氏著 新舊過失理論之比較（民國七十二年一月） 第一四九頁至第一五二頁。另韓金秀女士亦於其中國文化大學法律學研究所碩士論文 過失犯理論之研究一文結論

　　然則，過失犯在理論及實務上之諸多問題，無非肇因於過失犯之特性。往昔以故意犯之理論用以說明過失犯罪，即不免左支右絀，無法適用，是以長遠之計，實應充分究明過失犯之本質，尤其過失犯處罰之對象，係爲行爲人之惡性，抑係其行爲？抑係其結果？過失犯處罰之刑罰種類是否妥適？其處罰之目的如何？如何始克達成減少過失犯發生之目的等問題，並針對此一研究之結果，詳密設計過失犯之整體理論架構；易言之，吾人實應深入探討是否建立一完整之過失犯理論體系及其處罰模式，以期根本解決過失犯特有性質所產生之諸問題。有關過失犯之刑事立法及刑事司法之建議，亦已由林山田教授等提出具體之高見，於此不再贅述。本文之遠程目標當繼續研究能否建立過失犯理論之完整體系，並期提出有關過失犯之成立後其處罰之新立法，惟此一工作尚待繼續努力。於此，謹就現已存在之若干見解，再予闡明，冀以合理解決目前之過失犯問題。

一、過失犯罪之成立及其處罰，在本旨上已有重大改變

　　往昔人類生活單純，行爲及結果之認定至爲簡易，因此，傳統過失犯理論僅就行爲人之能否預見結果發生認定其是否成立過失犯罪，固稱簡便。但近代工商業發達，人類往來頻繁，人際關係密切，個人之生活及營業與他人互生影響，是以不能僅就行爲人已否盡其預見之義務，遽予認定是否成立過失犯罪，而應將其義務自結果的認識擴大至行爲時是否已盡避免結果發生之能事，此即新過失犯理論將傳統過失犯理論僅重視結果的不法演進爲兼顧行爲的不法。此一發展，使過

中就刑事立法及刑事司法提出具體建議，其於刑事立法方面，建議㈠修正過失定義之規定；㈡修正過失致死罪或致傷罪之規定；㈢增設有關食品、藥物有關之過失犯；㈣增設禁止駕駛作爲刑罰手段。在刑事司法方面，則建議㈠修正以結果無價值取向的過失認定；㈡信賴原則的採行。參照氏著　過失犯理論之研究（民國七十三年七月）　第一六九頁至第一七二頁。

失犯之成立及其處罰，更爲合理。而其原因，實係基於刑法有關犯罪
及處罰之規定，非但在於保障犯罪人，使其不受超越責任之不利科處，
抑且同時在於保護被害人及衡平社會之正義，爲兼顧此等目的，故傳
統過失犯理論已不足以適用。此亦即傳統過失犯理論在責任部分僅注
意行爲人行爲時之心理狀態，亦即僅注意對犯罪結果認知之情況而已，
而不及於行爲人本身已否盡其防免結果發生之義務，在現代言之，此
種過失犯罪之成立要件，業已不符實際，蓋以今日人類彼此間生活之
密切，個人固不能離群而索居，群衆之生活亦常受個人之影響，是以
人類社會乃形成一共同生活體，彼此之間，互負共同維護生活安全之
責任，以保護生命、身體、自由及財產等法益，此種責任，即爲行爲
人之社會生活責任（Lebensführungsschuld），此一責任觀念，已超
越以往道義責任之主張。依此社會生活責任之主張，吾人在社會生活
之中，應有自知之明，如不適於執行業務或不適於爲某些生活上行爲，
行爲人應自行克制其意念及行爲，亦即有避讓或退隱之義務，否則如
行爲人仍然悍然爲之，即屬超越承擔之過失或鹵莽承擔之過失（Über-
nahmeverschulden）而應負過失之責任。此外，政府亦應全面或大
量採行執業證照制度，對不適宜某一行業或工作者，予以檢定、查證、
淘汰及輔導其轉業，以避免過失犯罪之發生；在犯罪成立要件上，應
就行爲人已否兼備行爲的不法及結果的不法二者以爲斷；而在處罰
上，宜多採禁止駕駛或其他制裁之方式，以期發生處罰之效果，凡此，
均至關重要。

　　二、對於過失犯之理論，應採行新的新過失犯理論——即危懼感
說之見解

　　傳統過失犯理論專重行爲人預見結果發生之注意義務，固使行爲
人有動輒得咎或時而倖免之差異；新過失犯理論則以迴避結果發生之
義務爲注意義務之內容，實有限縮行爲人責任之作用，故可減少過失

犯之成立。惟法律之規定，除應保護行爲人外，尤不能忽略被害人之
保障，是以過失犯成立範圍之縮小，即有侵害被害人權益之虞，尤其
現今諸多食品事故、醫療過失或水、土壤、空氣、噪音、振動等公害，
或其他各種由企業組織體及多數人共同造成之公害或大型災害，如僅
自傳統過失犯理論所主張之行爲人預見結果發生之注意義務，或自新
過失犯理論之以結果迴避義務爲注意義務之內容言，成立過失犯罪常
有限制，其於被害人之保障或社會正義之衡平，即有不週，故似應以
行爲人預見可能性之內容，以有一般人認爲或許能發生如此之結果亦
未可知之危懼感或不安感之程度爲已足，如行爲人未能負排除此一危
懼感或不安感程度之注意義務之措置，仍屬注意義務之違反，而得以
成立過失犯。此一新的新過失犯理論將預見可能性之內容予以抽象化，
對於當前之若干新型犯罪——多數爲企業犯罪或公害犯罪——得考慮
其企業主或關係人是否已盡其全力就其已有若干疑慮之危害爲防免結
果發生之適當措置，如此，亦可減輕實際操作人不當之過重責任，亦
可爲晚近發展之監督過失，奠定理論之基礎❹。此一理論之採行，對
於一般之過失，亦未擴大其適用或加重其責任。故新的新過失犯理論
主張之危懼感說，應係目前較爲妥適之過失犯理論基礎❺。

---

❹ 參照本書第十一章第五節。

❺ 參照洪福增　新舊過失論之爭論——兼論危懼感說　載於刑事法雜誌第三十
　一卷第一期　第九十二頁；氏認危懼感說爲適應現代企業社會之現況稍予擴
　大客觀的預見可能性之範圍，固不能謂爲無其片面的道理，但如認過失犯之
　成立，亦應以具有「非難可能性」爲必要者，則自法規範之立場，即不能忽
　視應有具體的一定標準之現制，以批評危懼感說。惟實際上，危懼感說雖將
　不安或危懼作爲注意義務之前提內容，但仍非毫無標準，且其亦主張行爲人
　應盡其全力爲排除此種不安或危懼之適當措置，即以不安或危懼之心理爲基
　礎，以排除不安或危懼之適當措置爲要件，實不能謂其非爲具體之標準。

三、行為人之注意義務，應包括主觀的及客觀的注意義務

傳統過失犯理論僅注意行為人對於結果發生之注意義務，即以行為人之主觀的預見可能性為注意義務之內容，據此認定過失犯罪是否成立，顯有不當。新過失犯理論雖有認過失犯之注意義務純屬客觀的違法性所要求之義務，故將傳統過失犯理論所主張之結果的不法轉變為行為的不法，然則以目前過失犯理論仍未能脫逸固有的以故意犯為中心之理論之前，如遽認過失犯之注意義務純屬違法要素時，則將致過失犯在犯罪理論中之地位為之丕變，而將過失犯純粹客觀化，其不當之處，已見上節所述。吾人以為目前過失犯之注意義務仍應在主觀上有其預見可能性，而此之預見可能性於採行新的新過失犯理論——即危懼感說之情形下，以行為人對於結果之發生，有其危懼或不安為已足；但在注意義務中仍應注重行為人為排除此一危懼或不安而應為妥適之措置；即行為人仍有迴避結果發生之義務，而竟未盡此一迴避結果發生之義務，以致發生結果或危險時，始認行為人成立過失之犯罪❻。

四、以結果侵害之大小作為量刑重輕基準之一

以目前之過失犯理論言，過失犯罪固然不足以完全客觀化，亦即尚不宜以結果侵害之大小作為刑罰輕重之唯一基準，否則將有回復過失犯之結果責任或絕對責任之弊端。然則，學者有謂過失犯本非犯罪，其於日常生活中，幾與未犯罪之普通人並無差異❼，是其處罰，自亦宜有較為客觀之標準，故宜將其結果侵害大小，列為斟酌量刑之重要依據之一。我國刑法修正草案已於第五十七條刑之酌科增列第八款「科刑時應審酌一切情狀，尤應注意左列事項，為科刑輕重之標準……。

❻　參照林山田　刑法通論　第二四八頁至第二五三頁。

❼　參照 Göppinger, *Kriminologie,* 4 Aufl., 1980, S.322; Kaiser, *Kriminologie,* 3 Aufl., 1976. S. 316.

八、犯人違反義務之程度。」依其說明，以邇來違反義務犯罪之法規日益增多（如電業法第一百零七條、公司法第十五條第三項），而以違反注意義務爲違法要素之過失犯罪發生率，亦有增高趨勢（如車禍案件、醫療糾紛案件），犯人違反注意義務之程度旣有不同，其科刑之輕重，亦應有所軒輊，又就作爲犯（如非常時期農礦工商管理條例第三十一條）與不作爲犯（如刑法第一百四十九條）而言，其違反不作爲或作爲之程度，亦宜審酌以爲科刑之標準。爰參酌西德立法例（現行刑法第四十六條(2)增訂第八款規定「犯人違反義務之程度」，以利具體案件量刑時審酌運用。此一修正，實至確當。

五、過失犯罪應儘量宣告罰金刑或緩刑；並研酌以其他行政處罰替代

過失犯是否爲固有意義之犯罪，已漸生疑義；如以實刑科處過失犯，是否符合監獄行刑法第一條所定之「徒刑拘役之執行，以使受刑人改悔向上，適於社會生活爲目的」之宗旨？亦不無爭論。是以學者多主張對於過失犯罪之論罪科刑及其行刑處遇，應與故意犯截然不同，遂認對於所宣告之刑罰，應以罰金刑或緩刑爲主，並認執行時應與故意犯分監執行，以免沾染惡習，於執行之後，反成社會之沈重負擔。除此見解外，似可進一步研究對於目前之企業過失、公害過失、醫療過失及監督過失等，除現有若干法制已設規定之禁止駕駛外，似可考量以禁止營業、勒令歇業、撤銷許可等之處分，予以制裁。此外，對於此種行爲，如能在行政上科處與其所得利益相當或更重之罰鍰，亦可能發生較罰金刑甚至拘役刑、有期徒刑更爲有效之制裁效果，是以以其他行政處罰爲過失行爲之制裁手段，當不失爲將來對過失行爲科罰之一重要方向。

世界各國交通事故統計比較表

國　名	調查年度	人口數(千人)	每千人車輛數(輛/千人)	肇事次數(件)	每萬車肇事次數(件)	死亡人數(人)	每萬輛車死亡人數(人/萬輛)	每千件事故死亡數(人/千件)
＊中華民國	1989	20,107	506(100)	6,405	6.29(100)	3,930	3.87(100)	613.6(100)
△中華民國	1989	20,107	127	4,487	17.61	2,951	11.58	657.1
日　本	1989	123,270	448(89)	661,363	119.76(194)	14,412	2.61(68)	21.8(4)
新加坡	1988	2,647	186(37)	47,728	969.41(15,412)	226	4.60(119)	4.7(1)
美　國	1987	237,491	762(151)	2,601,000	143.73(2,285)	46,386	2.56(66)	17.8(3)
加拿大	1987	25,796	598(118)	196,806	127.58(2,028)	4,285	2.78(72)	21.8(4)
澳　洲	1988	16,677	560(111)	25,260	27.05(430)	2,874	3.08(80)	113.8(19)
奧地利	1988	7,956	439(87)	44,243	126.67(2,014)	1,569	4.70(122)	35.5(6)
比　時	1988	9,876	406(80)	61,756	154.02(2,449)	1,967	4.90(127)	31.9(5)
瑞　士	1988	6,618	456(90)	24,544	81.33(1,293)	945	3.13(81)	38.5(6)
西　德	1988	61,140	506(100)	342,299	110.64(1,759)	8,213	2.65(69)	24.0(4)
丹　麥	1988	5,130	370(73)	9,978	52.57(836)	713	3.76(97)	71.5(12)
西班牙	1988	39,078	333(66)	106,356	81.73(1,299)	8,252	6.35(164)	77.6(13)
法　國	1988	55,510	472(93)	175,887	67.13(1,067)	11,497	4.39(114)	65.4(11)
英　國	1987	56,930	368(73)	245,407	117.74(1,862)	5,339	2.55(66)	21.8(4)

國　　名	調查年度	人口數(千人)	每千人車數(輛/千人)	肇事次數(件)	每萬輛車次數(件)	死亡人數(人)	每萬輛車死亡人數(人/萬輛)	每千件事故死亡件數(人/千件)
希　臘	1988	9,990	222(44)	20,573	92.76(1,475)	1,692	7.64(97)	81.5(13)
義大利	1988	57,505	453(90)	166,033	63.32(1,006)	7,425	2.85(94)	44.7(7)
愛爾蘭	1987	3,543	245(48)	5,751	66.25(1,053)	461	5.30(137)	80.2(13)
盧森堡	1987	370	503(99)	1,165	62.60(995)	68	3.66(95)	58.4(10)
挪　威	1988	4,199	461(91)	1,167	42.19(671)	378	1.95(50)	46.3(8)
荷　蘭	1988	14,804	391(77)	41,859	73.32(1,150)	1,366	2.36(61)	32.6(5)
葡萄牙	1988	9,744	288(57)	41,496	147.87(2,351)	3,263	11.63(301)	78.6(13)
瑞　典	1988	8,459	445(88)	17,207	45.71(727)	813	2.16(56)	47.2(8)
芬　蘭	1988	4,955	10(2)	9,569	1,931.18(30,702)	653	3.21(83)	68.2(11)
土耳其	1988	4,176	4(1)	45,478	27,225.81(432,843)	9,136	31.48(814)	200.9(33)
南斯拉夫	1987	23,506	165(33)	45,531	117.39(1,866)	4,526	11.69(302)	99.4(16)
ECMT小計		433,129	360(71)	1,413,479	90.65(1,441)	68,276	4.38(113)	48.3(8)

註：1. 歐洲運輸部長會議 (ECMT)資料，係表中奧地利至南斯拉夫之統計。
　　2. 死亡人數是以30天內為計算標準，但我國是以24小時為計算標準。
　　3. ( ) 內為以我國為100之相對值。
　　4. 我國肇事次數資料不含財物損失在新臺幣五仟元以下之事故。
　　5. 「＊」：汽機車全部。
　　6. 「△」：不含機車。

主要參考書目

一、中文部分（按姓氏筆劃爲序）

㈠書　　籍

中華民國刑法修正草案（民國七十九年元月）

王覲・中華刑法論（再訂增補六版・民國十九年）

甘添貴・刑法總論講義（民國七十七年）

刑法分則研究修正資料彙編（民國六十七年至民國七十一年）

刑法總則研究修正資料彙編（民國六十四年至民國六十七年）

周冶平・刑法總論（五版・民國六十一年十月）

林山田・刑法通論（民國七十九年）

洪福增・刑法之理論與實務（民國七十七年）

洪福增・刑事責任之理論（民國七十七年）

徐維新・交通警察（民國七十年）

徐朝陽・中國刑法溯源（民國五十五年）

高仰止・刑法之理論與實用（三版・民國七十五年八月）

郭衛・刑法學總論（民國二十年）

郭衛・刑法學各論（民國二十一年）

陳樸生・過失論・刑法專題研究（政大法學叢書19）（民國七十二年）

陳樸生・實用刑法（民國七十五年）

陳顧遠・中國法制史概要（民國六十年）

景玉鳳・新舊過失理論之比較（中興大學法律研究所碩士論文）（民國七十二年）

楊大器・刑法總則釋論（民國七十八年）

楊建華・刑法總則之比較與檢討（民國六十七年）

楊鴻烈・中國法律發達史（民國五十三年）

蔡墩銘・刑法總論（修訂八版民國八十年一月）

戴炎輝・中國法制史（民國五十五年）

韓忠謨・刑法原理（增訂第十五版・民國七十一年）

韓忠謨・刑事責任之理論研究（初版・民國四十六年六月）

韓金秀・過失犯理論之研究（中國文化大學法律學研究所碩士論文）（民國七十三年）

蘇俊雄・刑法推理方法及案例研究（民國七十八年）

(二)專論或期刊

朱石炎・「略論非自然人之處罰規定」・法令月刊第二十四卷第五期

西原春夫著、陳尙義譯・「過失犯與原因自由行爲」・刑事法雜誌第二十卷第四期

周冶平・「汽車事故與刑事責任」・法學叢刊第二十五期

林山田・「論過失犯罪」・政大法學評論第二十四期

林鉅鋃・「間接正犯之意義及其成立要件」・刑事法雜誌第二十三卷第五期

林勳發・「交通刑法之研究」・刑事法雜誌第二十卷第一期

邱聰智・「公害與刑事責任」・刑事法雜誌第十六卷第五期

洪福增・「新舊過失論之爭論──兼論危懼感說」・刑事法雜誌第三十一卷第二期

洪福增・「過失論」・刑事法雜誌第十六卷第三期

洪福增・「論故意與過失之界限」・刑事法雜誌第十九卷第六期

梁恒昌・「論過失犯」・刑事法雜誌第二十卷第一期

陳樸生・「企業犯罪與組織責任」・軍法專刊第二十五卷第一期

陳樸生・「法人刑事責任與我國立法之趨向」・刑事法雜誌第二十一卷第二期

陳樸生・「過失行爲及其著手時點」・法令月刊第四十二卷第一期

曾隆興‧「醫療過失之研究」‧刑事法雜誌第二十八卷第五期

黃隆豐‧「論公害犯罪」‧刑事法雜誌第二十三卷第二期

溫耀源‧「論道路交通事故之刑事責任」‧刑事法雜誌第二十四卷第一期

廖正豪‧「過失共同正犯論」‧刑事法雜誌第二十一卷第五期

翟唫霞‧「刑事上信賴原則之理論與實務」‧刑事法雜誌第十六卷第五期

蔡墩銘‧「過失之心理研究」‧刑事法雜誌第十九卷第三期

蔡墩銘‧「疏虞過失是否不認識過失」‧刑法總則爭議問題研究（民國七十七年）

鄭健才‧「過失犯之可罰性」‧法令月刊第四十卷第十一期

藤木英雄著、管高岳譯‧「法人與刑法」‧刑事法雜誌第二十四卷第二期

韓忠謨‧「過失犯之構成的問題」‧刑事法雜誌第三十二卷第一期

韓忠謨‧「現代刑罰制度之實質及其發展趨勢」（上）‧法學叢刊第五十三期

二、日文部分（按姓氏筆劃爲序）

㈠書　　籍

下村康正‧犯罪論の基本的思想（昭和四十九年）

土本武司‧過失犯の研究——現代的課題の理論と實務（昭和六十一年）

大谷實‧刑法解釋論集Ⅰ（一九八四年）

大谷實‧刑法講義總論（平成二年三月）

大場茂馬‧刑法總論上卷（大正一年）

大場茂馬‧刑法總論下卷（大正二年）

大塚仁‧刑法概說總論（改訂版‧昭和六十一年）

大塚仁‧刑法における新舊兩派の理論（昭和三十二年）

大塚仁‧過失間接正犯‧總合判例研究叢書刑法㉑間接正犯（昭和四十三年）

大塚仁編‧判例コンメンタール‧刑法Ⅰ總則（昭和五十一年）

小野清一郎・中華民國刑法總則（昭和八年四月）

小野清一郎・刑法概論（增訂新版・昭和三十五年）

小野清一郎・刑法の本質とその他（昭和三十年）

小野清一郎・新訂刑法講義總論（昭和二十五年）

不破武夫・刑事責任論（昭和二十三年）

中山研一、西原春夫、藤木英雄、宮澤浩一編・現代刑法講座第三卷
　　（昭和五十四年）

中野次雄・刑法總論概要（昭和五十四年）

中義勝・刑法總論（昭和四十六年）

井上正治・刑法學（總則）（昭和二十六年）

井上正治・判例にあらわれた過失犯の理論（昭和三十四年）

井上正治・過失犯の構造（昭和五十六年）

井上祐司・因果關係と刑事過失（昭和五十四年）

井上祐司・行爲無價値と過失犯理論（昭和四十八年）

仁井田陞・中國法制史研究（一九五九年）

內田文昭・刑法Ⅰ總論（昭和五十二年）

內田文昭・刑法における過失共働の理論（昭和五十一年）

內藤謙・刑法總論（上）（昭和五十八年）

牛山積・現代の公害法（一九七六年）

木村龜二・刑法總論（昭和四十五年）

木村龜二・刑法總論（阿部純二增補・昭和五十三年）

加藤一郎・公害法のしくみ（一九七一年）

市川秀雄・刑法總論（昭和三十年）

平野龍一、平場安治合編・刑法改正の研究（昭和四十八年）

平野龍一、平場安治合編・刑法改正──刑法改正案批判（昭和四十七年十月一
　　日）

平野龍一・刑法總論Ⅰ（昭和四十七年）

平場安治・刑法總論講義（昭和二十七年）

田中周友・世界法史概說（昭和三十年）

田中耕太郎・世界法の理論第一卷──第三卷（昭和九年初版、昭和四十一年六版）

吉川經夫・刑事立法批判の論點（一九六七年）

吉川經夫・改訂刑法總論（昭和四十七年）

吉川經夫・改訂刑法總論（一九七四年）

G. Stefani G. Levasseur. 13. Bouloc.合著・澤登俊雄、澤登佳人、新倉修譯
　　フランス刑法（刑法總論）（昭和五十六年）

安平政吉・刑法總論（昭和四十五年）

安平政吉・責任主義の刑法理論（昭和四十八年）

江家義男・刑法總論（昭和二十七年）

米田泰邦・醫療行爲と刑法（昭和六十年）

西村克彦・犯罪型態論序說（昭和四十二年）

西原春夫・犯罪各論（昭和五十八年）

西原春夫・交通事故と信賴原則（昭和四十八年）

西原春夫・交通事故と過失の認定（昭和五十年）

橋木光雄・道路交通法と刑法等との交錯（昭和五十八年）

西原春夫・刑法總論（昭和五十二年）

佐伯千仞・改訂刑法講義（總論）（昭和四十九年）

佐伯千仞・刑法に於ける期待可能性の思想（上）（昭和二十二年）
　　　（下）（昭和三十四年）

板倉宏・企業犯罪の理論と現實（昭和五十年）

板倉宏・現代社會と新しい刑法理論（昭和五十五年）

板倉宏・現代型犯罪と刑法の論點（平成二年六月）

松宮孝明・刑事過失論の研究（一九八八年十二月）

法務省刑事局・改正刑法準備草案附同理由書（昭和三十六年十二月）

牧野英一・刑法總論上卷 (昭和三十三年)

牧野英一・刑法總論下卷 (昭和三十四年)

牧野英一・重訂日本刑法上卷 (昭和十二年)

靑柳文雄・刑法通論 I 總論 (昭和四十年)

前田宏・公害關係罰則概說 (昭和四十六年)

前田雅英・刑法總論講義 (昭和六十三年)

泉二新熊・增訂刑法大要 (昭和十八年)

重松一義・日本刑罰史年表 (昭和四十七年)

夏目文雄・犯罪論の一般理論 (昭和四十四年)

宮本英脩・刑法大綱 (昭和十年)

宮本英脩・刑法學粹 (昭和六年)

眞鍋毅・現代刑事責任論序說 (一九八三年十一月)

草野豹一郎・刑法要論 (昭和三十一年)

莊子邦雄・刑法總論・法律學全集(25) (昭和四十九年)

莊子邦雄・刑法總論 (新版・昭和五十六年)

岡野光雄・刑法における因果關係の理論 (昭和五十二年)

森下忠・國際刑法の新動向 (一九七九年初版)

森下忠・自動車事故の刑事責任 (一九七五年)

植松正・再訂刑法概論 I 總論 (昭和四十九年)

植松正、川端博、曾根威彦、日高義博編・現化刑法論爭 I (昭和五十八年)

團藤重光・刑法綱要總論 (改訂版・昭和五十四年)

團藤重光編・注釋刑法總則(1)—(3) (昭和三十九年至昭和四十四年)

福田平・刑法總論 (昭和五十九年)

福田平、大塚仁編・刑法總論 I (昭和五十四年)

趙欣伯・刑法過失論 (大正十五年)

齊藤金作・共犯理論の研究 (昭和二十九年)

藤木英雄・公害犯罪 (一九七五年)

藤木英雄・公害犯罪の企業責任（昭和五十年）

藤木英雄・刑法講義總論（昭和五十年）

藤木英雄・過失犯──新舊過失論爭（昭和五十年）

藤木英雄・過失犯の理論（昭和五十年）

瀧川幸辰・犯罪論序說（昭和二十二年）

瀧川幸辰・刑法講話（昭和二十六年）

瀧川幸辰・改訂刑法論序說（昭和二十二年）

瀧川春雄・刑法總論講義（昭和二十七年）

　　㈡專論或期刊

下村康正・「過失犯の共同正犯と同時犯」・警察研究第四十六卷第八期

上田健二・「醫療行爲の意義」・醫療事故の刑事判例；中山研一、　泉正夫編著
　　（一九八四年）

土本武司・「過失犯理論の動向と實務」㈣㈤・警察研究第五十四卷
　　第七期、第八期

土本武司・「過失犯理論の動向と實務」㈠・警察研究第五十四卷第四期

大塚仁・「過失行爲の利用と間接正犯」・日冲憲郎博士還曆祝賀　過失犯Ⅰ
　　（昭和四十四年）

大塚裕史・「過失犯における注意義務と注意能力の關係」・早稻田法學會誌第三
　　十二卷

小泉明、園田荒一、中野進、唄孝一編・日本の醫療──これから　ジュリスト
　　總合特集（一九八六年）第四四期

小島喜久雄・「監督業務上の過失責任」（上）（下）・警察學論集第三十七卷第五
　　期

山中敬一・「過失犯中被害人の同意──序論的考察」・平場安治博士還曆祝賀
　　現代の刑事法學　（上）（昭和五十二年）

山中敬一・「ガス爆發事故と刑事責任」・ジュリスト第八四〇期

井上祐司・「監督者の刑事過失ついて」・九州大學法政研究第四十八卷第一期、
　第二期（一九八一年九月、十二月）

內田文昭・「過失の共犯」・總合判例研究叢書刑法（昭和四十年）

內田文昭・「醫療行爲の分擔と過失犯の成否」・ジュリスト第四二七期

齊藤誠二・「過失犯の未遂」・日冲憲郎博士還曆祝賀　過失犯Ⅰ（昭和四十四年）

木村龜二・「過失犯の構造」・瀧川幸辰還曆紀念現代刑法學の課題（下）（昭和三
　十年）

木村龜二・「法律の過失と故意」・刑法解釋の諸問題（昭和十四年）

古林祐二・「古代ギリシア刑法における過失責任論と刑法思潮」・福岡大學法學
　論叢第六卷
　第一、二期合訂本

平田勝雄・「過失犯における注意義務の構成」・西南學院大學法學論集第十七卷
　第二、三の合併期（一九八五年）

平野龍一・「過失についての覺書」・警察研究第二十四卷第三期

平場安治・「過失犯の構造」・刑事法學の諸相・井上正治博士還曆祝賀（昭和五
　十六年）

石原明・「注射、預防接種の過失」・醫療事故の刑事判例；中山研一、泉正夫編
　（一九八四年）

石堂功卓・「新過失論の課題」・中京法學第十一卷第二期

名和鐵郎・「監督過失」別冊ジュリスト刑法判例百選Ⅰ總論第二版

米田泰邦・「手術と刑事責任」・醫療事故の刑事判例；中山研一、泉正夫編（一
　九八四年）

吉田敏雄・「熱量變更計畫最高責任者の監督過失・北ガス一酸化碳素中毒死傷
　事件判決（幌地昭和六十一年二月十三日）に寄せて」ジュリスト第八六七期

西村克彥・「過失犯の共犯とは何か」・警察研究第五十七卷第七期

西村克彥・「刑法における『過失』概念の解明」・日冲憲郎博士還曆祝賀

　過失犯 I　（昭和三十八年）

西村宏一、石川明責任編集特集・醫療訴訟の現狀と展望・判例タイムズ第六八

　六期

　　（一九八九年臨時增刊）

西原春夫・「過失犯の構造」・現代刑法講座第三卷　（昭和五十四年）

西原春夫・「過失犯と原因において自由な行爲」・日冲憲郎博士還曆祝賀

　過失犯 I　（昭和三十八年）

西原春夫・「監督責任の限界設定と信賴の原則」・法曹時報第三卷第二期

西原春夫・「信賴原則と預見可能」・ジュリスト第五五二期

佐藤文哉・「監督過失——火災事故を素材として」・刑法の基本例判

　別冊法學教室　（昭和六十三年十月）

林幹人・「監督過失の基礎」・平野龍一先生古稀祝賀論文集上卷　（一九九〇年九

　月三十日）

板倉宏・「過失犯の研究⑶」・警察學論集第二十卷第二期

板倉宏・「監督過失」・藤木英雄、板倉宏合編・刑法の爭點新版　（昭和六十二年）

松生光正・「過失による共犯㈠㈡」・京都大學法學論叢第一一七卷第一期、第五

　期

松宮孝明・川崎がけ崩水實驗事故判決・法學教室　（一九八七年八月號）

牧野英一・「傷害行爲と殺人行爲の連續犯」・刑法研究第二卷

阿部純二・「過失の共犯」刑法の基本判例・別冊法學教室　（昭和六十三年）

靑柳文雄・「故意と過失の分界について」・法曹時報第二十八卷第六期　（一九七

　六年）

前田雅英・「過失犯について一考察」・平野龍一先生古稀祝賀論文集上卷

　　（一九九〇年九月）

宮澤浩一・「累犯」・平場安治、平野龍一編・改正刑法の研究　（昭和四十七年）

庭山英雄・刑法判例百選 I 總論　（昭和五十九年）

荒川雅行・「過失犯について被害者の同意に關する一考察」・法と政治

第三十三卷第二期（一九八二年十月）

淺田和茂・「主體別過失」・醫療事故の刑事判例；中山研一、泉正夫編著（一九八四年）

莊子邦雄・「近代刑法の原初型態」・刑法雜誌第五卷第二期

莊子邦雄・「封建社會における刑法」・瀧川幸辰還暦紀念論文集

莊子邦雄・「げルマン古代刑法の性格」・法律時報第二十八卷第三期

都築廣已・「刑法解釋論における故意と過失」・一橋論叢第八十八卷第三期（一九八二年）

都築廣已・「過失犯における客觀的注意義務の具體化について」・一橋論叢第八十四卷第二期（一九八〇年）

植松正・「注意能力行爲者標準說に對する疑問」・日冲憲郎博士還暦祝賀過失犯Ⅰ（昭和四十一年）

須須木主一・「重過失」・日冲憲郎博士還暦祝賀　「過失犯」Ⅱ（昭和四十四年）

團藤重光・「過失犯と人格責任」・日冲憲郎博士還暦祝賀過失犯Ⅰ（昭和四十一年）

藤木英雄・「法人の刑法」・法學セミナー第二六二號

饗庭忠男・醫療事故の焦點（一九八二年）

唄孝一、宇都木伸、平林勝政編・醫療過誤判例百選ジュリスト別冊（平成元年六月第一〇二期）

三、西文參考資料

Bar. *Gesetz und Schuld im Strafrecht,* Bd. 2, 1907.

Baumann. *Strafrecht, Allgemeiner Teil,* 9. Aufl., 1985.

Blei. *Strafrecht, Allgemeiner Teil,* 1977.

Bockelmann. *Strafrecht, Allgemeiner Teil,* 3. Aufl., 1979.

Engisch. *Untersuchung über Vorsatz und Fahrlässigkeit im Strafrecht,*

1930.

Exner. *Das Wesen der Fahrlässigkeit,* 1910.

Ferneck. *Die Idee der Schuld,* 1911.

Frank. *Das Strafgesetzbuch für das deutsches Recht,* 181. Aufl., 1931.

Gillis *Erenius. Criminal Negligence and Individuality,* 1976.

Goppinger. *Kriminologie,* 4. Aufl., 1980.

Jakobs. *Studien zum fahrlässigen Erfolgsdelikt,* 1972.

Jescheck. *Lehrbuch des Strafrechts, Allgemeiner Teil,* 4. Aufl., 1988.

Jescheck. *Lehrbuch des Strafrechts, Allgemeiner Teil,* 3. Aufl., 1978.

Binding. *Die Normen, Bd. IV,* 1918.

Kaiser. *Kriminologie,* 3. Aufl., 1976.

Kohlrausch-Lange. *Strafgesetzbuch mit Erläuterangen und Nebengeset-
zen,* 43. Aufl., 1961.

Liepmann. *Einleitung in das Strafrecht,* 1900.

Mannhein. *Der Massstab der Fahrlässigkeit im Strafrecht, strafrechtli-
che Abhandlungen,* Heft 157, 1912.

Maurach. *Grundriss des Strafrecht, Allgemeiner Teil,* 1948.

Perkins. *Criminal Law,* 2nd. od., 1969.

Radbruch. *Über den Schuldbegriff,* 1910.

Schaffstein. *Die allgemeinen Lehren vom Verbrechen in ihrer Entwick-
lung durch die Wissenschaft des gemeinen Strafrechts,* 1930.

Stratenwerth. *Strafrecht, Allgemeiner Teil I,* 3. Aufl., 1981.

Stree. *Schönke- Schröder Strafgesetzbuch, Kommentar,* 22. Aufl., 1985.

Turner, *Mental Element in Crimes at Common Law,* edited in the Mod-
ern Approach to Criminal Law, 1945.

Welzel. *Das deutsche Strafrecht,* 11. Aufl., 1969.

三民大專用書書目——國父遺教

三民大專用書書目──法律

三民大專用書書目──政治・外交

三民大專用書書目——行政·管理

企業概論	陳定國	著	前臺灣大學
管理新論	謝長宏	著	交通大學
管理概論	郭崑謨	著	中興大學
管理個案分析（增訂新版）	郭崑謨	著	中興大學
企業組織與管理	郭崑謨	著	中興大學
企業組織與管理（工商管理）	盧宗漢	著	中興大學
企業管理概要	張振宇	著	中興大學
現代企業管理	龔平邦	著	前逢甲大學
現代管理學	龔平邦	著	前逢甲大學
管理學	龔平邦	著	前逢甲大學
文檔管理	張翊	編	郵政研究所
事務管理手冊	行政院新聞局	著	
現代生產管理學	劉一忠	著	舊金山州立大學
生產管理	劉漢容	著	成功大學
管理心理學	湯淑貞	著	成功大學
品質管制（合）	柯阿銀	譯	中興大學
品質管理	戴久永	著	交通大學
可靠度導論	戴久永	著	交通大學
執行人員的管理技術	王龍興	譯	
人事管理（修訂版）	傅肅良	著	中興大學
人力資源策略管理	何永福、楊國安	著	輔仁大學
作業研究	林照然	著	臺灣大學
作業研究	楊超然	著	臺灣大學
作業研究	劉一忠	著	舊金山州立大學
數量方法	葉桂珍	著	成功大學
系統分析	陳進	著	前聖瑪利大學
秘書實務	黃正興	編著	實踐家專

三民大專用書書目——社會

實用國際禮儀	黃貴美	編著	文化大學
勞工問題	陳國鈞	著	中興大學
勞工政策與勞工行政	陳國鈞	著	中興大學
少年犯罪心理學	張華葆	著	東海大學
少年犯罪預防及矯治	張華葆	著	東海大學
公民（上）（下）	薩孟武		前臺灣大學
中國文化概論（上）（下）（合）	邱燮友	編著	師範大學
	李　鍌		師範大學
	周　何		師範大學
	應裕康		師範大學
公民（上）（下）	呂亞力	著	臺大
歷史社會學	張華葆	著	東海大

三民大專用書書目——心理學

書名	著者	著	服務機構
心理學（修訂版）	劉安彦	著	傑克遜州立大學
心理學	張春興、楊國樞	著	臺灣師大等
怎樣研究心理學	王書林	著	
人事心理學	黃天中	著	淡江大學
人事心理學	傅肅良	著	中興大師
心理測驗	葉重新	著	臺中師範
青年心理學	劉安彦、陳英豪	著	傑克遜州立大學